新世纪高等教育自学考试民航专业系列教材

民航服务心理学教程

主编 于海波

中国民航出版社

图书在版编目（CIP）数据

民航服务心理学教程 / 于海波主编. —北京：中国民航出版社，2007.9（2024.3 重印）
ISBN 978-7-80110-811-1

Ⅰ.①民… Ⅱ.①于… Ⅲ.①民用航空 - 旅客运输 - 商业心理学 - 高等学校 - 教材 Ⅳ.① F560.9

中国版本图书馆 CIP 数据核字（2007）第 134387 号

民航服务心理学教程

于海波 主编

责任编辑	王迎霞　邢璐　杜文晔　马瑞
出　　版	中国民航出版社（010）64279457
地　　址	北京市朝阳区十里河桥东中国民航报社二层（100122）
排　　版	中国民航出版社录排室
印　　刷	北京金吉士印刷有限责任公司
发　　行	中国民航出版社（010）64297307　64290477
开　　本	787×1092　1/16
印　　张	12
字　　数	290 千字
版印次	2007 年 9 月第 1 版　2024 年 3 月第 13 次印刷
书　　号	ISBN 978-7-80110-811-1
定　　价	27.00 元

官方微博　http://weibo.com/phcaac
淘宝网店　https://shop142257812.taobao.com
电子邮箱　phcaac@163.com

教材编委会

主　任：唐任伍

副主任：马松伟　钱启增　吴圣谷

委　员：（按姓氏笔画排序）

　　　　王华春　田保华　安　佳　朱敬才　李玉梅

　　　　李　梅　何　真　晏　辉　黄传武　彭继红

出版前言

改革开放以来，中国民航业的发展十分迅猛，民航年均运输总周转量、旅客运输量、航空货邮量高位增长，成为拉动国民经济增长的朝阳产业，发展速度高于世界民航平均增幅两倍以上，成为仅次于美国的民航业大国。随着中国经济的发展，中国每百万平方公里拥有机场数量将大幅度增加，航班密度、旅客客运量等各项指标都将快速增长，中国将成为亚太地区乃至全球范围内最重要的航空市场。中国民航业的高速发展，必将带动中国民航的产业结构进行相应的调整以及对高素质人才的需求。

民航业是一个高科技、高风险、高投入的行业，由于其安全、技术的硬性要求，以及国际化和跨地域经营的特点，其用人标准相对于其他行业更加严格。具体表现在：一是专业技能要求高。航空运输业是一个资本密集型产业，从业人员必须具备能够操作各类专业设施的技能。二是安全性能要求高。中国民航需要很高的安全要求，规范化、标准化是它的灵魂，因此需要很高的管理水平。三是服务标准要求高。中国民航从业人员需要具有很强的服务意识、服务技巧和专业水准。由于国际化和跨地域经营是航空运输业固有的特点，因此，掌握和理解不同国家和地区的文化、习俗等知识，提高外语水平，是对从业人员尤其是服务人员的基本要求。民航业的上述特点，迫切要求从业人员具有较高的素质和专业水平。

目前，我国专门为民航业培养人才的正规大学偏少，每年培养出来的具有大学学历的人才远远不能满足民航业的发展需要，而有关"民航服务与管理"专业的正规教育和培训尚处于起步阶段，大多数的教育和培训仍沿用传统教育模式，不能适应民航业快速发展的需求。

高等教育自学考试"民航服务与管理"专业的设立，正是按照为中国民航业大力培养合格人才这一指导思想，在教育部考试中心和北京市自考办的领导下，在委托开考单位中国交通运输协会与主考院校北京师范大学的积极推动下问世的，根本目的就是借助社会力量培养人才，以满足民航业不断发展的需要。

为了保证广大学员有针对性地参加培训和学习，受中国交通运输协会委托，北京师范大学、中国交通运输协会北京航空运输培训中心联合中国民航出版社共同推出了"新世纪高等教育自学考试民航专业系列教材"。这套教材的编撰工作集中了有关方面的专家，结合中国民航业的实际发展情况，既保证了本学科的专业性和知识含量，又兼顾了自学考试的特点，通俗易懂，便于自学。

由于时间仓促，这套教材还有许多不成熟的地方，我们希望通过一段时间的使用，发现问题，不断修订，不断完善。书中存在的缺点和错误，希望读者不吝赐教，我们表示衷心感谢。

教材编委会

2007 年 5 月 16 日

前　言

当前，我国已经成为世界航空大国，中国民航与国外航空业的竞争，归根到底取决于服务的竞争。在民航服务过程中，民航服务人员如何准确地把握旅客或货主的心理，如何提高自己的心理素质，是提高民航服务质量的关键，这就迫切需要民航服务心理学提供科学有效的答案。

但遗憾的是，由于我国民航的起步和发展比较晚，使得民航服务心理学在我国的起步也较晚，这决定了我国民航服务心理学的教学和研究还处于初步阶段。在此背景下，基于教育教学的需要，作者编写了本教材。按照理论联系实际、科学性和思想性统一的原则，本书既深入浅出、系统地阐述了民航服务心理学的基本知识、基本理论，也提供了相关的案例和练习，便于对相关理论和知识进行理解和应用。本书是为高等学校"民航服务与管理"专业而撰写的教材，也可作为民航相关专业的学员和广大教育工作者的参考用书。

从民航服务心理现象的主体出发，本书内容包括旅客、货主和民航服务人员三个对象，涵盖个体、群体和组织三个层次。具体来看，本书分为以下五章。

第一章，民航服务心理学概论。该章阐述民航服务心理学的概念、研究对象、研究内容、研究原则、研究方法、学科基础和学习意义。该章对民航服务心理学学科的基本问题进行了阐述，是理解本书具体内容的基础。

第二章，民航服务中的旅客心理。该章阐述民航旅客的知觉、需要、个性特征、态度、情绪情感，也对特殊旅客和团体旅客的心理进行了阐述。该章从旅客角度出发，涉及个体和群体两个层次，对旅客的心理特点和规律进行了具体深入的分析，为民航服务提供工作参考。

第三章，民航服务中的货主心理。该章阐述民航货运的概念和特点、货主的心理需要和决策心理、航空货运包装心理。该章从货主个体的角度出发，阐述货主的基本心理特点和货运包装的心理规律，为民航货运服务提供工作依据。

第四章，民航服务人员的心理。该章阐述民航服务人员的态度、情绪和意志品质、个性特征、压力管理、与旅客或货主的沟通、与旅客或货主的人际交往；同时，本章也阐述了民航服务人员的群体心理和民航组织的企业文化。该章从民航服务人员角度出发，涉及个体、群体和组织三个层次，对民航服务人员的心理品质及其培养问题进行了具体、可操作性的阐述；同时，为了更好地理解民航服务人员的服务行为，为了更好地理解民航服务人员心理素质培养的外部人文环境，该章也对民航服务人员的群体心理和企业文化进行了阐述，这也是本书的一个特点。

第五章，民航服务中的特殊心理学问题。该章阐述航班延误与取消、旅客的投诉、民航服务中的突发事件、民航服务整个过程中的心理服务。该章对各具体情形下民航旅客的心理特点和民航服务措施进行了具体阐述，为具体情形下的民航心理服务提供具体措施。

在写作过程中，作者参阅了大量的相关专著和研究成果，本书最后列出了主要的参考文献。但由于篇幅所限，没有对参考文献一一列出，谨向所有这些著作的作者致以诚挚的谢意！由于作者的学识水平有限，书中难免有一些缺点甚至错误，希望同行专家和广大读者批评指正，以便将来进一步修改。

"路漫漫其修远兮，吾将上下而求索"，"战战兢兢，如履薄冰"，这是作者现在的感受！

作 者
2007 年 8 月 19 日于北京

目 录

出版前言
前言

第一章 民航服务心理学概论 (1)
第一节 什么是民航服务心理学 (1)
第二节 民航服务心理学的研究原则和方法、学科基础和学习意义 (4)

第二章 民航服务中的旅客心理 (10)
第一节 旅客的知觉 (10)
第二节 旅客的需要 (19)
第三节 旅客的个性特征 (28)
第四节 旅客的态度 (44)
第五节 旅客的情绪和情感 (53)
第六节 特殊旅客、团体旅客心理及其服务 (62)

第三章 民航服务中的货主心理 (66)
第一节 民航货运服务概述 (66)
第二节 民航货主的需要和决策心理 (67)
第三节 民航货运中的货物包装服务心理 (77)

第四章 民航服务人员的心理 (79)
第一节 民航服务人员的态度及培养 (79)
第二节 民航服务人员的情绪和意志品质培养 (84)
第三节 民航服务人员的个性特征培养 (89)
第四节 民航服务人员的压力及其调试 (98)
第五节 民航服务人员与旅客或货主的沟通 (102)
第六节 民航服务人员与旅客或货主的人际关系 (110)
第七节 民航服务人员的群体心理 (119)
第八节 民航服务组织的企业文化 (130)

第五章 民航服务中的特殊心理学问题 …………………………………… (135)
  第一节 航班延误与取消时旅客的心理及服务 ………………………… (135)
  第二节 旅客的投诉心理及服务 ………………………………………… (138)
  第三节 民航服务中的突发事件及处理 ………………………………… (146)
  第四节 民航服务过程中的心理服务 …………………………………… (148)

附录1 《民航服务心理学教程》考试大纲
附录2 题型举例
主要参考文献

第一章 民航服务心理学概论

第一节 什么是民航服务心理学

民航运输服务是一种发展迅速的交通运输服务方式,它具有快速性、安全性、机动性、高成本的特征。民航服务的目标是人,包括旅客和货主。研究民航服务过程中人的心理学规律,把握旅客和货主的心理,提高和完善民航服务人员的心理素质是决定民航服务质量的关键因素。本节对民航服务心理学的研究对象、研究内容和主要特点进行介绍。

一、民航服务心理学的研究对象

民航服务心理学是研究民航服务过程中作为主客体的个体、群体和组织的心理现象及其变化规律的科学。民航服务心理学是应用心理学的一个重要组成部分,是为了提高民航服务的质量,把心理学规律在民航服务过程中加以应用的一门学科。

民航服务心理学的研究对象是民航服务过程中的心理现象,而这种心理现象既包括民航旅客和货主的心理现象,也包括民航服务人员自身的心理现象,还包括民航服务特殊情况下的心理现象。民航服务过程中的主体和客体既包括个体,也包括群体和民航企业;既指旅客或货主个人,也指旅客或货主群体;既指民航服务人员个人,也指民航服务人员群体。

(一)民航服务中的个体心理现象

民航服务过程中的个体包括民航旅客和货主个人、民航服务人员个人。从不同的角度,可以把个体心理分为不同的组成部分。

首先,根据人心理的动态性和稳定性特点,可以把心理现象分为心理过程、心理状态和心理特征三类。

心理过程指心理操作的加工程序,包括心理事件的相互作用和相互转化的加工过程,包括认知活动、情绪活动和意志活动。认知过程是人们获得和运用知识的过程,它包括感觉、知觉、记忆、思维、想像和语言等。在民航服务过程中,旅客会对民航服务企业和民航服务人员的服务有正面或负面等不同的认识,由此会产生积极或消极的情绪体验,对民航企业满意或不满意,而这直接影响到今后旅客或货主是否选择同一个民航企业。民航服务过程中的重要认知过程是知觉过程,也就是个体对感觉信息的解释过程,尤其是对人行为的社会知觉过程,因为它直接影响到民航服务过程中民航服务人员与民航旅客或货主的人际交往。

情绪过程是人对其认识的事物、所做的事情、他人和自己的态度体验。民航服务过程中的情绪过程主要是指民航服务主客体之间相互作用而产生的内心体验，表现为满意或不满意、高兴或不愉快等。例如，民航旅客对服务人员与自己说话的语气不满意，感到没有被重视，旅客就会产生不满意甚至是愤怒的情绪。

意志过程是人在自己活动中设置一定目标，并按计划不断排除各种障碍，力争达到该目标的心理过程。民航服务过程中的意志过程主要指民航服务人员对旅客或货主服务过程中有目的、有计划地完善自己或其他条件，提供优质服务的过程。在这个过程中体现了民航服务人员的意志品质和意志特征。例如，民航服务人员为了给旅客查询行李，克制自己的情绪，想尽一切办法与相关部门取得联系，并经过协调把旅客的行李找到，并把行李亲自送到旅客住处。

其次，根据人心理的整体性、稳定性和差异性，可以把个人的心理看成是个性，可以分为个性心理特征、个性心理倾向和自我。

个性是一个人总的精神面貌，它是个人通过自己的生活经历形成的、体现人与人之间稳定差异的特征。民航服务过程中的民航服务人员、旅客和货主都有各自的个性。

个性心理特征反映一个人精神面貌稳定的类型差异，它是多种心理特征的组合，主要包括气质、性格和能力。民航服务过程中，无论是民航旅客或货主，还是民航服务人员都有各自的气质、性格和能力特征。例如，有的民航服务人员性格外向，沟通能力很强，情绪稳定，在民航服务中游刃有余。

个性心理倾向是推动人进行活动的动力系统，它主要包括需要、动机和价值观。民航服务过程中的个性心理倾向主要是指民航旅客或货主的不同需要、动机和价值观，它对于提高民航心理服务的质量起到重要的作用。例如，有的旅客在飞机上最关注安全需要，而当航班延误或被取消时，旅客的信息需要转变为主导需要。

自我是个人对自己的知觉，它包括认知、情感和意志三种形式，分别是自我认识、自我体验和自我控制。民航服务过程中的自我主要是指民航旅客乘机或货主货运方面有自我的不同需要，民航服务人员在服务过程中自我的不同需要。例如，有的旅客把乘坐飞机看作是自己人格的延续，需要得到服务人员的尊重；有的民航服务人员对民航服务工作非常感兴趣，在工作中会非常克制，尽量满足旅客的所有需要。

（二）民航服务中的群体和组织心理现象

民航服务过程中的群体包括民航旅客群体、货主群体、民航服务人员群体。民航服务过程主要可以看作是一个民航服务人员与民航旅客或货主的人际交往过程，这包括民航服务人员与民航旅客的关系，以及民航服务人员与货主的关系等。其中的心理现象既有人与人之间的沟通，也有人与人之间的人际关系，还有人与人之间的冲突。这些人与人之间关系的群体心理现象是影响民航服务质量的核心问题。

民航服务企业作为民航服务人员所在的单位，也有其不同的特点。这主要体现在民航服务组织的企业文化上。企业文化不同，民航服务人员的服务风格会有所差异，企业文化就如同民航服务人员所处环境中的"空气"一样，渗透到民航服务人员的所有行为和习惯当中，对服务人员有着巨大的影响。例如，一个追求对待旅客要真诚到永远的民航服务企业，这种企业文化会影响到民航服务人员在服务过程中时时处处为旅客或货主着想。

二、民航服务心理学研究的基本内容

民航服务心理学主要探讨民航服务过程中个体、群体、组织三个层面的心理现象和心理规律，以便更好地、更有针对性地做好民航服务工作，提高民航服务的质量。它主要包括以下四个方面的内容。

（一）民航旅客的心理现象

民航旅客是民航服务的主要对象，民航服务过程中民航旅客的心理现象主要包括民航旅客对民航服务或民航服务人员的知觉、民航旅客的个性特征、需要、态度、情绪以及特殊民航旅客等心理现象。

（二）民航货主的心理现象

民航货主是民航服务的另一个对象，民航服务过程中民航货主心理除了与旅客相同的心理现象外，主要包括货主在民航货运方面的需要、选择民航货运的决策心理以及货运服务中货物包装的心理服务问题。

（三）民航服务人员的心理现象

民航服务人员是民航服务的主体，优质的民航服务乃至优质的心理服务都需要民航服务人员本身心理素质的不断完善和提高。民航服务过程中的民航服务人员的心理现象主要包括民航服务人员的个性特征的培养、态度的培养、情绪和意志品质的培养、压力和自我调试、与旅客或货主的沟通、与旅客或货主的人际关系、民航服务人员的群体心理现象、民航组织的企业文化对民航服务人员的影响等。

（四）特殊情形下的心理现象

民航服务是一个技术含量较高的行业，有时会发生突发事件，民航服务中需要特别注意的情形包括：航班延误和取消、民航服务中的突发事件、民航投诉、民航服务整个过程各个环节中的心理服务等。

三、民航服务心理学的主要特点

民航服务心理学是一门以人为中心的、应用性的、新兴学科。这门学科关注的是民航服务中的人，是随着我国民航服务业的产生和发展而产生的，是一般的心理规律在具体的民航服务行业中的应用。

（一）民航服务心理学是一门以人为中心的学科

民航服务心理学的研究对象是民航服务过程中的个体、群体和组织，以及人与人之间的关系，所以其核心是人。民航服务心理学重视人及其特点，重视从人的特点出发提高民航服务的质量，满足人的各种需要，从而把民航服务提高到一个新的水平。这也是现代社会和经济发展对民航提出的必然要求。

（二）民航服务心理学是一门新兴的应用学科

民航服务心理学以心理学中关于个体、群体、组织的基本规律为依据，是心理学的基本规律在民航服务过程中的应用和具体体现。同时，民航服务心理学是随着民航服务的产生和发展而兴起和发展的，它与国际民航技术的发展相适应，与我国改革开放和经济发展相适应,是民航服务发展到现阶段的必然要求,它对于从根本上提高我国民航服务的水平具有重要的指导价值。

第二节 民航服务心理学的研究原则和方法、学科基础和学习意义

民航服务心理学的研究对象决定了其研究比较复杂,它是对民航服务过程中人的心理规律进行研究的学科。所以在研究过程中一定要遵循心理学的一些研究原则,可以采用心理学的一些研究方法,但也必须不断发展自己学科的独特研究方法。民航服务心理学作为一门新兴的应用心理学学科,与其他心理学科之间有着密切的联系。对这门学科的学习对于民航服务人员来讲具有重要的指导价值,是民航服务工作的出发点和基础。本节对民航服务心理学的研究原则和研究方法,本学科与其他心理学科之间的关系,学习这门学科的意义进行讨论。

一、民航服务心理学的研究原则

民航服务心理学的研究对象决定了研究的原则包括:客观性原则、系统性原则、理论联系实际原则。在研究中要始终贯彻这些原则,并把这些原则综合地加以运用。

(一)客观性原则

客观性原则也就是实事求是的原则,即根据民航服务过程中心理现象的本来面貌来研究其事实、规律和机制。

客观地研究民航服务心理现象是完全可能的。因为任何民航服务心理现象都是由客观刺激引起,通过机体内部一系列生理和心理变化表现在行为上。所以通过研究刺激变量、机体变量和反应变量三者之间的关系,就可以客观地研究各种民航服务心理现象。刺激变量是能够引起机体反应的刺激特征。刺激变量有多种表现形式:有自然性刺激,如飞机航行中的噪音、候机厅的光线和温度,也有社会性刺激,如民航服务人员的表情、仪态;有外部刺激,如民航购票或货运制度,也有内部刺激,如旅客的心情和需要、民航服务人员的性格。机体变量是指个体或群体自身的特点,民航服务过程中的机体变量主要表现在个体和群体特征上,如民航旅客或货主的年龄、性别、健康状况、需要、价值观,民航服务人员小组的年龄比例、学历分布。反应变量指由刺激引起的个体或群体的行为变化的种类和特征。反应变量表现形式极其多样化,有反应速度上的不同,如民航售票员售票速度的快慢;有难度上的不同,如民航旅客学会操作座椅按钮的水平是不一样的;也有反应次数的不同,如年龄大的旅客晕机或身体不适发生的次数多于年轻旅客。

但是,研究者容易把自己的主观体验和观察到的客观事实相混淆,所以需要注意以下三个方面:一是搜集资料时,要如实详尽地把作用于个体或群体的外部刺激及其行为反应记录下来,切不可以主观感受代替观察到的客观事实,或附加到客观事实上。二是

分析资料时，应尽可能以某种客观的尺度来评定，避免主观偏见的影响。三是作出结论时，要根据客观事实作出判断，不要进行过度推论或进行猜测。

（二）系统性原则

系统是由若干相互联系和相互作用的部分组成的具有一定结构和机能的整体。系统性原则就是要用系统论来研究民航服务中的心理现象，把民航服务心理现象当作是一个开放、动态和整体的系统来看待。具体体现在以下三个方面。

1. 整体性

所谓整体性是指民航服务过程中的各种心理现象是相互联系的一个整体。所以，在研究过程中不能孤立地考察某一或某几种心理现象，应该进行多方面的综合研究。如一位民航服务人员服务差，就应该寻找其中的根源，而不要简单地判断为是他的"服务意识差"或"能力不足"。应该具体分析一下是他的态度不好，还是能力不足；是自身原因导致的，还是与同事或领导的关系导致的；态度不好是因为家庭原因，还是其他自身原因。只有从整体中找到问题的原因，才能从根本上处理好如何对待这位服务人员，才能从根本上提高民航服务的质量。

2. 等级结构性

所谓等级结构性是指民航服务心理是一个有序的、多层次的、有组织结构的系统。这需要在研究中分析某种民航服务心理现象是由哪些次级子系统组成的，它们之间的横向和纵向关系是什么。还需要在研究中揭示支配各水平、各层次心理规律的次序性，如哪些心理规律适合于解释所有的民航服务心理现象，哪些规律仅适合于解释某些子系统。

3. 动态发展性

所谓动态发展性是指民航服务过程中，无论是个体还是群体和组织的心理活动，都处在一种相对稳定而绝对动态的发展过程中。随着社会经济的发展和民航业的发展，个体的心理结构会由旧的心理结构转变为新的心理结构，群体和组织文化也会发生相应的变革。

（三）理论联系实际原则

民航服务心理学是一门应用学科，这决定了在研究过程中要遵循理论联系实际的原则。通过民航服务心理学的研究，得出民航服务过程中的心理规律，然后用这些规律指导民航服务实践，同时检验这些规律的正确性和适合性。最为重要的是，在民航服务心理学的研究中，要密切关注民航服务实践，研究问题要来自于民航服务实践，把握旅客、货主和民航服务人员心理的变化，通过观察和总结凝练为研究问题，为民航服务心理学提出新的问题。在理论和实践的螺旋式循环往复中不断把握民航服务的心理规律，这一方面可以推动民航服务心理学的发展，另一方面可以从根本上提高民航服务的质量。

二、民航服务心理学的研究方法

研究民航服务心理学主要采用的方法有：观察法、调查法、测验法、实验法。这些方法各有特点，在研究中注意根据研究问题选择适合的方法，也注意在研究中根据研究目的和研究要求把各种方法有机地整合起来。

（一）观察法

观察法就是在日常的民航服务工作过程中，对民航服务主体和客体的行为进行系统的观察记录，以了解其心理现象和心理规律的一种方法。观察法可以分为参与观察和非参与观察。参与观察是指观察者是民航服务过程中的一个成员，可以以民航服务人员的身份来观察，也可以以民航旅客或货主的身份来进行观察；非参与观察是观察者不参加民航服务活动，以外人的身份进行的观察。

为了避免观察的主观性和片面性，需要进行科学地观察，科学的观察具有以下三个要求：

（1）观察要有目的、有计划、系统地进行；

（2）观察要在"自然发生"的条件下进行，就是说人们对发生的情景不加控制，不加干扰；

（3）观察中必须随时如实地作好记录，严格把"传闻"与"事实"、"描述"与"解释"区分开来；在高科技非常发达的今天，直接进行录像是一种更好的选择；

（4）观察包含有理解或从理性上领会的意思。

观察法只是收集资料的一种初步方法，它对观察者的要求很高。它具有方便、及时、情景性、纵贯性等优点；但也会受到观察对象、观察者、观察范围等限制，也容易受无关变量的干扰；而且这种方法只能说明"是什么"，而不能解释"为什么"。所以在民航服务心理学的研究中，观察法需要与其他更深入的方法结合使用。

（二）调查法

调查法是以问问题的方式，要求民航服务过程参与人员就某个或某些问题回答自己的看法，从而研究民航服务心理现象及其规律的一种方法。调查法既可以向被研究者本人进行调查，也可以向熟悉被研究者的人进行调查。例如，如果要对民航服务人员进行研究，既可以调查民航服务人员，也可以调查民航服务人员的家属。调查法可以探讨不同变量之间的关系，如性别与民航服务态度的关系。

按照调查的方式，可以把调查法分为问卷调查法和晤谈法，前者是书面调查，后者是口头调查。

问卷调查法是以书面提出问题的方式搜集民航服务心理现象资料的一种研究方法。即调查者就调查项目编制成调查表，分发或邮寄给有关人员，请调查对象填写答案，然后回收整理、统计和研究。问卷的来源可以直接采用国内外类似问卷，也可以自行设计调查问卷。

要设计一份质量高的问卷，需要注意以下几个问题：

（1）问卷的设计要根据研究目的来设计；

（2）问卷的问题要适合调查目的和被调查者；

（3）问卷题目的设计要进行项目分析，通过预试和数据统计来筛选题目；

（4）问卷设计完以后要进行预试，以便对问卷题目和形式进行完善。

问卷调查法的优点是可以同时向许多人进行调查，效率较高。其缺点是调查表往往难以全部收回，影响所取得材料的代表性；而且问卷调查搜集的资料往往是表面的，不能了解深层次的问题。

晤谈法是以谈话为主要方式来研究民航服务心理现象及其规律的一种调查方法。晤谈法的一般程序是由调查者探访调查对象，把要调查了解的问题逐一讲给调查对象听，由被调查者根据调查者的要求一一作答。与此同时，调查者必须将访谈对象的观点意见及访谈记录进行汇总分析，从而得出调查结论。

晤谈法的优点是灵活性强、搜集材料准确可靠、有利于调查的深入；而团体访谈可以听到访谈对象的自发性观点和意见，使调查者和调查主持者受到启发，从而使调查更加深入。其缺点是样本小，需要较多的人力、物力和时间，应用范围受到一定限制；调查者和访谈对象的素质状况及情绪态度也往往影响到访谈的进程和效果。所以，晤谈法一般在调查对象较少的情况下与其他方法结合使用。

（三）测验法

测验法是采用标准化的量表，让民航服务过程中的人员根据量表的每个问题进行回答，然后由研究者对测量结果进行分析、评定，从而研究民航服务过程中人员的心理特征及其心理规律的方法。

测验法要按照标准化的测验手册，实施标准化的测验程序，因此方便简单，但这需要专业人员的指导或实施。测验法的优点是对心理现象或心理品质可以进行定量分析，具有很强的科学性；而且随着计算机技术的发展和广泛应用，测验法已出现了明显的计算机化的趋势。其缺点是信息提供不全，受试者可能会说谎，或者产生社会赞许效应（按照社会规范而不是自己真实的观点来回答问题）；而且测验结果会受到测试者的态度、测试环境和受测者当时心情的影响。因此，测验法实施中应正确选择测量量表，并与观察法等结合使用，以获得较准确、更全面的信息。

上面的观察法、调查法和测验法都属于相关法，可以研究两个（或几个）变量之间的相关程度；但不能确定变量之间的因果关系。因果关系的确立需要实验法来检验。

（四）实验法

实验法是研究者按照研究目的，充分地控制实验环境，创设一定的实验条件，科学地选择研究对象，以确立民航服务过程中自变量与因变量之间因果关系的一种研究方法。实验法可以分为实验室实验和现场实验两种类型。

实验室实验是在严格控制的实验室条件下借助于一定的仪器进行的实验。它严格控制无关变量，有计划地操纵自变量，以观测因变量的变化。实验室实验的优点是，能够严格控制实验条件，并对实验条件和被试活动作出精确的记录，便于分析和研究；而且它还可以重复进行，以检验实验结果的正确性。其缺点是实验室的实验条件和实际生活条件有相当的距离，而且实验室的气氛也会影响被试的心理表现。

现场实验是在实际的民航服务过程中对实验条件进行适当控制所进行的实验。现场实验的优点是把民航服务心理研究与平时的民航服务工作结合起来，节约时间等成本；而且研究问题来自于民航服务实践，具有直接的实践价值。但是，现场实验的缺点是容易受无关因素的影响，不容易严格控制民航服务的实验条件。

三、民航服务心理学与其他心理学科之间的关系

民航服务心理学是心理科学中的一个应用分支学科，它与普通心理学、管理心理学、社会心理学有着密切联系，甚至与社会学、人类学、旅游学等学科之间存在很多联系。下面仅对民航服务心理学与其他心理学科之间的关系进行讨论。

（一）普通心理学

普通心理学是研究心理现象一般规律的科学。它研究心理学的基本理论，研究正常成人心理的一般规律，同时也概括各分支学科的研究成果。普通心理学所揭示的人心理活动的一般规律是民航服务心理学的主要理论基础；它与民航服务心理学的主要区别是：前者是基础理论，后者是基础理论在民航服务过程中的应用，一个是基础学科，一个是应用学科。

（二）社会心理学

社会心理学是研究社会心理的基本过程及其变化发展条件和规律的科学，它研究社会与个人之间、个人与个人之间、甚至团体与团体之间相互联系、相互交往的心理规律。社会心理学所揭示的社会心理及其规律是民航服务心理学的一个重要理论基础，是社会心理学理论和规律在民航服务过程中的具体应用。社会心理学与民航服务心理学的主要区别是：社会心理学是探讨基础群体心理理论的基础学科，而民航服务心理学则是研究这些群体心理理论在民航服务过程中具体表现的应用学科。

（三）管理心理学

管理心理学是研究组织管理活动过程中个体、群体、组织和领导等心理活动规律的科学。管理心理学与民航服务心理学的共同点是，都是应用心理学的分支，都是为了不断提高工作效果而产生的。二者的联系是：民航服务心理学是管理心理学基本理论和研究成果在民航服务过程中的具体应用。二者的区别是：管理心理学研究一般组织中的个体、群体和组织的心理现象及其规律，以便提高管理的效果；而民航服务心理学研究的是民航这个特殊行业中的个体、群体和组织的心理现象，为了提升民航服务的质量和效果。

四、学习民航服务心理学的意义

随着各航空公司之间的竞争日益激烈，航空公司之间的竞争已经由单纯的市场价格竞争，发展到更高层次的服务竞争。航空公司对旅客的依赖越来越强，竞争对手之间在价格相等的情况下服务就显得格外重要。同时随着人们生活水平的提高，人们对服务的要求也越来越高。这些都需要民航服务心理学的指导。具体来讲学习民航服务心理学的意义和价值有以下四个方面。

（一）学习民航服务心理学是民航企业生存和发展的需要

民航服务心理学与民航服务有着必然联系。历史表明，民航从产生开始，航空公司就注重为旅客提供服务，并在实践中逐渐认识到满足旅客不同需求是自己生存和发展的

前提。民航服务心理学则正是研究旅客和货主、民航服务人员自身心理规律的学科。就国内民航企业来讲，国际航空市场竞争的加剧，使民航服务心理学成为国内民航企业的急需。因为国外航空公司无论在硬件设施上，还是在服务上都要比国内航空公司优越一点，国内航空公司要在竞争中生存和发展必须在服务上大作文章，这就使民航服务心理学成为国内航空公司提高服务质量、进行竞争的工具。就国内航空市场的竞争来看，随着民营航空的引入，以及各航空公司对市场份额的激烈争夺，都对服务提出了更高的要求。而要做好民航服务，提高服务质量，需要研究民航旅客或货主以及民航服务人员的心理，以便从中找到规律，为航空公司提高服务质量提供依据。

（二）学习民航服务心理学是民航服务工作的内在要求

民航服务就是全心全意为旅客或货主服务，而要做好这个服务工作，必须先了解旅客或货主的心理及其规律，这是做好服务工作的前提。这一点已经由国内外航空公司的实践所证明。民航服务过程中需要了解旅客或货主的需求，需要了解他们的情绪变化，需要与他们进行沟通和交流，这些工作都需要以他们的心理特点和心理变化规律为出发点。这些规律都是民航服务心理学所研究的内容。同样，从民航服务人员本身来看，为了做好服务工作，民航服务人员也需要不断地通过培训和教育，或者在工作中锻炼，逐步提升和完善自己的心理品质。因为民航服务人员心理品质对民航服务工作的好坏起着决定性作用。民航服务人员的沟通能力、观察能力、移情能力，民航服务人员的主动性、灵活性、忍耐性，民航服务人员的行为习惯和语言风格都对其民航服务工作起着决定性的影响。而这些现象和规律都是民航服务心理学的研究内容。所以，民航服务工作本身非常需要科学的民航服务心理学的指导，以便提高服务质量。

（三）学习民航服务心理学是从根本上提高服务质量的关键

当前民航市场已经从卖方市场走向买方市场，从单纯的价格竞争逐步走向服务竞争。这一切转变都需要民航企业关注民航服务的质量，高质量的民航服务是竞争的关键要素。民航服务面对的是各种各样的旅客，他们有各自不同的民族、性格特点。所以在民航服务过程中惟有在研究、理解他们心理特点基础上，才能对他们进行个性化的服务，才能满足多数旅客的需要，让旅客感到满意。同样，民航服务人员服务意识的增强、服务技巧的提高、服务态度的培养都需要根据民航服务心理学的规律去实施、去提高。只有根据旅客或货主的个性化需要去实施民航服务工作，只有不断提高和完善民航服务人员的服务意识和服务能力，民航服务工作的质量才能得到根本性的提高。

（四）学习民航服务心理学有助于民航服务人员了解自我、完善自我

民航服务心理学的学习可以提高民航服务人员的自我认识，使他们更加了解自我，了解自我的优缺点；逐步学会如何控制自己的情绪，如何逐步养成良好的服务态度和服务意识。同时，民航服务心理学的学习也会使民航服务人员逐步明确一名优秀的民航服务人员应该具备什么样的心理品质，这些心理品质需要达到什么样的水平。这点对民航服务人员有着重要的指导价值，可以明确自己努力的方向。所以说，民航服务心理学的学习可以使民航服务人员不断理解自我、完善自我。

第二章 民航服务中的旅客心理

航空客运是民航服务的重要内容。要做好旅客的服务工作，首要任务是要把握旅客的心理特点及其发展变化规律。旅客心理的规律是民航服务工作的指导，因为只有根据旅客的心理特点实施的民航服务工作才会是卓有成效的。具体来看，民航服务人员需要理解旅客以下心理现象：旅客如何看待民航服务人员的服务工作；旅客有哪些心理需要；在同样的服务条件下，为什么有的旅客满意，有的旅客不满意；不同旅客之间的性格特点有什么不同；除了这些旅客共同的心理规律外，特殊旅客群体有什么样的心理特点，诸如初次乘机的旅客和旅客团体有什么心理需要。本章将讨论旅客的这些心理现象，它包括旅客的知觉、旅客的需要、旅客的态度、旅客的个性特点、旅客的情绪、特殊旅客和旅客团体的心理。

第一节 旅客的知觉

一、知觉和社会知觉概述

（一）知觉的概念和特点

1. 知觉的概念

知觉是直接作用于感觉器官的事物的整体在人脑中的反映，是人对感觉信息的组织和解释过程。知觉往往体现在人用词语概括他所知觉到的事物。例如，民航旅客登机后，看到服务人员笑容相迎，一声声"您好，欢迎登机"，机舱内整洁有序，灯光温和，旅客马上理解到这就是乘坐的飞机。旅客头脑中呈现的飞机机舱形象，就是旅客对飞机机舱的知觉，他会说"这就是飞机机舱"。

按照知觉的对象可以将知觉分为社会知觉和物体知觉，前者是对人和人际的知觉，后者是对人之外的物的知觉。民航服务过程中重要的是旅客或货主对民航服务甚至是民航服务人员的知觉，重点是旅客或货主对民航服务人员的社会知觉，因为它直接影响到旅客或货主与民航服务人员的人际交往情况。

2. 知觉的特点

知觉具有选择性、整体性、理解性和恒常性四个特点。

（1）知觉的选择性。知觉的选择性是指人在知觉某事物时，总是有选择性地把一些事物作为知觉对象，而把事物的其他部分作为背景来进行理解和解释。知觉的选择性保证了人们能够把注意力集中到人们所认为的事物的最重要方面，从而排除干扰，更有效地感知和适应周围环境。下面的两可图（图 2.1）是知觉选择性的最好例子，人们往往首先把它看成是一个花瓶和两个老人的脸，但再定睛一看，又可以把它看成是两个带草帽的人和一位少女，也就是说随着人们变换知觉对象和知觉背景，对它的知觉已经发生了变化。

图 2.1 两可图

（2）知觉的整体性。知觉的整体性是指人能够根据个体的知识和经验把事物的不同部分知觉为一个有组织的整体。它有以下几个规律：

接近律。即时间或空间接近的部分容易被知觉为一个整体。例如，美国和加拿大离得很近，无论是在航空还是其他行业中人们常常把他们划为一个地区来考虑。

闭合律。当客体本身不完整时，人们倾向于用过去的知识经验补充某些因素，把不完整的事物知觉为完整的事物。例如图 2.2，白背景中的白色三角形和黑背景中的黑色三角形，是作为一个整体被知觉的，尽管背景图形似乎支离破碎，但构成的却是一个整体。

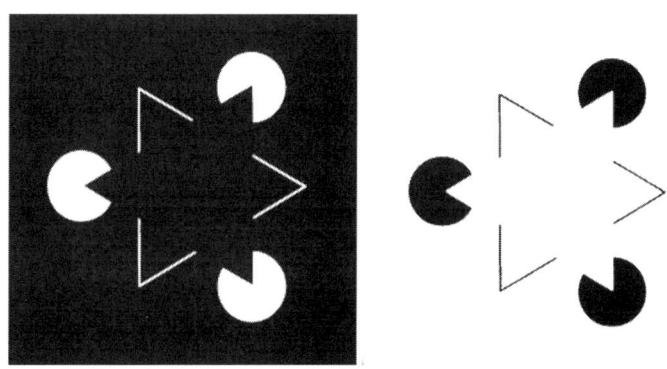

图 2.2 知觉的整体性：闭合律

相似律。人们将具有相似属性的事物组合在一起去理解。如，在民航服务中人们很容易把中国人、日本人和韩国人混在一起，把欧洲人混在一起，就是因为他们的长相相似。

（3）知觉的理解性。知觉的理解性是指在知觉过程中，人总是用过去所获得的有关知识经验，对感知的事物进行加工处理，并用概念的形式把它们标示出来的特性。知觉的理解性使人们的知觉速度迅速，节约时间，而且印象深刻而完整。例如，某家航空公司票价下降很大，有的旅客就认为这家公司经营业绩不好，因此服务也不会太好。

（4）知觉的恒常性。知觉的恒常性是指知觉条件（如大小、形状、颜色等物理特性）发生一定变化但知觉的形象仍然保持相对不变的特性。知觉的恒常性使人们能够在不同情况下，仍然按照事物的本来面貌反映事物。例如，虽然民航公司的制服或机型发生变化，但人们对该航空公司的印象还是保持相对稳定。

（二）社会知觉的概念和理论观点

1. 社会知觉的概念

社会知觉是对人或人际的知觉，它包括个人对另一个人的知觉，也包括个人对群体、群体对个人、群体对群体，以及对个人间关系和群体间关系的知觉。民航服务过程中主要指个人对个人的知觉、自我知觉、人际关系的知觉、个人对群体的知觉。个人对个人的知觉主要体现在旅客或货主对民航服务人员的知觉，或者反过来，民航服务人员对旅客和货主的知觉。自我知觉既指民航旅客和货主的自我知觉，也指民航服务人员的自我知觉。人际关系知觉既包括旅客和货主对他们与民航服务人员关系的知觉，也包括民航服务人员对他们间关系的知觉，还包括民航服务人员对自己在单位内与他人人际关系的知觉。个人对群体的知觉包括民航服务人员对民航旅客群体或货主群体的知觉，也包括民航旅客或货主对民航服务人员群体的知觉。

2. 社会知觉的理论观点

在社会知觉方面，人们通常根据人的外部特征对他的内心状态作出解释，这在社会知觉中被称为归因理论（attribution）。美国社会心理学家凯利（Kelley，1967）提出一个复杂的归因模型来解释对人的社会知觉。他认为对个人行为的解释可以总结为三个因素：一是行为者自身（内部归因），二是行为所指的对象（外部归因），三是行为发生的情景（外部归因）。他提出了归因应该遵循的三条原则：

一是普遍性原则。所有人都以相同方式作出反应时，一致性高；反之，普遍性低；

二是差异性原则。一个人对另一个对象也以同样的方式反应，则差异性低；反之，差异性高；

三是一贯性原则。行为者的反应前后一贯、不因时因地而异时，一贯性高；反之，一贯性低。

按照这三条原则，他提出了如图 2.3 的归因模型。这三个原则体现了行为的三种特征，这三种特征的不同组合就意味着导致行为的原因不同。他认为，导致行为的三个原因与三种行为特征的不同组合对应在一起。其一，普遍性低、差异性低、一贯性高，即行为与众不同、不因人而异、总是如此，此时行为的原因在行为者自身。其二，普遍性高、差异性高、一贯性高,即行为与众相同、因人而异、总是如此,此时行为的原因在行为所指的对象身上。其三,普遍性低、差异性高、一贯性低,即行为与众不同、因人而异、偶尔如此,此时行为的原因在行为发生的情景中。

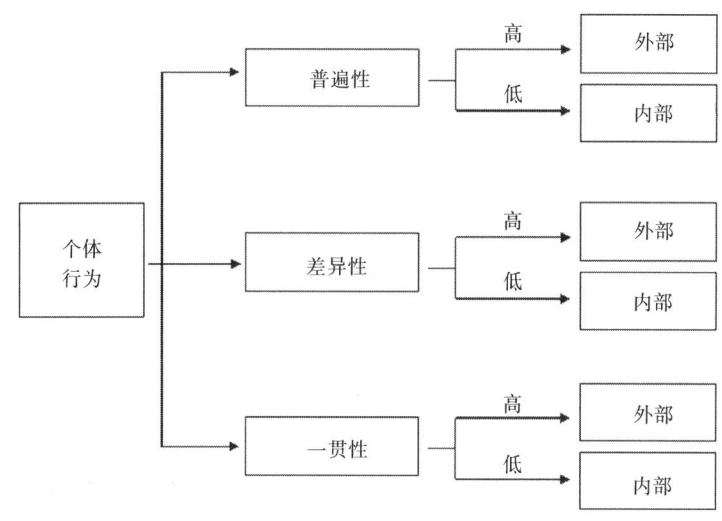

图 2.3 凯利(Kelley)的归因模型

美国心理学家韦纳(Weiner)提出了成败归因模型。他认为人们获得成功或遭遇失败主要归因于四个方面的因素:努力、能力、任务难度和机遇,而这四个因素可以按照内外因、稳定性和可控制性三个方面来划分。因此,从内外因来看,努力和能力属于内部原因,而任务难度和机遇属于外部原因。从稳定性来看,能力和任务难度属于稳定的因素,而努力和机遇属于不稳定的因素。从可控制性来看,努力是可控制因素,而任务难度和机遇都属于不可控因素。人们把自己的成功和失败归结于什么因素,对以后的工作积极性有很大影响。韦纳认为,把成功归因于内部因素,会使人感到自豪和满意;而把成功归因于外部因素,会使人感到惊奇和感激。把失败归因于内因,会使人感到内疚和无助;把失败归因于外因,会产生气愤和敌意。把成功归因于稳定因素,会提高以后的工作积极性;把成功归因于不稳定因素,以后工作积极性可能提高也可能降低。把失败归因于稳定因素,会降低以后的工作积极性;而把失败归因于不稳定因素,则可以提高以后的工作积极性。

总之,这两种理论观点从不同角度解释了人是如何评价和解释他人和自己行为的,这对于双方的人际关系和自己的自尊水平都有着重要影响。具体来看,凯利的归因模型描绘了人在社会生活中理解他人行为的规律,对于旅客或货主,乃至民航服务人员都有重要的指导意义,这会直接影响到他们之间的人际交往。韦纳的归因理论对于民航服务人员有更为重要的参考价值,对于解释他们如何看待自己的成功和失败,如何不断树立自己的自信和自尊水平有着重要的指导价值。

二、影响旅客知觉的因素

影响民航旅客知觉的因素既有作为知觉对象的民航企业和民航服务人员方面的原因，也有民航旅客自身的原因，这些因素共同在民航服务过程中影响旅客对民航服务的理解和评价。

（一）民航企业的因素

旅客的知觉首先来自于作为整体的民航企业。民航企业因素既包括民航服务企业组织提供的民航服务，也包括机场、飞机、售票处、航空公司的服务环境、航空公司的航线、航班时间、民航服务人员等。

首先，作为服务业的民航服务首当其冲成为影响旅客知觉的最重要因素，优质而富有特色的服务成为吸引旅客注意的主要原因。案例2-1就展示了民航企业在服务创新上的具体做法，也显示了这种服务创新对旅客的知觉乃至吸引力有着怎样的影响。

案例2-1：

创新服务别有洞天——南航湖北分公司抓优质服务侧记

近日，从南航湖北分公司传来喜讯：今年前4个月，旅客运输量达103.62万人次，同比增长11%以上，稳居湖北主流航空市场首位，占有率接近40%以上，平均航班正点率达到92.825%新高，经济效益等各项指标均有上乘表现。

南航湖北分公司总经理孙建华说："在客货源日益同质化的今天，稀缺的不仅仅是客户的数量，而更重要的是依靠服务手段的创新和多样化赢得顾客的质量，湖北分公司正是通过服务创新占领了大市场……"

1. 用新思维破解"瓶颈"

先天不足，是武汉天河机场的设计缺憾。其旅客设计年吞吐量为450万人次，而去年吞吐量已突破600万人次大关。空港资源的紧缺给快速增长中的湖北航空事业带来极大挑战。

面对困难，南航湖北分公司上下没有怨天尤人，而是立足现有条件，积极想办法挖掘潜力，用新思维破解"瓶颈"。

分公司打破常规，将6个值机柜台全部设置为开放式柜台，乘坐任一航班的旅客均可在任一柜台办理手续，大大缩减了旅客排队等候的时间。

根据业务流程和客流结构，他们在国内值机部门设置了特殊服务引导岗，工作人员身披红色的绶带，来回穿梭于值机柜台、补票房、安检等各处，如"及时雨"般帮助有需要的乘客。不管是不是南航的乘客，只要旅客有需要，他们都会面带微笑地解答，并给予全力帮助。

随着电子客票数量的与日俱增，中转柜台出现旅客排队等候时间长的现象。他们及时增设了16号随到随办柜台，分流旅客，同时也减轻了中转柜台的压力，保障了其他服务项目的正常进行。

继广州、北京和深圳之后，南航在武汉开通了"网上办理乘机手续"服务，同时，他们还开通了湖北、武汉地区的45家机票代理点的南航城市网上值机服务，旅客可以在有指定权限的机票代理网点购买南航电子客票，并在购票点办理完乘机手续，确定机上座位，打印出登机牌。这些机票代理点还同时被授权允许办理团队乘机手续。

2. 有个性才更有魅力

一天傍晚，在武汉—重庆航班上，客舱里响起了空乘甜美亲切的声音："各位旅客，欢迎您乘坐南方航空公司班机由武汉前往重庆，在本次航班中，我们获知今天是夏欣女士的生日，金桂湖国际会议度假中心全体员工，委托南航地面服务和机组成员，转送他们对您生日的祝福。在此，我也代表本次航班机组和南航地面服务人员，对您的生日表示衷心的祝福，欢迎您乘坐南方航空公司班机。"话音刚落，一位空姐满面笑容将一束鲜花和一张贺卡，双手送到了夏女士的面前，接过鲜花的夏女士满面惊讶，感到特别高兴。

上述一幕，是南航湖北分公司针对一些高端客户和有特殊需求的旅客，推出的系列特色个性化服务之一。此外，他们还推出了寻找遗失物品、旅客乘机咨询服务等。

2006年8月，在推出国际中转联程无人陪伴服务的基础上，他们特别为70岁以上老人提供"三了解"服务，即，乘机前了解老人的身体状况，了解老人乘机经历，了解老人的担忧困惑；为5岁以下儿童提供"三介绍"服务，即，为小旅客介绍一段乘机常识，介绍一种飞机概况，介绍一个航空术语。2007年1月至3月，他们先后把615名儿童、74名乘坐轮椅的无人陪伴老人热忱周到、安全顺畅地送到了他们家人的身边，受到社会广泛赞誉。

同时，客舱部门经常利用各种节假日，开展形式多样的特色服务，以点带面树立了南航良好的品牌形象，给乘客们留下了深刻的印象，收到了良好的效果。一系列服务项目的推出，彰显出他们的个性化服务的魅力。

3. 可贵的"磁场"效应

在服务中注入真情，是创新服务的真谛，南航湖北分公司的员工做到了。

一次，在飞往北京的CZ3117航班上，王桦和她的乘务组迎来了一批特殊的旅客，他们都是年过七旬的老人，布衣布裤，有的还打着补丁，脸上深深的皱纹，一双双手大而粗糙。她们猜测到：这是一些晚年圆梦的老人——想乘坐飞机去首都北京看看。

这批旅客上机后，显得紧张拘谨，却又抑制不住心底的那份好奇。他们摸摸行李架，又好奇地环顾左右，小声地议论，但找不到自己的座位。王桦和伙伴们带着亲切的笑容，把老人一个个带到他们的座位上。老人们都像听话的孩子，很小心地听着乘务员的安排。王桦和伙伴们心里酸酸的，心想：一定要让这次或许是他们一生中惟一的一次乘机经历成为他们最完美的回忆。在短短一个半小时的航程中，王桦和伙伴们仔细询问他们需要什么帮助，亲自帮他们系上安全带，跟他们耐心解释所有的饮料和餐食服务都是免费的，还带他们去卫生间，教他们如何使用，尽力打消老人们在陌生环境中的紧张和不安。

后来，有位称5年内乘坐了1000次飞机的旅客给公司寄来了表扬信。这位旅客曾因为一次小小的误会，对南航的服务抱有偏见，但此次乘务员王桦的热忱服务化解了他以前冰冻的感觉，他在信中写道："王桦乘务组周到的服务，使我对南航的整体印象开始改观，她的服务亮点体现在对旅客的理解、真诚和关爱，极其宝贵而难得。"

（来源：刘葆华，张丽红，孙红良．中国民航报，2007-5-30（2））

其次，航空公司的企业形象是影响旅客知觉的重要原因。企业形象指的是社会公众对企业的总体印象，是企业整体素质与文明程度的综合表现，它包括企业精神、知名度和美誉度。例如，世界各国航空公司，无论是飞机标识，还是服务人员特别是空乘服务人员的服装，都注重其美观性、欣赏性和独特性，其主要目的就是吸引旅客的注意力，给旅客留下深刻印象。中国民航各航空公司在这些方面也加大了改革步伐，在企业形象上不断完善自己。

再次，航空公司的服务环境也是影响旅客知觉的重要因素。航空服务环境既包括诸如飞机、机场、候机厅等硬件方面，更包括民航企业的工作流程、工作方法以及民航服务人员的服务态度等软件方面。近几年我国民航在这些方面改善很大，但在某些方面还需要向国外航空公司学习，并继续完善。

最后，航空公司的航线和航班以及飞机类型也影响旅客的知觉。近几年，随着国际旅游的繁荣发展、我国开放程度的提高、特别是我国旅游市场的开发，国内各航空公司不断开辟新的航线，国外各航空公司也纷纷把航线开辟到我国各大城市。随着国际化的进一步加深和经济的繁荣，各航空公司在航班上也不断进行调整，以满足越来越多的旅客商务、旅游等各种不同的需要。近几年随着航空技术的突飞猛进，飞机类型也在不断更新换代；各航空公司也纷纷购置新型飞机，以更人性化更快捷的方式提供越来越好的服务。这些因素都是影响旅客知觉越来越重要的因素。

（二）民航服务人员的因素

在民航服务过程中民航服务人员代表民航企业与民航旅客面对面进行接触，因此民航服务人员诸多因素都会影响到旅客的知觉。民航服务人员的服务态度、服务能力、性格特点，甚至民航服务人员外在的仪表仪态，都会对旅客知觉产生巨大的影响。

1. 民航服务人员的服务态度

民航服务人员的服务态度是民航服务中的关键因素，它对旅客的知觉会产生决定性影响。民航旅客对民航企业或民航服务的印象和评价往往都来自于他们对民航服务人员服务态度的评价。在旅客看来，民航服务就体现在民航人员的服务态度上，如果服务态度符合旅客的预期，满足了旅客的需要，旅客会认为民航企业的服务很好；但是如果民航服务人员的服务态度稍有不妥，旅客往往就会给予负面评价，对民航企业和该企业的民航服务就会不满，印象不好。这是因为民航服务人员的态度直接影响他对待旅客的态度，对于乘坐飞机的这个群体来讲，他们尊重的需要非常强，特别希望民航服务人员尊重他们。所以，民航服务人员的服务态度是影响旅客知觉的重要因素。

2. 民航服务人员的外在仪表仪态

民航服务人员的仪表和仪态在各航空公司都会有明文规定。但由于个人的特点不同，对于这种规定的理解不一样，各民航服务人员的仪表和仪态会有所差别，但他们都是民航企业文化的体现，也是企业服务理念的体现。特别是在仪态上，因为民航服务人员的仪态显示了民航服务人员对旅客的尊重和认可程度，如果民航服务人员在仪态上非常随便，旅客就会感到很不职业，这样不职业的人员为自己服务，也就对其服务质量产生怀疑。所以，虽然民航服务人员的仪表和仪态属于服务的次要内容，但其中体现出来的精神面貌则是非常重要的，它会对旅客的知觉产生直接影响。

（三）民航旅客自身的因素

民航旅客的知觉不仅受到作为知觉对象的民航企业和民航服务人员特点的影响，还受到自身的兴趣、需要和动机、个性特征和过去的经验等因素的影响。

1. 兴趣

旅客兴趣的不同往往决定着他们知觉的选择性。也就是说，旅客不同的兴趣会使他们集中注意感兴趣的事情，而把不感兴趣的事物排除到知觉背景中去。例如，一位经常乘坐飞机进行商务活动的人士，对航班时间、机型以及票价的浮动更加敏感。而一位飞机爱好者乘坐飞机时，往往对机型和飞机设计特别关注。

2. 需要和动机

凡是能够满足人的需要、符合人的动机的事物，往往成为知觉的对象、注意的中心。反之，与人的需要和动机无关的事物往往不被人注意。国外曾做过一个著名的实验，结果表明，与来自于富裕家庭的小孩相比，处于饥饿状态的、来自贫穷家庭的小孩，在理解模糊图片时说出了更多的食物；这足以表明人们的需要对人们理解一张图片时的巨大影响。随着我国社会经济的发展，虽然在人们看来乘坐飞机还属于高消费，但出于人们不同的需要乘坐飞机的人越来越多。商务旅行的民航旅客对时间特别重视，因此他们选择乘坐飞机是看到飞机快捷、方便的特点。有的普通老百姓乘坐飞机是为了满足显示身份和地位的需要。有的旅客乘坐飞机并选择一等舱则是为了满足自己显示社会地位的需要。当然有的旅客乘坐飞机则是为了追求民航的高质量服务。所以，旅客的需要和动机对旅客知觉有很大影响。

3. 个性特征

个性特征影响到一个人对周围事物的理解和组织方式，这对一个人的知觉有很大影响。旅客不同的个性特征对他们理解和认识民航企业以及民航服务和民航服务人员有着巨大的影响。例如，一位胆汁质的旅客总是认为安检的速度太慢，而一位粘液质的旅客则往往能耐心地等待安检。而且一般来讲，冒险倾向强的旅客更愿意选择乘坐飞机，而冒险倾向低的旅客更愿意选择火车旅行。

4. 过去的经验

人过去的经验对人知觉的选择性也有很大影响，因为人们可以根据过去的经验，对知觉对象进行快速的理解和判断。例如，有的旅客在乘坐几家航空公司飞机旅行后，如果对某家航空公司的服务质量、时间正点、甚至是服务人员很满意，便形成良好的印象；同时，又通过新闻宣传、朋友和同事的介绍等对这家航空公司的安全性有良好的印象；这样，这位旅客以后可能会经常选择乘坐该航空公司的飞机出行。这里，无论是旅客的直接经验，还是来自新闻和他人介绍的间接经验对于该旅客对航空公司的知觉都有很大的影响。

三、旅客对民航企业和民航服务人员的知觉偏见

在人的知觉过程中，往往由于各种主客观条件的影响，使人不能全面、客观地看待问题。同样道理，在对人的社会知觉过程中，更容易产生知觉偏见，它在社会心理学中被称为社会知觉偏见。所谓社会知觉偏见是指对人行为的原因作出错误或片面的解释，它经常存在于人的社会知觉过程中，是人的非理性的表现。旅客在理解和评价民航企业以及民航服务人员时，也会不可避免地产生知觉偏见和社会知觉偏见，从而极大地影响旅行过程中旅客与民航服务人员的交流和人际交往，影响民航服务质量。常见的知觉偏见和社会知觉偏见有以下7种表现形式。

（一）基本归因错误（fundamental attribution error）

基本归因错误是指人在理解他人行为时高估他人内在因素而低估外部环境因素的现象。例如，有的旅客看到航班误点了，就马上认为航空公司的调度能力不高，没有提前调整好，把误点理解为航空公司内在自身的因素导致的；而这次航班误点是由于天气等外在原因导致的，旅客忘记去了解天气等外在原因。有时，有的旅客认为民航服务人员的安检工作太慢，认为这些服务人员能力太低，而没有看到当时安检速度慢是由于安检制度刚刚改变，需要检查笔记本电脑，而前面几位旅客都带了笔记本电脑。

（二）自我服务偏见（self-serving biases）

自我服务偏见是指人将自己的成功归因于内在因素，而把失败归因于外在环境因素的现象。"我很优秀，你只是运气好"。例如，民航旅客如果在假期买到机票了，他通常就会认为自己能力较强；而如果买不到机票时，往往就认为航空公司的航班太少了，或有人在倒票等，这些都是属于外在环境因素。

（三）行动者和观察者差别（actor-observer differences）

行动者和观察者差别是指人把自己行为的动力归因于情景（外因），而将他人行为的动力归因于性格（内因）。也就是经常说的"你看，我是被迫的"。例如，有的旅客在碰到航班延误或取消时，极力地与民航服务人员争吵，即使民航服务人员以非常温和的态度与之进行交流，他也总是声音很大地与服务人员吵。这时他往往解释为，与她吵的原因是因为她没有给出一个合理的解释，她的解释都是在搪塞我们旅客；他在看待服务人员的行为时则认为服务人员是在故意蒙混过关。

（四）晕轮效应（halo effect）

晕轮效应是指旅客对民航服务人员和航空公司某些方面有较清晰鲜明的印象后，影响到他们对服务人员和航空公司其他方面的理解和评价；或者是对民航服务人员和航空公司有了整体印象后，影响到对二者具体方面的评价。旅客对民航服务人员和航空公司的晕轮效应，并非全面，也并非正确，但它对旅客评价民航服务和与民航服务人员交往时有十分重要的作用，它既影响旅客的认识，还会影响旅客的行为。例如，当民航旅客走进民航餐厅后，看到服务人员工作服上满是污渍，餐桌上也有剩余饭菜，接着就认为"这家民航餐厅很不卫生，饭菜质量肯定好不了，服务也不会好"。于是转身就走，服务人员再笑脸相迎都无济于事。也就是说，旅客对餐厅卫生的评价影响到对整个餐厅的

评价。再例如，有的旅客在听了周围的家人、同事和朋友介绍后认为某航空公司服务好些，有了一个好的整体印象，于是等乘坐该航空公司航班时对无论是售票、机型、还是服务人员的服务态度都评价较好；也就是说，对航空公司总体较好的印象使他对各方面的评价也较高。同样道理，在旅客与民航服务人员接触过程中也会发生类似现象。如有的旅客一接触某位机上服务人员认为她很有气质，印象很好，于是对她的服务能力给予较高的评价。但是，也有旅客就是因为某位机上服务人员在递水杯时因飞机摇晃而把饮料溅到自己身上，而对整个机组的服务能力给予不好的评价。

（五）对比效应（contrast effect）

对比效应是指评估一个人或一件事时，受到最近接触到的其他人或事的影响。这样对这个人或这件事的评价就发生了歪曲，作出了不客观的评价。例如，某旅客刚刚乘坐了国外某服务质量非常好的航空公司的航班，第二天再乘坐国内某航空公司航班时就一改先前对该国内航空公司的较好印象，总是认为该航空公司的服务太差了。

（六）投射作用（projection）

投射作用是指假设他人与自己相同，以此进行归因，对他人的行为进行解释。例如，当民航旅客的行李出现安全问题时，旅客给出很高的赔偿额度，但民航服务人员根据总局的相关规定给出一个比较低的赔偿额度。这时旅客就会认为，人都是差不多的，既然我是从成本收益方面来考虑赔偿额度的问题，作为民航服务人员和我一样都是现实生活中的人，他肯定会从成本收益的方面来极力压低赔偿额度。

（七）刻板印象（stereotyping）

刻板印象是指人在评价一个人或一件事时基于这个人或这件事情归属的群体或类型来进行判断，认为这个人或事物具有其所属群体或类型的特点。旅客对航空公司和民航服务人员也会形成一种刻板印象。第一类刻板印象较接近于客观事实，有助于旅客对航空公司和民航服务人员的认识，成为旅客了解民航的捷径。但另一类刻板印象偏离客观事实，对航空公司和民航服务人员形成错误的评价。刻板印象一旦形成，它将成为旅客衡量航空公司和民航服务人员服务质量的标准，从而影响旅客在民航服务过程中的行为。例如，有的旅客对国内的国有和民营航空公司形成刻板印象，总认为国有航空公司服务质量好，民营航空公司的业务灵活。

总之，由于人的非理性因素，民航旅客对民航服务人员的服务会产生这样那样的不客观评价。但需要引起民航服务人员注意的是，即使这种评价是错误的，旅客也会以这些评价为基础与民航服务人员进行交往。

第二节 旅客的需要

一、需要概述

（一）需要的概念和种类

需要是有机体内部的某种缺乏或不平衡状态，它表现为有机体的生存和发展对某些客观条件的依赖性，它是有机体活动的积极性源泉。

需要的产生是由于有机体内部生理或心理上的某种缺乏或不平衡状态，例如，缺水（缺乏）会产生想喝水的需要，孤独（不平衡）会产生交往的需要等；这种缺乏或不平衡状态消除了，需要也就得到了满足。需要是人进行活动的基本动力。例如，孤独产生交往需要推动人去结交朋友，参加社会交往。同时，人的需要在不断满足中又会不断地产生新的需要，从而推动人的活动不断向前发展。例如，个体不断参加社会交往，不断满足他的交往需要，这种不断满足的交往需要往往又会在交往中产生新的受别人尊重的需要、得到别人赞美的需要等。

人的需要是多种多样的。可以把人的需要分为生理性需要和社会性需要两大类。生理性需要也叫元发性需要，它是指保存和维持有机体生命和延续种族的一些需要。有饮食的需要、睡眠的需要、性的需要等。生理性需要对人的行为会产生根本的推动力量。所谓社会性需要是指与人的社会生活相联系的一些需要。有劳动的需要、交往的需要、奉献的需要等。不同的人由于其独特的生活经历使他有不同的主导需要，同一个人在不同时间也有不同的主导需要。

（二）马斯洛的需要理论

1. 马斯洛需要理论的主要观点

在需要的理解方面，美国人本主义心理学家马斯洛的需要层次理论是最有代表性的观点。他在1954年提出需要的层次理论，其理论的主要观点体现在图2.4中。

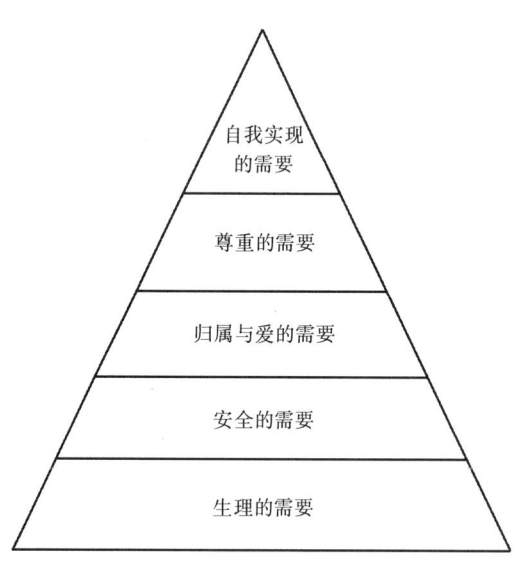

图 2.4　马斯洛的需要层次模式

（1）人类的基本需要按照优势出现的先后或力量的强弱可以分层次。按强弱和先后出现的顺序排列是生理需要、安全需要、归属和爱的需要、尊重的需要、自我实现的需要。占优势的需要会支配一个人的意识，而不占优势的需要则被减弱，甚至被遗忘或否定。当一种需要被平息，另一种更高级需要就会出现，成为支配个体行为的主导力量。所以，人是永远有所需要的动物。

生理的需要是人在生存、基本生活和延续种族方面的需要，它是人和动物共有的需要，是最原始、最基本的需要。如，对食物、水分、氧气、配偶等的需要，这些需要在所有需要中占绝对优势。如果这些需要没有得到满足，人将投入全力去满足这些需要。

安全的需要是人对物理空间、心理安全方面的需要。例如，对稳定、安全、秩序、受保护、免受恐吓、焦躁和混乱折磨等的需要。这些需要是在生理需要相对得到充分满足后才出现。

归属与爱的需要是人渴望自己成为团体成员，使自己有所归属，并与他人和睦相处，别人爱自己，自己也爱别人的需要。如对朋友、爱人、孩子的需要，对同事间深厚关系的需要。这种需要是在生理和安全需要得到很好的满足后才会产生。

尊重的需要是人对尊重、拥护和关注等方面的需要。尊重的需要包括两个方面：自尊和来自他人的尊重。自尊是人对获得能力、成就、信心、独立和自由的愿望。来自他人的尊重是指人对名誉、威望、关心、重视、地位等的愿望。一般来讲，这层的需要很少能得到完全满足，这些需要一旦受到挫折，人就会产生自卑感和无助感。

自我实现的需要是人实现自己的理想，使个人不断充实和完善，最大程度发挥潜能的需要。它使个体越来越想成为所期望的人物，完成与自己能力相称的一切。例如，音乐家必须演奏音乐，画家必须绘画，人才能感到最大的快乐。自我实现需要的产生有赖于前面四种需要的满足。

（2）人的需要分为高级需要和低级需要。生理和安全需要是低级需要，人和动物都具有；而自我实现的需要是高级需要，是人类独有的需要。高级需要的发生较低级需要要晚。需要的层次越高，其表现和满足越依赖于外部社会条件。与本能的区别越鲜明，其易变性和可塑性也就越大。低级需要也称为匮乏性需要，高级需要也称为成长性需要。因为低级需要如果满足不了，个体就会出现疾病。高级需要的满足能使人健康、长寿、精力旺盛，产生深刻的幸福感。

（3）自我实现的需要是基本需要中最高层次的需要。但并不是每一个成年人都能自我实现，只有百分之一的人能达到自我实现。

2. 马斯洛需要理论的评价

马斯洛的需要层次理论把人的需要看作是一个有组织的系统，是一个层次结构，对我们理解人类的基本需要有很大的启发。但它的理论也存在以下问题。

第一，马斯洛的理论还没有脱离本能论。因为他认为人类的基本需要是与生俱来的，是由体质或遗传决定的。这样就把人类的生理需要和社会需要混同起来了。

第二，马斯洛的需要层次理论强调需要由低级向高级发展，低级需要没有得到满足，高级需要就不会产生，这种观点有其片面性。他把人类需要看作是有高低之分的层次结构有其合理性，但对高级和低级需要之间关系的看法有其机械性，没有认识到高级需要对低级需要有调节和控制的作用。因为人是有自己的理想和追求的，很多人可以为了自己的理想和信念而不顾自己还没有满足的温饱需要。

第三，马斯洛强调的自我实现需要是个人的自我实现，没有与社会需要结合起来。在现实社会中，如果个人完全追求个体的自我实现，全然不顾他人的利益和当时的社会需要，那么这种自我实现的价值也是大打折扣的。

二、旅客的一般心理需要

由于旅客来自不同的国家和地区，旅客自身的性别、年龄、民族等各有差异，这使得旅客的需要也多种多样，按照马斯洛的分类，旅客的一般心理需要主要体现在以下5个方面。

（一）旅客的安全需要

旅客的安全需要是民航旅客最重要的需要。人们的一般印象都会认为火车汽车等交通工具比飞机更安全，但统计结果都表明这种印象是一种误解，飞机运输是众多运输工具中最安全的。但由于飞机运输的特殊性，一旦有问题其危险性就很高，人的生命就会受到很大威胁。所以，一旦有什么天气变化、起飞时间延迟、飞机机械故障等情况发生，都会引起旅客情绪的很大波动，这是因为旅客感到自己的人身和财产安全受到威胁。因此，民航旅客对安全这方面的需要是非常强烈的，这要求在民航服务过程中要做到以下三点：首先要保证飞行安全；其次要做到服务环节井然有序，治安有保障；再次要使餐饮服务符合卫生要求、符合宗教文化习俗。在案例2-2中，航空公司投入如此多的人力和物力，就是要保障安全的问题，就是要让旅客的安全需要得到满足，从而对航空公司更加放心。

案例2-2：

让旅客在安全无忧中翱翔

又到了雷雨频繁的季节，可出差的脚步却不会因此而有所停顿。每次赶上雷雨，每当航班延误的时候，一段话便情不自禁浮上耳际：

"飞机延误了，我们比您还着急，但我们要对您和您的家人负责，因为你们是我们最宝贵的财富。上了我们的飞机，您就放心好了。"

一句"放心"，烦躁的心顿时平静了下来，还有什么，比听到飞行员这样的话更让乘客安心？还有什么，比知道在一个航空公司的2700多名飞行员中，安全飞行2万小时以上的功勋飞行员有130多名，安全飞行1.6万小时以上的金质奖章飞行员有550多名这件事让人更加放心？

而让您放心，正是中国国际航空股份有限公司着力打造的品牌承诺。

1. 准备，让每一次飞行有备无患

飞行直接准备是飞行运行的开始，是确保飞行安全的重要环节。按照国航的规定，飞行机组应在所执行的航班起飞时刻前100分钟，前往机组准备室打卡，完成飞行前签到，并进行飞行前直接准备。如果是国际航班，直接准备的时间还会增加到120分钟。

6时30分，记者还担心自己是否来得太早，可此刻，国航飞行总队飞行员公寓的机组准备区已经有不少机组领取了放行单和气象资料，并在认真地进行飞行前的直接准备工作了。看来，早起是飞行员这个职业的习惯之一。实际上，当面带微笑的空姐迎接旅客们登机时，机组人员已经将所有确保安全的准备工作做好。

其实，每一次飞行直接准备的头一天，飞行员已经完成了预先准备。国航飞行员的预先准备工作是在网上进行的。

国航的网上飞行准备系统包括：我的准备、航班生产信息、资料查询、系统维护、个人综合信息、飞行准备监督等6个基本模块。飞行员在任何可以上网的地点，输入个人使用密码后均可进入该系统。飞行员在进行飞行预先准备时，通过系统进入"我的准备"模块，按照系统提示逐步完成"航班任务"、"航行通告"、"起降航路天气"、"航线资料手册"、"始发机场资料"、"航线图"、"目的机场资料"、"备降场资料"、"飞机状况"、"健康状况报告"、"网上准备考试"等11个步骤，点击查阅与其第二天飞行有关的天气、航线、机场、飞机的资料和动态情况，解答系统随机安排的有关理论知识考题，最终完成飞行预先准备，并可进入其他模块浏览有关内容。

网上准备，是否可做可不做？有人做有人不做？这不用有任何担心。未完成"我的准备"任何一个步骤，系统都将自动显示其未完成准备，经授权的管理人员可通过系统监控每名飞行员网上准备情况并及时采取措施。飞行员飞行前在工作区通过系统进行指纹签到，后台管理人员通过系统对执行航班任务的人员进行确认。

采用网上准备后，飞行员在预先准备时毋须到工作区准备室，不仅节省了大量路途往返时间，而且查阅资料更加方便、快捷，获取的信息更加丰富和具有时效性。同时他们还可在准备过程中复习有关业务知识，准备效率和准备质量都有了一定提高。心中有数，有备无患，现代的信息化技术为国航飞行员的安全飞行插上了翅膀。

2. 训练，打造一支高素质的飞行员队伍

国航拥有一支业务技术精湛、作风严谨的飞行员队伍，而对飞行人员实施严格的培训是确保飞行安全和高品质服务的保证。

国航董事长李家祥尤其重视飞行队伍的建设。他认识超过三分之一的国航飞行员，而他去得最多的单位就是飞行部门。还是刚到国航的时候，他就曾花了几十天的时间，全身心投入到飞行总队做调研工作。几年下来，集团下属每一个飞行部队都留下了李家祥的身影。在他的带动下，国航各级班子成员都十分重视深入飞行部队抓队伍建设，并坚持把全面加强飞行部队建设，作为公司基础建设的重中之重来抓，为此，国航出台了《飞行部队全面建设纲要》，下大力气系统解决了影响飞行部队发展的一些问题。

2004年，国航改革训练模式，在市场十分旺盛、运力紧张的情况下，成立了民航系统内第一家飞行训练大队，专门拿出两架飞机实施训练，增强了训练的计划性、系统性、连续性，提高了训练质量，进一步提升了公司飞行安全的基础。

飞行训练大队主要承担新招收飞行学员以及现役升级等7大类飞行员的本场实机训练，同时负责新学员转机型理论教学前的培训与管理。这种训练模式在中国民航史上尚属首例。飞行训练大队的有效运作与飞行训练中心的飞行员模拟机训练相衔接，促进了国航对飞行员职业生涯的培训与管理向着更加系统化、规范化的方向迈进，对于全面提升国航的飞行品质，为国航多出人才、快出人才产生了积极的推动作用。

国航有一整套严格的飞行训练管理制度，制定了各种飞行技术管理规定，如，《飞行技术训练管理手册》、《飞行员训练大纲》、《模拟机训练大纲》等，这些手册用来保证飞行员飞行技术一直处于良好状态。在日常管理中，飞行员除了要经过技术升级考试外，国航还严格遵守民航总局规定，所有的飞行员每半年必须复训一次，复训考试不合格，驾驶证作废。档案库里，存有每个飞行员每次考试的完整记录。

在保质保量的前提下，国航还加快了培训力度，并建立起飞行训练奖惩制度，对飞行员实行优胜劣汰，而且在收入分配待遇上向机长、飞行骨干和教员倾斜。

国航飞行总队目前的飞行小时数近30万，占全民航总飞行小时数的1/10，而且每年还以5~6万飞行小时的速度在增长。把总队锻炼成一支飞行作风良好的飞行队伍，无论是对国航，还是对全民航来说都意义重大。

在国航副总裁、飞行总队总队长宋志勇的心里，装着一套详细的与公司"十一五"机队发展同步的训练规划。每年引进多少飞机，需要增加多少机长，怎样合理进行训练，通通一清二楚。

他认为，抓安全首先就要抓训练，培训基础不牢固，员工素质就不会高。因此，安全要靠训练来保障。

为了提高机长素质，在严格遵守规章制度的前提下，保质保量地加快训练进度，飞行总队出台了《关于新机长（M）建立飞行经历的规定》、《对改机型人进行技术检查的规定》等不少新规定，每月还固定召开一次训练分析会，对各大队训练计划的完成情况进行科学分析，及时调整。

飞行总队三大队（737大队）素有"机长的摇篮"之称。大队根据不同标准人员的技术状况，及时召开技术研讨会，把不同层次人员的训练带飞分为梯队，做好明确分工。他们严把技术关口，明确规定英语不单飞不过关，理论不合格不过关，技术不达标不过关，作风不过硬不过关。不论资历、不论年龄，凡不过关者坚决"回炉"，重新带飞。在严格训练和培养下，一批又一批优秀飞行员源源不断地被输送到其他机型。

长远规划、统筹安排、总队联动，严格、科学、系统的训练工作带来的是国航安全品质的持续提高。在2006年全国民航航空安全工作会议上，国航荣获民航总局年度航空安全最高奖——"金鹏杯"。

3. 管理，用科学撑起安全的保护伞

国航人明白，安全是国航的生命，是他们为顾客提供的最基本的服务。而安全工作必须建立在科学管理、积极预防和有效控制的基础之上，必须与时俱进，依靠现代科学的管理思想、手段和设施加以保证。

去年的这个时候，民航总局局长杨元元曾两次参加国航飞行总队的月度安全形势分析会，并对这一形式给予了高度评价。许多兄弟航空公司也纷纷前来取经。

这是一个什么样的安全形势分析会，竟引起全行业的高度重视？

每次开会，总队所属各飞行大队都会汇报自己在安全生产方面所做的工作，同时计财、航调、训练、安监部门也会分别就总队生产任务完成情况、航班生产、训练和安全方面的工作进行汇报。

四大队队长郑为民觉得,安全形势分析会不仅范围扩大了,而且汇报更具体更详细了。各大队可以直接和计财、航调、训练、安监部门进行沟通交流,看彼此的数字以及分析是否一致。在汇报了存在的问题的同时,还必须要讲发生问题的原因,而且要提出解决问题的办法。

月度安全生产形势分析会还会对近期国内外民航出现的不安全事件进行分析,从中发现自己的不足,提出对自己的警示,以避免同类事件的发生。飞行总队安监部经理石严认为,月度以及季度的安全生产形势分析会,体现了系统安全管理的思路。不管是训练标准质量的问题还是生产组织、航行调度中的问题,没有分析就提不出来。对安全的科学管理,依赖的就是信息数据和分析。

月讲评制度只是国航飞行总队坚持安全形势分析、讲评和例会制度的一个亮点。在国航的飞行部队,周期不等和形式多样的安全讲评会还有很多。比如,由各飞行大队值班员 1 名、安全监察员 1 名、航行调度员 1 名、飞行总队值班干部 1 名、总队长或分管安全的副总队长组成的安全例会每天下午准时举行,针对当天或近期安全形势进行分析并作出部署。

只有通过对安全问题的科学分析和随之而来的安全教育,才能更好地对安全管理中的重大问题进行决策,实时控制安全生产过程中的主要环节。这对尽早消除安全隐患,确保航空安全起到了关键性的作用。

记者在采访中了解到,建立在系统安全管理基础上的国航飞行安全管理信息系统也正在紧锣密鼓的建立中。宋志勇说,在这一系统内,生产运行是主线,风险评估是核心。安全管理做细了,做实了,安全漏洞也自然就少了。

4. 维护,使飞机保持最优状态

让旅客放心旅行,离不开飞行员精湛的操作技术,同样也离不开机务维修人员对飞机的精心维护,国航同样重视全面加强机务维修这支队伍的建设。

国航加大了对安全保障基础设施的投入,仅近两年就落实了 10 多亿元的机务维修安全投入。

国航的飞机拥有专业化、规范化的技术保障。国航下设工程技术分公司,该分公司由 6 个基地、3 个合资企业、3 个中心、113 个航站、8000 多名工程师和技术人员组成。这支技术精湛、作风过硬的维修工程人员队伍,在为国航的飞行安全运营提供了性能优良、安全可靠的飞机和保证每天大量航班维护任务的同时,还向全球 80 多家航空公司提供优质的维修服务。从上世纪 80 年代末至今,共取得了近 20 项国内维修项目的突破,获得了国家及省部委授予的 50 多项科技进步奖项。

国航与德国汉莎航空公司合资经营的北京飞机维修工程有限公司(Ameco),是中国规模最大的民用飞机综合维修企业,也是国内第一家通过民航总局(CAAC)、美国联邦航空局(FAA)及欧洲航空安全局(EASA)认证以及获得其他 12 个国家颁发的维修执照的飞机维修公司。

截至到目前,国航的机队拥有 207 架飞机。为了配合公司服务发展战略的实施,提高"新两舱"航班正常性，国航工程技术分公司提出了6个加强：加强"新两舱"飞机在基地的维护质量；加强信息通报，缩短航班延误时间；合理加强"新两舱"飞机航材保障；加强对驻外站机务代表的管理；加强对维修代理的监管力度，对"新两舱"飞机的航班正常性进行专项分析，形成固定的周分析、月分析制度；加强"新两舱"飞机及其相应零部件的可靠性分析，必要时进行相应的加改装工作。同时，完善维修生产指标考核体系，有针对性地制定具体措施，监控维修生产指标的变化情况，合理地控制飞机的可用率，降低机务原因的航班延误率，科学控制维修成本，提高保留故障的处理速度，提高客舱服务设备的完好性。

在8000多名工程师和技术人员的精心维护下，国航飞机始终以最优的状态投入到每一次飞行中，大大提高了安全几率。

质量一流的飞机，技术精湛的飞行员，系统科学的安全监控和安全管理，为每一位旅客的安全飞行提供了一体化的防护体系，使国航的安全飞行品质、安全保障水平继续保持着亚洲最好、世界一流。2006年，3150万人次的旅客，放心地选择了国航。

"随风潜入夜，润物细无声。"国航体贴入微的安全呵护，您是否已经感受到了呢？当国航把安全的服务呈现在我们面前时，我们可以放心地启程了。

（来源：杨珍红，王永生．中国民航报，2007-6-8（1））

（二）旅客的生理需要

民航旅客的生理需要主要体现在旅客对座位、饮食、环境舒适、卫生等方面的需要。由于现阶段我国乘坐飞机的旅客大都具有一定的经济条件和社会地位，因此他们对飞机的座位大小、前后距离、座位的柔软程度等都给予了很多要求。同时，民航旅客对食品的种类、营养的搭配、口味的要求也越来越高。而且旅客对机舱环境的整洁性、机舱的温度、噪音等也非常关注。所以，这要求民航服务过程中无论是对民航服务的硬件设施、还是软件方面都应该给予重视，要提供购票—登机—到达目的地的全方位的服务，在航班不正常或取消时要妥善安排旅客的衣、食、住、行等，民航所有部门的环境要做到卫生整洁。案例2-3说明在民航服务过程中，旅客的生理需要是非常重要的，如果处理不好，会引起旅客的不满；虽然很多是小事，但应该引起航空公司和民航服务人员的重视。

案例 2-3：

牛肉饭怎么没有了？

一个月前，我坐飞机出差。飞机上提供的正餐是牛肉饭和鸡肉饭。我坐在中部偏后的第22排。可当餐车推倒第18排时，我爱吃的牛肉饭就已经没有了。

"牛肉饭怎么这么快就没有了？"

无奈之下，我只好选择并不爱吃的鸡肉饭，多少有点不快。空姐微笑着连声道歉，但却爱莫能助。她告诉我，飞机上的牛肉饭和鸡肉饭每次都是按1∶12比例配备的，也没有多余备餐，他们曾多次反映过旅客更喜欢吃牛肉饭的情况，但一直没有解决。

果不其然！时隔一个月，我再次搭乘该航空公司航班。这回时来运转，我坐在第

14 排。我数了数，13、14 两排 14 位旅客中，包括我在内有 10 位选择了牛肉饭。没过三四分钟，耳边又传来熟悉的抱怨声："牛肉饭怎么又没有了？"回头一看，餐车又停在第 19 排。

"牛肉饭怎么这么快又没有了？"这里的"又"字说明牛肉饭与鸡肉饭配备比例不合理一直存在，牛肉饭供不应求也不是偶尔出现；而空服人员和航空公司，虽然已经意识到问题的存在，但至今仍没有解决。

（来源：李永，张澜. 民航服务心理学. 北京：中国民航出版社，2007.121）

（三）旅客的归属需要

旅客的归属需要是指旅客被临时群体和组织接纳的需要，这取决于民航服务人员与旅客之间良好服务关系的确立。这要求在民航服务过程中民航服务人员要多与旅客进行沟通交流，可以通过具体的服务人员给旅客分发各种旅行报刊来实现，也可以通过介绍旅客最关心的公司有关情况，介绍当地人情风貌、气象、旅行须知、商业信息等来实现。

（四）旅客的尊重需要

旅客的尊重需要在民航服务过程中表现得比较明显。所谓民航旅客尊重的需要是指，民航旅客希望获得民航服务人员的理解和尊重、关心和帮助，希望服务人员尊重他们的人格。具体表现为旅客希望服务人员能耐心地听取他的想法或看法，即使有什么地方讲错或做错，服务人员也不要讥笑他们，更不希望服务人员指责他们。对旅客的这种自尊的需要，民航服务人员不但要理解他们，而且要尽可能地满足他们的这一需要。而且民航服务人员也要清楚，一旦触犯旅客的自尊心，可能会引起旅客的恼怒，甚至会爆发冲突。至于旅客对民航服务的知觉偏见或片面认识，服务人员也不能当面去批评或指责，应该谅解旅客的态度。民航旅客尊重的需要要求民航服务人员在整个服务过程中要听取旅客的各种意见和建议，对于旅客的投诉等行为给予满意的答复。比如，对于很多首次乘坐飞机的旅客来讲，很多事情都是陌生的，在刚登机时可能需要不断尝试错误，这时一方面需要服务人员及时把握旅客的这种信息，及时给予引导和帮助；另一方面，在帮助时千万不可表现出讥笑的态度或语气，以免触犯旅客的自尊心。

（五）旅客的自我实现需要

在我国现阶段，有些民航旅客把享受民航服务看作是他个人人格的延伸。在整个民航服务过程中，旅客希望自身的价值得到认可和尊重，自己的主体地位得到体现，从而实现自我肯定，实现自我发展的需要。这种自我实现的需要使旅客在服务过程中追求个性化的服务，要求民航服务提供符合他个人特点的服务内容。这就要求民航服务在建立规范性服务的基础上，在满足旅客各种需求上强调服务的多样性，如食品、读物、娱乐活动等应尽可能满足不同层次的旅客，使旅客有选择的机会。在这个方面，由于我国民航起步晚，与国外发达航空公司相比，各航空公司还存在很多差距，需要进一步完善个性化服务。

三、旅客的特殊心理需要——信息需要

旅客的特殊心理需要主要体现在信息的需要上，这是由民航旅客乘坐飞机的目的和民航运输行业性质两方面因素决定的。从民航旅客乘坐飞机的目的来看，一般来讲，民航旅客多数是公务、商务和旅游者，他们对旅行的计划性强，飞机航班不正常会打乱旅客的计划，甚至造成损失。从民航运输行业的性质来看，飞机这种运输工具容易受到诸如天气、机务、空中流量等因素的影响，而且一旦影响往往会造成航班不正常。因此，这些因素使旅客对信息的需求非常强烈，非常需要及时地了解航班、时间等方面的旅行信息。航班不正常情况下的信息不灵，一直是民航旅客对民航服务不满的主要原因。有关部门统计显示，旅客对航班不正常的不满意率最高竟然达到60%左右。

旅客的信息需要会推动他通过多种途径了解与民航服务有关的信息。民航服务各环节应该尽量地及时满足旅客的这种心理需要，以免引起旅客情绪上的波动。具体来讲，旅客会通过以下途径来获取有关民航的信息。

正式途径和非正式途径。正式途径是指旅客通过民航有关组织明文规定渠道获得有关信息的方式。例如售票厅的旅客须知、航班时刻表、机场候机楼的旅客乘机流程图、广播电视，机舱内的报纸、安全须知等。民航中的很多服务规定都是通过这种途径传递给旅客的，这种方式效果好，但沟通与反馈的效果差。非正式途径指的是正式途径以外的诸如小道消息等信息传递方式。如果正式途径的信息不通畅，就会引发小道消息的发生。例如，当航班延误时正式广播和服务人员没有作出解释，旅客常会推测是公司随意取消航班，从而引发旅客的不满情绪。所以，民航服务过程中民航服务人员一定要充分发挥正式途径和非正式信息传递途径的优点，尽量避免其缺点。

口头、书面和电子传递。在民航服务中，口头和书面信息传递方式效果较好。口头传递有灵活、方便、容易理解等特点；书面传递信息有可保存、减少传递信息失误的优点。而电子传递虽然具有速度快和范围广的特点，但它更适合于暂时性信息的传递。这要求民航服务人员在碰到具体情况时，应根据不同途径的特点来选择合适的信息传递方式。

第三节 旅客的个性特征

一、个性特征概述

个性是一个人总的精神面貌，它是个人通过自己的生活经历形成的、体现人与人之间稳定差异的特征。个性是一个多维度、具有层次结构的心理构成物，它主要包括个性心理特征、个性心理倾向和自我。

个性心理特征反映一个人精神面貌稳定的类型差异，它由多种心理特征组合而成，主要包括气质、性格和能力。

民航服务过程中，民航旅客都有各自的气质、性格和能力特点。民航服务应根据旅客不同的气质、性格和能力特点，有针对性的给予个性化的服务。

二、旅客的气质差异与民航服务

(一) 气质的概念、类型和特点

1. 气质的概念

气质（temperament）是个人生来就具有的心理活动的动力特征。这与日常生活中所经常用的"这位女士很有气质"中的气质的含义并不相同。心理学中的气质主要是指人神经系统活动的特征。

气质不是推动进行心理活动的心理原因，但它使人的心理活动具有某种稳定的动力特征。这里的心理活动的动力特征指的是心理过程的强度（例如，情绪体验的强度）、心理过程的速度和稳定性（知觉的速度、思维的灵活性、注意时间的长短）、心理活动的指向性（有的人倾向于注意外部事物，而有的人倾向于注意内心世界，经常体验自己的情绪）等方面在行为上的表现。气质不但表现在人的情绪活动中，也表现在智力活动当中，它使人的全部心理活动都染上了个人独特的色彩。个人气质的特点不依赖活动的内容而改变，它表现出一个人生来就有的自然特性，它是由人的生理机制所决定的。

2. 气质的类型和特点

所谓气质类型是指某一类人身上共同具有的典型气质特征的有机结合。

公元前 5 世纪希腊著名医生希波克拉底（Hippocrates，约公元前 460—377 年）提出体液说，把人的气质分为多血质、胆汁质、粘液质、抑郁质四种类型。苏联生理心理学家巴甫洛夫（1935）根据神经活动的特点把人的高级神经活动类型也分为四种。这两个分类之间有一定的对应关系。按照巴甫洛夫的观点，人的大脑皮质的神经过程（兴奋和抑制）有三个基本特征：强度、均衡性、灵活性。所谓神经过程的强度是指神经细胞和整个神经系统的工作能力和界限。神经过程的均衡性是指兴奋和抑制两种神经过程间的相对关系；均衡是指兴奋和抑制过程的强度是相近的，而不均衡指的是其中一个方面占优势而另一方面较弱。所谓神经过程的灵活性是指兴奋过程或抑制过程更替的速率。根据以上三个特征，巴甫洛夫把高级神经活动的类型分为四种：兴奋型、活泼型、安静型、抑制型。而这四种类型可以分别与胆汁质、多血质、粘液质、抑郁质四种类型相对应。具体各类型及特点见表 2-1。

表 2-1 高级神经活动类型及特征

神经类型 (气质类型)	强度	均衡性	灵活性	行为特点
兴奋型 (胆汁质)	强	不均衡	灵活	攻击性强、易兴奋、不易约束、不可抑制
活泼型 (多血质)	强	均衡	灵活	活泼好动、反应灵活、好交际
安静型 (粘液质)	强	均衡	不灵活	安静、坚定、迟缓、有节制、不好交际
抑制型 (抑郁质)	弱	不均衡	不灵活	胆小畏缩、消极防御反应强

典型的四种气质类型人的行为特点如下。

胆汁质：这种气质最突出的特点是具有很高的兴奋性，因而在行为上表现出不均衡性。这种人脾气暴躁，好挑衅，态度直率，活动精力旺盛。他们能够以极大的热情投身于事业，埋头于工作，能够克服在达到既定目标道路上的重重困难。但是，一旦精力消耗殆尽，这种人就往往对自己的能力失去信心，情绪低落下来。

多血质：这种人突出的特点是热忱和有显著的工作效能。他们对自己的事业有着浓厚的兴趣，并能保持相当长的时间。这种人有很高的灵活性，容易适应变化了的生活条件，善于交际，在新的环境里不感到拘束。他们精神愉快，朝气蓬勃，但是一旦事业不顺利，或需要付出艰苦努力时，其热情就会大减。情绪容易波动。这种人大都机智敏锐，能较快地把握新事物，在从事多变和多样化的工作时，成绩卓著。

粘液质：这种人安静、均衡，始终是平稳的、坚定的和顽强的人。这种人能够较好地克制自己的冲动，能严格地遵守既定的生活规律和工作制度。他们态度持重，交际适度。他们的不足之处是其固定性有余而灵活性不足。但这种惰性也有积极的一面，它可以保持从容不迫和严肃认真的品格。对这种人，安排其从事有条理、冷静和持久性的工作为好。

抑郁质：这种人的突出特点是敏感性较高，因而最容易受到挫折。他们比较孤僻，在困难面前优柔寡断，在面临危险情势时会感到极度的恐惧。这种人常常为微不足道的缘由而动感情。他们很好相处，能胜任别人的委托，能克服困难，具有坚定性。

需要注意的是，人的气质类型没有好坏之分，因为它是人的神经系统活动的特点。而且现实中多数人是两种以上气质类型的混合体，而以上行为特点只描述典型的四种气质类型的行为特点，很多人的行为特点是以上两种或更多种类型特点的混合。人的气质是比较稳定的，很难改变；当然它也会随着人的社会实践发生一定程度的变化，但这种变化的可能性不大，也许有时人的气质可以被掩盖起来。如果要了解自我的气质类型，可以做练习 2-1。

练习 2-1：

气质类型自我测试

第一步：自我评价

您认为以下各陈述与您实际情况的符合程度有多大？请您在与您相符合的评价上划"√"，它们分别是"完全不符合"、"比较不符合"、"介于符合和不符合二者之间"、"比较符合"、"完全符合"。

	完全不符合	比较不符合	介于二者之间	比较符合	完全符合
1. 做事力求稳妥,不做无把握的事	①	②	③	④	⑤
2. 遇到可气的事就怒不可遏,想把心里话全说出来才痛快	①	②	③	④	⑤

续表

	完全不符合	比较不符合	介于二者间	比较符合	完全符合
3. 宁可一人干事,不愿很多人在一起	①	②	③	④	⑤
4. 到一个新环境很快就能适应	①	②	③	④	⑤
5. 厌恶那些强烈刺激,如尖叫、噪音和危险镜头等	①	②	③	④	⑤
6. 和人争吵时,总是先发制人、喜欢挑衅	①	②	③	④	⑤
7. 喜欢安静的环境	①	②	③	④	⑤
8. 善于和人交往	①	②	③	④	⑤
9. 羡慕那种善于克制自己感情的人	①	②	③	④	⑤
10. 生活有规律,很少违反作息制度	①	②	③	④	⑤
11. 在多数情况下情绪是乐观的	①	②	③	④	⑤
12. 碰到陌生人觉得很拘束	①	②	③	④	⑤
13. 遇到令人气愤的事,能很好地自我克制	①	②	③	④	⑤
14. 做事总是有旺盛的精力	①	②	③	④	⑤
15. 遇到问题常常举棋不定,优柔寡断	①	②	③	④	⑤
16. 在人群中从不觉得过分拘束	①	②	③	④	⑤
17. 情绪高昂时,觉得干什么都有趣;情绪低落时,又觉得什么都没意思	①	②	③	④	⑤
18. 当注意力集中于一事物时,别的事物很难使我分心	①	②	③	④	⑤
19. 理解问题总比别人快	①	②	③	④	⑤
20. 碰到危险情景,常有一种极度恐怖感	①	②	③	④	⑤
21. 对学习、工作和事业怀有很高热情	①	②	③	④	⑤
22. 能够很长时间做枯燥、单调的工作	①	②	③	④	⑤
23. 符合兴趣的事情,干起来劲头十足,否则就不想干	①	②	③	④	⑤
24. 一点小事就能引起情绪波动	①	②	③	④	⑤
25. 讨厌做那种需要耐心、细致的工作	①	②	③	④	⑤
26. 与人交往不卑不亢	①	②	③	④	⑤
27. 喜欢参加热烈的活动	①	②	③	④	⑤
28. 爱看感情细腻、描写人物内心活动的文学作品	①	②	③	④	⑤
29. 工作学习时间长了,常感到厌倦	①	②	③	④	⑤

续表

	完全不符合	比较不符合	介于二者间	比较符合	完全符合
30. 不喜欢长时间讨论一个问题,愿意实际动手干	①	②	③	④	⑤
31. 宁愿侃侃而谈,不愿窃窃私语	①	②	③	④	⑤
32. 别人说我总是闷闷不乐	①	②	③	④	⑤
33. 理解问题常比别人慢些	①	②	③	④	⑤
34. 疲倦时只要短暂的休息就能精神抖擞,重新投入工作	①	②	③	④	⑤
35. 心里有话,宁愿自己想,不愿说出来	①	②	③	④	⑤
36. 认准一个目标就希望尽快实现,不达目标,誓不罢休	①	②	③	④	⑤
37. 学习、工作同样一段时间后,常比别人更疲倦	①	②	③	④	⑤
38. 做事有些莽撞,常常不考虑后果	①	②	③	④	⑤
39. 老师或师傅讲授新知识、新技术时,总希望他讲慢些,多重复几遍	①	②	③	④	⑤
40. 能够很快地忘记那些不愉快的事情	①	②	③	④	⑤
41. 做作业或完成一件工作总比别人花的时间多	①	②	③	④	⑤
42. 喜欢运动量大的体育活动,或参加各种文艺活动	①	②	③	④	⑤
43. 不能很快地把注意力从一件事转移到另一件事上去	①	②	③	④	⑤
44. 接到一个任务后,就希望迅速解决	①	②	③	④	⑤
45. 认为墨守成规比冒风险强些	①	②	③	④	⑤
46. 能够同时注意几件事	①	②	③	④	⑤
47. 当我烦闷的时候,别人很难使我高兴起来	①	②	③	④	⑤
48. 爱看情节起伏跌宕、激动人心的小说	①	②	③	④	⑤
49. 对工作抱认真严谨、始终一贯的态度	①	②	③	④	⑤
50. 和周围人的关系总是相处不好	①	②	③	④	⑤
51. 喜欢复习学过的知识,重复做已经掌握的工作	①	②	③	④	⑤
52. 希望做变化大、花样多的工作	①	②	③	④	⑤
53. 小时候会背的诗歌,我似乎比别人记得清楚	①	②	③	④	⑤
54. 别人说我"出语伤人",可我并不觉得这样	①	②	③	④	⑤
55. 在体育活动中,常因反应慢而落后	①	②	③	④	⑤

续表

	完全不符合	比较不符合	介于二者之间	比较符合	完全符合
56. 反应敏捷,头脑机智	①	②	③	④	⑤
57. 喜欢有条理而不很麻烦的工作	①	②	③	④	⑤
58. 兴奋的事情常常使我失眠	①	②	③	④	⑤
59. 老师讲新概念,常常听不懂,但是弄懂以后就很难忘记	①	②	③	④	⑤
60. 如果工作枯燥无味,马上就会情绪低落	①	②	③	④	⑤

第二步：记分

"完全符合"或选择⑤,记2分；"比较符合"或选择④,记1分；"介于符合和不符合二者之间"或选择③,记0分；"比较不符合"或选择②,记-1分；"完全不符合"或选择①,记-2分。

胆汁质	题号	2	6	9	14	17	21	27	31	36	38	42	48	50	54	58	总分
	得分																
多血质	题号	4	8	11	16	19	23	25	29	34	40	44	46	52	56	60	总分
	得分																
粘液质	题号	1	7	10	13	18	22	26	30	33	39	43	45	49	55	57	总分
	得分																
抑郁质	题号	3	5	12	15	20	24	28	32	35	37	41	47	51	53	59	总分
	得分																

第三步：气质类型确定

- 如果其中一种气质得分明显高于其他三种,均高出4分以上,则可定为该气质类型。此外,如果该气质类型得分超过20分,则为典型；如果该类得分在10~20分之间,则为一般型。
- 两种气质类型得分接近,其差异低于3分,而且又明显高于其他两种,高出4分以上,则可定为这两种气质的混合型。
- 三种气质得分均高于第四种,而且接近,则为三种气质的混合型,如多血—胆汁—粘液质混合型,或粘液—多血—抑郁质混合型

(来源：邱庆剑. 人力资源管理工具箱. 北京：机械工业出版社)

（二）旅客的气质差异与民航服务

由于气质是人行为稳定的动力特征，所以对于民航服务人员来讲，可以通过观察了解旅客的气质特点，有针对性的提供个性化服务，提高服务质量。首先民航服务人员必须快速而准确地观察旅客们的情绪状态、语言行为特点，善于捕捉和理解旅客细微的变化，从中挖掘旅客的气质特点。

胆汁质类型的旅客情绪容易冲动、脾气急躁，控制力较差，一旦被激怒一般不容易平静。他们的行为表现为讲话速度快，感情外露，讲话喜欢用"我认为……"，讲话动作、手势剧烈有力量，活动积极，对排队买票或排队乘机，或在餐厅、宾馆结账时往往心急火燎，显得不耐烦。所以，在民航服务过程中，服务人员要特别注意这类气质或带有这类气质特点的旅客，不要激怒他们；而万一发生矛盾，应该避其锋芒，不要计较他们一时不顾后果的语言，切不可针锋相对，使矛盾激化。

多血质类型的旅客在民航服务过程中表现为热情大方，喜欢与人交往，好动而活泼。因此，在民航服务过程中除了尽量满足他们喜欢交际、爱好交谈的特点外，还要注意他们好动的特点。在候机室里，我们经常可以看到这类旅客有点坐不住，站不定，就是坐下来也很少以一种姿势坐很久。他们似乎对什么都感兴趣。这种气质类型的旅客在乘机时，飞机上的乘务员要特别注意，因为他们对飞机上的一些先进设备感兴趣，有一定的刺激性，加上他们自身好动的特点往往容易损坏飞机上的一些器件。

粘液质类型的旅客在民航服务过程中表现为稳重，感情平稳，情感很少外露，喜欢清净的环境，自制力强。但因为他们感情不外露，话又不多，服务人员有时猜不透他们想什么，需要什么。因此，民航服务人员不宜用大声或用激动的口气或语调与他们讲话。因为他们的自制力强，做事总是不慌不忙，力求稳妥，所以不要过多地催他们或打扰他们。

抑郁质气质类型的旅客感情外露更少，在民航服务过程中表现为孤僻、不合群，坐在那里很长时间不更换姿势，或不动声色。但他们的自尊心特别强，很敏感、多疑，想像力丰富。甚至见到人在交谈时无意中看他一眼或指他一下，他都会猜疑别人在谈论他。对这种气质类型的旅客，服务人员要十分注意尊重他们的特点，对他们讲话要清楚明朗，态度要和蔼，切不可与他们轻易地开玩笑，以免引起他们的不愉快或猜疑。

三、旅客的性格差异与民航服务

（一）性格的概念、特征和类型

1. 性格的概念

性格（character）是指人对现实稳定的态度和习惯化了的行为方式。

个体在社会活动中，与特定的社会环境相互作用，形成一定的态度体系，并以一定的类型表现在个体的行为中，构成个人所特有的行为方式。例如，一位旅客无论是在乘机时，还是在工作等其他各种场合都表现出对别人热情关怀，对自己虚心谦逊，遇事果断坚定，这种对人对己对事稳定的态度和习惯化了的行为方式所表现出来的心理特征，就是这位民航服务人员的性格。但并不是人对现实的任何一种态度都代表他的性格特征，例如，某位旅客在一个偶然机会中表现得优柔寡断，但平时他遇到事情通常很果断，这种特殊情景中的优柔寡断就不应该被看成是他的性格特点，因为作为性格特点的态度和行为方式都是比较固定的、习惯化的。

2. 性格的特征

性格是一种非常复杂的心理现象，它包括多个侧面，具有不同的特征。可以从静态和动态两个方面对性格的特征进行分析。

（1）性格的静态特征

从静态特征来看，性格具有对现实态度的特征、还有其认知特征、情绪特征和意志特征。

1）对现实态度的特征

对现实态度的性格特征是指，个人对社会、对集体、对他人、对自己以及对待学习、工作的态度中所表现出来的性格特征。对待集体和他人的态度中所体现出来的性格特征有善良、同情、虚伪；对待自己的态度中所体现出来的性格特征有自尊、自大、谦虚、骄傲；对待劳动的态度中所体现出来的性格特征有热爱、勤奋、懒惰、认真、马虎；对待物品的态度中所体现出来的性格特征有有条不紊、邋遢。在这个方面不同民航旅客有不同的表现，有的旅客对他人要苛刻一点，对自己自大一些，对周围的物品更随便一些，而有的旅客则相反。

2）性格的认识特征

性格的认识特征是指人们在感知、记忆、想象、思维等认识过程中表现出来的个别差异，这些差异是一个人完整性格中的一部分。在感知方面表现出来的性格差异有：被动感知—主动观察、详细罗列－概括；在想象方面表现出来的性格差异有：幻想家—现实主义者；在思维方面表现出来的性格差异有：独立思考—盲目模仿。不同民航旅客在这个方面有不同的表现，有的旅客能主动观察，承认客观现实，思考问题处理问题独立，而有的旅客则相反。

3）性格的情绪特征

性格的情绪特征是指人们情绪活动的强度、稳定性、持续性以及稳定心境等方面的个别差异。在情绪活动的强度方面，有的人情绪体验特别强烈，难以控制，而有的人情绪体验比较弱，显得很冷静；在情绪的稳定性方面，有的人情绪的波动比较大，有时激动，有时平静，而有的人情绪则不易起伏。在情绪的持续性方面，有的人情绪的持续时间特别长，会留下深刻印象，而有的人情绪稍现即逝，不会留下什么影响。不同民航旅客在这个方面也有不同的表现，有的旅客情绪比较冲动，容易发怒，情绪波动和起伏比较大，持续时间长，民航服务人员对这种性格特征的旅客要保持警惕，要灵活地与之进行交流。

4）性格的意志特征

性格的意志特征表现在以下四个方面。一是行为目标的明确性，有的人目标明确，而有的人则往往是蛮干；二是自觉控制水平，例如有的人自制力强，有的人容易受暗示；三是在经常和长期工作中所表现出来的意志特征，如有的人有恒心，有的人则会半途而废；四是在紧急或困难情况下所表现出来的性格特征，如有的人果断、勇敢，而有的人则犹豫、怯懦。不同民航旅客在这个方面也有不同的表现，有的旅客自制力较强，在紧急情况下果断勇敢，而有的旅客则相反。

（2）性格的动态特征

从动态特征来看，各种性格特征是相互联系、相互制约的，不同的场合人会表现出性格的不同方面，性格也会有所变化。首先，人的性格是可塑的。生活环境的变化可以引起性格的改变，如一位开朗活泼的人如果遇到某种重大的不幸事件，可能从此变得沉默寡言。另外，个人的主观能动性也可以改造性格，成人通过坚持不懈的努力就可以改变自己的性格特点。其次，性格各特征之间是相互联系的，因此有时可以根据某人一种主导性格特征推知其他的性格特征。例如，一位有正义感的人，往往对他人明朗率真，对自己不卑不亢，对事情勇敢果断。再次，性格的不同特征在不同场合往往表现的侧面不同。例如，有的英雄人物对同志满腔热情，但对敌人则冷酷无情。

如果要了解自我的性格外向状况，可以做练习2-2。

练习2-2：

性格外向与内向自我测试

第一步：自我评价

以下是60个测试题目，每题都有"是"、"不能确定"、"不是"三种答案。请你以最快速度回答完毕，并统计A、B卷合计总分。

A 卷

1. 当你站在大庭广众面前时，你会感到不好意思。
2. 你愿意一个人独处。
3. 与陌生人打交道，你感到不容易。
4. 当你遇到不快乐的事情时，你能抑制感情，不露声色。
5. 你不喜欢社交活动。
6. 你不会把自己的想法轻易告诉别人。
7. 对问题，你喜欢刨根问底。
8. 你凡事很有主见。
9. 会议休息时，你宁肯一个人独坐也不愿同别人聊天。
10. 当你遇到难题时，你非弄懂不可。
11. 你不善于和人辩论。
12. 你时常因为自己的无能而沮丧。
13. 你常常对自己面临的选择犹豫不决。
14. 你喜欢把自己拿去和别人比较。
15. 你容易羡慕别人的成绩。
16. 你很在意别人对你的看法。
17. 在发现异常现象时，你容易产生丰富的联想。
18. 你总是把家里收拾得干干净净。

19. 你做事很细心。
20. 你十分注意维护自己的信用形象。
21. 你信奉"不干则已,干则必成"这一格言。
22. 拿到一本书,你可以反反复复看几遍。
23. 你做事情大多有计划。
24. 你在学习时,不容易受外界干扰。
25. 读书时,你的作业大多整洁、干净。
26. 一旦对人形成一种看法,你不会轻易改变这一看法。
27. 你不喜欢体育活动。
28. 在买东西前,你总要比较估量一番。
29. 遇到不愉快的事情,你会生气很长时间。
30. 你常常担心自己会遭遇失败。

B 卷

1. 你总是对人一见如故。
2. 你喜欢表现自己。
3. 开会时,你喜欢坐在显眼的地方,以便更容易被人注意到。
4. 你在众人面前总是能爽快地回答问题。
5. 你愿意经常和朋友在一起。
6. 逛商店时,你只要认为是好东西就会立即买下来。
7. 对别人的意见,你很容易接受。
8. 你喜欢高谈阔论。
9. 决定问题时,你是一个爽快的人。
10. 常常不等别人把话讲完,你就觉得自己已经懂了。
11. 当遇到挫折时,你不轻易丧气。
12. 碰到高兴事时,你极容易喜形于色。
13. 对别人的事情,你不太注意。
14. 你喜欢憧憬未来。
15. 你相信自己不比别人差。
16. 你不太注意外表。
17. 即使做了亏心事,你也会很快遗忘。
18. 你自己放的东西,却常常不知在哪里。
19. 对于别人的请求,你总是乐于帮助。
20. 你的热情总是来得快,消退得也快。
21. 你做事情更注意速度而不是质量。
22. 你不习惯长时间看书。
23. 你的兴趣广泛,但经常变换。
24. 在开会时,你喜欢同人交头接耳。

25. 答应别人的事情经常会忘记。
26. 你容易和人交朋友。
27. 对电视中的球赛节目，你非常感兴趣。
28. 你不看重经验，不惧怕从来没做过的事情。
29. 当你做错了事，你很容易承认和改正。
30. 你容易原谅他人。

第二步：记分和判断方法

A 卷题，答"是"计为 0 分，"不能确定"计 1 分，"不是"计 2 分；
B 卷题，答"是"计为 2 分，"不能确定"计 1 分，"不是"计 0 分；
A、B 卷合计得分 90 分以上，是典型的外向性格；
A、B 卷合计得分 71～90 分，是稍外向性格；
A、B 卷合计得分 51～70 分，是外、内混合型性格；
A、B 卷合计得分 31～50 分，是稍内向性格；
A、B 卷合计得分 30 分以下，是典型的内向性格。

（来源：邱庆剑．人力资源管理工具箱．北京：机械工业出版社．2005.714-716）

3. 性格的类型

所谓性格的类型是指一类人身上所共有的性格特征的独特结合。在这个方面不同的心理学家都以自己的标准进行划分。下面介绍几种在日常生活中常被应用的分类。

（1）以心理机能划分性格类型

培因（Bain）和李波（Ribot）根据心理机能把人的性格分为理智型、情绪型、意志型三种类型。理智型性格的人以冷静思考来行事，以理智来支配自己的行动。情绪型性格的人不善于思考，凭感情用事。意志型性格的人目标明确，行为主动，追求将来的憧憬。当然也可以把两种类型进行组合，形成某些中间类型，如理智—意志型。民航服务人员当面对一位偏重情感型的旅客时，要注意其感情用事的特点。

（2）以某些典型性格特征划分性格类型

佛里德曼（Friedman）根据人们在时间匆忙感、紧迫感及好强心等上面的特点把人的性格区分为 A 型性格和 B 型性格。A 型性格表现为时间感强、日程满、凡事亲自动手、争强好胜；而 B 型性格表现为悠闲、无时间紧迫感、做事有耐心、能容忍。A 型性格就是我们一般所说的工作狂。而且，佛里德曼等人经过长达 20 年的观察研究发现，A 型性格的人患冠心病的几率是 B 型性格的 1.7～4.5 倍。所以说，从长期作用效果来看，A 型性格不利于人的身心健康。如果要了解自我在 A 型性格和 B 型性格上的特点，可以做练习 2-3。

练习 2-3：

A 型性格自我测查

第一步：自我评价

在下面各特质中，你认为哪个数字最符合你的实际情况？

1. 不在意约会时间　1 2 3 4 5 6 7 8　从不迟到
2. 不争强好胜心　1 2 3 4 5 6 7 8　争强好胜
3. 从不感觉仓促　1 2 3 4 5 6 7 8　总是匆匆茫茫
4. 一时只做一事　1 2 3 4 5 6 7 8　同时要做好多事
5. 做事节奏平缓　1 2 3 4 5 6 7 8　节奏极快
6. 表露情感　　　1 2 3 4 5 6 7 8　压抑情感
7. 有许多爱好　　1 2 3 4 5 6 7 8　除工作之外没有其他爱好

第二步：记分和判断方法

累加7个问题的总分，然后乘以3。分数高于120分，表面是极端的A型性格；分数低于90分，表明你是极端的B型性格。120以上（A+）、106～119（A）、100～105（A-）、90～99（B）、90以下（B+）。

（来源：斯蒂芬·P·罗宾斯著．孙建敏等译．组织行为学．北京：人民大学出版社，2000）

（二）旅客的性格差异与民航服务

民航服务人员在民航服务过程中要善于观察旅客的言行，了解旅客的性格特点，从而对不同特点的旅客应用不同的服务技巧，提高服务的质量。具体来看，从性格特征来划分，可以把民航旅客分为以下9种类型。

1. 妄自尊大型旅客

这种旅客有很强的自大感，认为自己什么都了不起，别人都不如自己，自己所做的事都是正确的，认为自己来乘坐飞机作为服务人员应该好好"伺候"自己。对待这种旅客，最好是顺从他的意见，遵照他的话去做，不要与他争论，因为这种人争论起来没完没了，处处想显示自己的"伟大"。

2. 吊儿郎当型旅客

这种类型的旅客没有自己的主见，凡事都无所谓。因此，对待这种旅客，民航服务人员要有耐心，要引导他。例如，乘务员在飞机上送餐时，应该和蔼的为这种类型旅客说明各种菜肴并提出建议，引导对方下决心，既可以节省服务时间，又会增加旅客的信心。

3. 啰嗦型旅客

这种类型的旅客一旦与人谈论上，就没完没了。所以，服务人员对待这种类型的旅客应避免与他长谈，服务时应柔和地将要点简明扼要地进行说明，让其接受，最忌辩论，因为一谈上就没完，这会影响工作。

4. 健忘型旅客

这种类型的旅客对服务员告诉他的有关事情很容易忘记，必须说几遍，他才会记注。对待这种旅客，服务人员要有耐心，要细心、小心。

5. 急躁型旅客

这种类型的旅客脾气急躁，任何事情都需要能快速解决。因此，服务人员对待这种旅客，必须动作迅速，与他交谈要单刀直入，简单明了，否则这类旅客就很容易发脾气。

6. 少言寡语型旅客

这种类型旅客平时很少说话。服务人员对待这种旅客要注意，当这种旅客向服务人员提出要求时，服务人员应该专心听取其意见，并提出简明扼要的建议，确保服务的完整性。

7. 温柔型旅客

这种类型的旅客个性温和，对事情难以下决心。服务人员在服务时，要技巧性地增强他的自信心，设法协助他下决心。

8. 健谈型旅客

这种类型的旅客喜欢与人聊天，一谈就没有结束。因此，服务人员对待这类旅客，应该以恰当的方法暗示他，还要为别的旅客服务，以便结束对他的服务。

9. 沉着型旅客

这种类旅客个性沉着，不容易轻易下决心。所以在服务时，服务人员必须对答如流，使其听了深信不疑。

四、旅客的能力差异与民航服务

（一）能力的概念和分类

1. 能力的概念

所谓能力是指人顺利完成某种活动所必须具备的那些心理特征。

能力与活动联系紧密，它总是与人的活动相联系并表现在活动中。只有从人所从事的活动中，才能看出他具有的能力；反之，如果一个人不参加某种活动，就难以确定他具有什么能力。但是，在活动中表现出来的心理特征并不都是能力。例如，脾气急躁、性格开朗这些心理特征也会影响人顺利地进行绘画活动，但它们对于绘画来讲并不是最必需的。反之，诸如彩色鉴别、空间比例关系的估计、形象记忆等对于顺利进行绘画活动，是最必需的心理特征。没有这些心理特征，绘画就不能顺利地完成。所以，能力是指顺利完成某种活动最必需的那些心理特征。

心理学中的能力既包括已经在现实活动中表现出来的实际能力（也叫成就），也包括通过学习和训练可能达到的能力水平，即潜能。实际能力通过成就测验来考察，潜能通过能力倾向测验来测查。学校中的很多考试就属于成就测验，而我国公务员考试中的行政能力倾向测验就属于潜力的考察。

2. 能力的分类

根据不同标准可以把人的能力划分为不同类型。

1）一般能力和特殊能力

一般能力是在许多基本活动中都表现出来的、且各种活动都必须具备的能力；一般能力的综合也称为智力。如：观察力、记忆力、思维力、想像力。特殊能力是在某种专业活动中表现出来的能力。如：数学能力、音乐能力、绘画能力。要顺利完成某种活动，人必须具备一般能力和完成此活动所需的特殊能力。一般能力在该活动中的特别发展，就有可能成为特殊能力。而特殊能力得到发展的同时也发展了一般能力。

2）模仿能力和创造能力

模仿能力是仿照他人言行举止去做，以便使自己的行为方式与被模仿者相同的能力。创造能力是产生既首创又适宜产物的能力。这两种能力有密切的联系。人往往是先模仿，再进行创造，而且创造中也同时有借鉴和模仿。初次登机的旅客很多方面需要模仿周围人，这时就能体现一个人模仿能力水平的不同。

3）认知能力和元认知能力

认知能力是个人获取和保持知识的能力。如观察能力、记忆能力、思维能力等。瑟斯顿（Thurstone）认为人的认知能力包括言语理解、算术、记忆、归纳推理、演绎推理、知觉速度、空间知觉能力七种。这七种认知能力是广为引用的普遍观点。

但拥有知识和应用知识是两码事。一个人拥有了知识，并不代表在需要的时候就能加以利用。要在知识需要的时候能把知识应用得更好，这时就需要元认知能力（metacognitive ability）。元认知能力是人对自己的记忆、理解和其他认知活动的评价和鉴控能力。元认知能力在不同人身上差别很大，专家与新手的区别不仅在于前者拥有更多的知识，更重要的是专家善于应用和组织知识，专家的元认知能力要显著高于新手（案例2-4的实验研究足以证明元认知能力的重要作用）。人的元认知能力包括人怎样评价自己的认知活动，怎样从各种已知策略中选择出解决问题的正确方法，怎样集中注意有待解决的问题，怎样决定停止解决困难问题，怎样判断一个人是否理解他所看或所听到的事物，怎样把一种情景中学到的方法应用到另一种情景中去，怎样判断目标是否与自己的能力一致。民航服务人员要真正做好服务工作，需要一些基本的认知能力，但更重要的是需要具备很强的元认知能力。

案例2-4：

专家和新手的区别研究

De Groot（1965，1966）对国际象棋运动员进行了研究，研究比较了象棋大师与相对棋力较弱的下棋者。他给所有的参与者都呈现了一系列的棋局，这些棋局上棋子的安排完全按照真实的象棋比赛。每位参与者对每一个棋局都仔细观看五秒钟，然后，让他们在一个空的棋盘上按照刚才看到过的棋局模式进行复盘。结果表明，象棋大师能够正确地放20枚或更多棋子，而新手只能够正确放4~5枚棋子。另一方面，好的和差一些的下棋者所作出的棋盘上棋子移动步骤的数目大体上是一样的。因此，好的和差一些下棋者的一个主要区别，是他们所感知棋局的典型模式不同，由于一位象棋大师可能熟悉了五万个战局，这样他们在下棋的时候便能够对熟悉的战局迅速加以再认。象棋大师是把一种棋局作为一个有意义的整体模式进行记忆的，而新手只是孤立的记住几个棋子的位置，所以前者记住棋子的数目是后者的4~5。但是如果棋盘上的棋子不是按照棋局的模式摆放的，而是随机摆放的，那么象棋大师和新手在复盘的结果上就没有什么区别，都是至多4~5个棋子。后来Chase和Simon（1977）研究证明专家棋手的回忆组块本身容量就大，他们的组块平均为3.8个棋子，而新手的记忆组块平均是2.4个棋子；

此外专家棋手能够回忆出来的组块数量也更多一些，平均在每一棋盘上可回忆7.7个大组块，而新手只能回忆出5.3个小组块。由此可以看出，大师们的记忆优势既有组块多又有组块大。

4）情绪智力

国外通过长时间的研究发现，一个人在学校中的认知能力对其后来的管理工作成绩预测性非常微弱；但同时发现，一个人在情绪方面所体现的能力对其今后的管理工作成绩有很强的预测性。因此，情绪智力（emotional intelligence）得到了学术界和实践领域的重视。所谓情绪智力是指人理解和管理自己和他人情绪，并利用这些信息来解决问题和调节行为的能力（Mayer 和 Salovey，1993；Goleman，1996）。按照 Goleman 的观点，情绪智力包括认识自己的情绪、调节自己的情绪、自我激发、理解别人情绪、人际关系协调五个方面。

所谓认识自己的情绪是指人对自己的情绪能及时地识别，知道自己情绪产生的原因，还能通过言语和非言语（如面部表情或手势）的手段将自己的情绪准确地表达出来。

所谓调节自己的情绪是指，在准确认识自我情绪的基础上，能够通过一些认知和行为策略来有效地调整自己的情绪，使自己摆脱焦虑、忧郁、烦躁等不良情绪。如有人在跳舞时能体验到快乐的心境，或找朋友谈谈心可以产生积极的情感。

所谓自我激发是指，能够调动自己的情绪，使情绪专注于自己所设定的目标，在实现目标过程中充满激情。

所谓理解别人情绪是指，觉察他人的情绪，理解他人的态度，对他人的情绪作出准确的识别和评价。

所谓人际关系协调是指，在把握和理解自己与他人情绪基础上，在人际交往中能灵活地调节自己与他人的情绪反应，使人际交往顺利进行。

在人际交往中，一个人的情绪智力决定了其人际交往的质量。诸如管理、服务、销售等偏重与人交往的工作中，一个人的情绪智力直接影响到其工作的成果。所以说，在民航服务过程中，无论是旅客或货主的情绪智力还是民航服务人员的情绪智力，对于民航服务都会产生重要影响，直接影响到民航服务工作的进展和质量。案例2-5说明情绪智力对很多工作是非常重要的。如果要了解自我的情绪智力状况，可以做练习2-4。

案例2-5：

情绪智力的作用

麦布伦是个相当跋扈的上司，同事都有些怕他。如果他的工作单位是办公室或工厂，这种管理风格也许没什么特殊的，问题在于他是飞机驾驶员。1978年的某一天，麦布伦的飞机正在飞近奥瑞岗的波特兰，突然他发现降落装置有些问题。于是他让飞机在高空回旋，一边处理出问题的装置。这时飞机的油料表正逐步下降到接近零，但副驾驶因平时就畏惧麦布伦，在这紧张关头依旧不敢说话。结果飞机坠落，导致十人死亡。今天这个故事成为驾驶员安全训练的活教材。据统计，80%的坠机事件起因于可避免的驾驶失误，如果机员能合作无间，失误的机会更少。今天的驾驶训练强调的不只是技术，团队合作、坦诚沟通、用心倾听等基本的社交智能也同样受到重视。

（来源：丹尼尔·高曼著，耿文秀等译．情感智商．上海：上海科学技术出版社，1997）

练习 2-4：

情绪智力自我测查

第一步：自我评价

下列各项与您实际情况的符合程度有多大？请您用 1 到 5 内的 5 点量表进行评价。"完全不符合"（1）、"比较不符合"（2）、"介于符合和不符合二者之间"（3）、"比较符合"（4）、"完全符合"（5）。

1. 大多数时候我能知道自己某种情绪的原因
2. 我总是跟自己说自己是个有能力的人
3. 我一直知道自己幸福与否
4. 我总是能鼓励自己要尽我所能
5. 我真的理解自己的感受
6. 我总是能自我设定目标，并尽我所能去实现它们
7. 我能很好地理解自己的情绪
8. 我是个能自我激励的人
9. 我善于调节自己的情绪
10. 我能很好地理解自己周围人的情绪
11. 我能控制自己的脾气以便能理性地处理困境
12. 我能很好地观察到他人的情绪
13. 我能控制自己的情绪
14. 我总是能从我朋友的行为中了解他们的情绪
15. 当我非常生气的时候，我总是能很快安静下来
16. 我对他人的情绪和感受敏感

第二步：记分和判断方法

记分：自我情绪评价：1,3,5,7；自我激发：2,4,6,8；自我情绪调控：9,11,13,15；他人情绪评价：10,12,14,16。

判断：比较情绪智力这四个方面的结果，可以明确个人情绪智力方面的短板。

（来源：Law K S, Wong C S. The construct and criterion validity of emotional intelligence and its potential utility for management studies. Journal of applied psychology, 2004, 89（3））

（二）旅客的能力差异与民航服务

人与人之间的能力是有个别差异的，旅客的能力也有各种差异。从能力水平来看，

有的旅客能力强些，有的旅客能力弱些。从结构类型上看，有的旅客观察能力强，有的旅客记忆能力强，有的旅客思维能力强，有的旅客情绪智力强。也许能力是需要通过活动来表现的，但在民航服务过程中，民航服务人员也可以通过仔细观察捕捉旅客这方面的信息，以便有针对性地为旅客服务。以下几种类型需要在民航服务过程中加以注意。

1. 能力特别强的旅客

对各方面能力特别强的旅客，如果对方也表现出不需要给予过多帮助的话，民航服务人员在服务过程中只需要点到就行，很多时候不需要为他们做过多的事情。

2. 能力特别弱的旅客

对能力特别弱的旅客，民航服务人员需要多关注他们，因为他们往往由于能力不够而需要服务人员给予更多帮助。

3. 情绪智力特别弱的旅客

对于那些情绪智力特别弱的旅客，他们往往对别人的感受不敏感，不能准确的把握其他旅客或服务人员的情绪情感。所以，对这类旅客需要服务人员多引导，要有耐心，与他们多交流，以便使他们能与民航服务人员和睦相处，对民航服务感到满意。同时，也使他们在临时的旅客群体中能与周围人比较和谐地相处，避免出现旅客之间的不快和冲突。

能力的个别差异对民航服务人员素质的提高有很多的启发，这在民航服务人员的心理部分进行详细讨论。

第四节　旅客的态度

一、态度概述

旅客在民航服务过程中，不断地与整个民航服务的各部门进行交往，在与民航服务人员以及服务设施等接触过程中，就会形成对民航服务的态度。准确及时地把握旅客的这种态度对于提高民航服务质量是至关重要的。所以，有必要对旅客态度的概念、态度改变的理论观点进行分析。

（一）态度的概念

态度是个体对待一类社会事物（人、事、物）的心理倾向。

这里的心理倾向包括认识、情感、行为倾向三个成分。所谓态度的认识成分指的是主体对一类社会事物真假好坏等笼统的认识；而情感成分是指主体对一类社会事物好恶情感反应的程度；行为倾向指的是主体对一类事物的行为倾向。例如，某旅客认为某航班上的乘务人员服务态度不好（认识）；然后旅客就对飞机上的乘务人员不太喜欢（情感）；而这种认识和情感就会推动旅客不愿意与乘务人员接触，今后不愿意乘坐该航空公司的航班（行为倾向）。

（二）态度改变的理论

态度是个体在经验的基础上逐渐形成的，态度具有稳定性，一旦形成就会成为个体个性的一部分,影响整个行为,所以态度的改变是比较难的,但在现实社会实践以及在民航服务过程中,还是需要改变人的态度的。在态度改变方面有以下三个理论观点可以作为指导。

1. 平衡理论(balance theory)

心理学家海德(Heider)提出平衡理论,认为在人类认知系统中存在着使情感和评价趋于一致的压力。他认为我们认知的对象包括世界上各种人、事物和概念,而这些对象之间有的是分离的,有的则结合起来,组合成一个整体被我们认识。海德把这种构成一体的两个对象的关系称为单元关系,它们往往是由于相互之间的类似、接近、相属而构成单元关系。同时,海德把人们对单元关系中每种认知对象的情感与评价称为感情关系。海德认为个体对单元关系中两个对象的态度是同一个方向的。当个体对单元的评价与对单元中的两个对象的评价(感情关系)协调时,认知体系处于平衡状态;反之,当个体对单元的评价与对单元内两个对象的评价(感情关系)矛盾时,他的认知体系处于不平衡状态。而这种不平衡状态会引起个体心理的紧张,产生不满情绪。

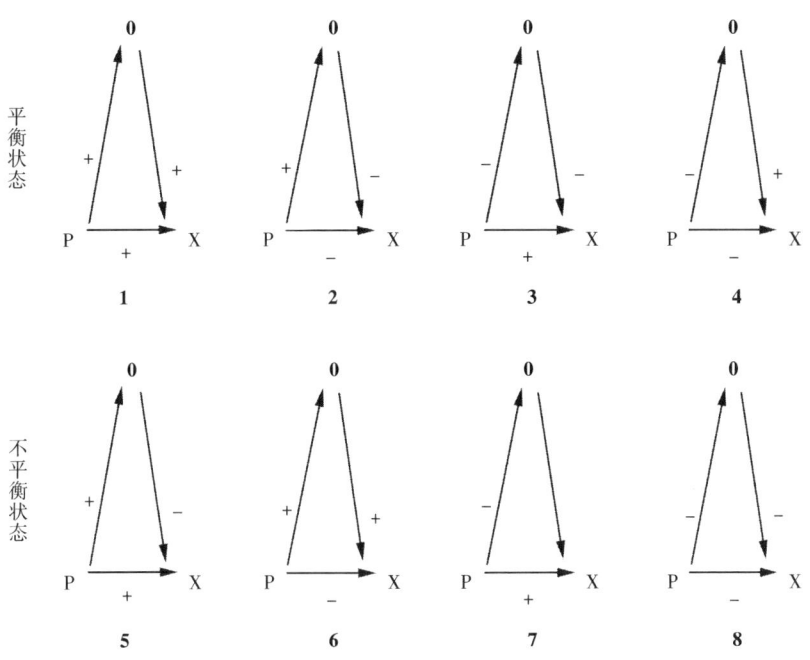

图 2.5 海德的平衡理论:4 种平衡模式和 4 种非平衡模式

注:P 是认知主体,O 是另一认知主体;X 是某事件或第三人

海德从日常心理学出发,通过一系列推论得出不平衡理论,这主要体现在他提出的 O-P-X 图式,其中 P 是认知主体,X 为 P 和 O 所认识的一个对象,可以是一种观点、一个事物或一件东西。而这三者之间的感情关系(喜欢—不喜欢,爱—不爱)可以用图 2.5 表示。图示显示,如果三角形三边的符号相乘为正,则结构是平衡的;反之,如果

三角形三边符号相乘为负，则结构是不平衡的。而不平衡状态会引起主体认知体系的各种变化，有可能导致态度的改变，以恢复平衡状态。例如，图中 6 显示，P 为一位学生，O 为学生的父亲，X 为民航服务人员；如果学生的父亲认为此服务人员的服务很好，学生则认为此服务人员的服务态度不太好，但是学生与父亲在日常生活中的关系非常和谐。此时，这位学生的认知体系就会呈现不平衡状态，产生的焦虑有可能推动他去改变自己对民航服务人员的负面态度；当然按照理论模式，这位学生也可以改变对父亲的态度，但这种可能性非常小。

2. 认知失调理论

与平衡理论基本假设一致的是费斯廷格（Festinger）于 1957 提出的认知失调理论（cognitive dissonance）。但相比较而言，海德重视人际关系对认知平衡的影响；而费斯廷格强调自我调节对认知平衡的作用。费斯廷格的认知失调理论认为，一个人两种认知元素之间的不一致就会产生失调，而这种失调会产生某种推动主体改变自己态度的力量。这种力量推动主体按以下三种方式来减轻失调状态。

一是改变某一认知要素，使其与其他元素趋于协调。如，A 认知要素"我喜欢乘坐 X 航空公司的航班"与 B 认知要素"X 航空公司飞机乘务人员的服务态度不好"二者是不协调的。一个人可以改变 A 认知要素为"我不再喜欢乘坐 X 航空公司的航班"，或改变 B 认知要素为"X 航空公司飞机乘务人员的服务态度还可以"，以便达到协调。

二是增加新的认识。例如，上面的例子如果 A 认知要素无法改变，则可以增加 C 认知要素"X 航空公司飞机的机型和食品等很好"，"我还是乘坐 X 航空公司的航班"，以便降低不协调程度。

三是强调某一认知要素的重要性。例如，上面的例子如果个体强调认知要素 B，他就会说"乘坐航班时服务人员的服务态度是最重要的，为了能够享受到更好的服务，我需要改坐其他航空公司航班了"。

这种理论观点说明当个体出现认知不协调时，个体可以通过自我调整来使各要素达成一致，消除不协调状况。

3. 参与改变理论

心理学家勒温（Lewin）通过群体动力的实验研究得出，人在群体中的活动性质会决定他的态度，也会改变他的态度。当时勒温接受了美国政府的一项研究任务，由于美国本土家庭主妇不习惯吃动物内脏，在一定程度上影响了二战时肉食的供应紧张，因此政府找到了勒温等人研究如何更快地改变家庭主妇的食肉习惯。为了研究这个问题，勒温等做了改变美国家庭主妇饮食习惯的实验。为了研究不同活动方式（主动参与—被动介入）对美国家庭主妇吃杂碎（动物内脏）的习惯，他把被试分为两组：实验组和控制组。在实验组中，勒温组织讨论，议论杂碎的营养价值、烹调方法等，并分析用杂碎做菜时可能遇到的诸如家人不喜欢等问题，最后由营养专家指导每人亲自实验烹煮。在控制组中，勒温采用演讲的方式讲解动物内脏的营养价值和烹饪方法等，要求她们改变对杂碎的厌恶态度，把杂碎作为日常营养品。后来通过追踪，实验结果表明：实验组有 32% 的人把杂碎作为菜食用，而控制组只有 3% 的人把杂碎作为菜食用。由此可见，实验组被试主动参与群体活动，在讨论中自己提出难题又自己解决，因此态度的改变非常显著，速度比较快；而控制组被试是被动参与群体活动，很少把演讲内容与自己联系起来，态度的改变很难。勒温称之为参与改变理论。

二、民航旅客态度的特征

旅客的态度是旅客参与民航服务过程逐渐形成的，由于旅客自身、民航服务等因素的影响，旅客态度具有不同的强度，在相对稳定性和绝对不稳定性上也各不相同。

（一）旅客态度的强度

旅客态度的强度是指旅客对民航服务的肯定或否定的程度。在态度的三个成分中，态度的情感成分所体现的强烈程度最能体现态度的强度。按照由弱到强排列可以把态度的强度分为三个水平，这三个水平也是态度形成的三个环节。

1. 容忍

强度最低的是旅客的容忍，它是旅客出于趋利避害而对民航服务暂时容忍的态度。所以说容忍的态度是非常肤浅的，一旦旅客不受限制或有其他选择时，就很有可能改变。如，由于从北京到某中小城市只有一个航空公司的一个航班，所以某旅客不得不乘坐这个航班来回于北京和家乡之间；但如果现在又加了其他航空公司的航班，或附近的其他城市加了其他更为方便的航班，那么旅客的这种容忍态度就会改变，换乘其他航空公司的其他航班。

2. 认同

中等强度的态度是旅客的认同，它指的是旅客对他人或其他群体的模仿而对民航服务认可的态度。旅客对某航空公司服务的认同态度可以推动旅客更多的选择乘坐该航空公司的航班。但这种态度往往也会因周围人改变态度、或自己并没有体验到自己所预期的服务而改变。

3. 内化

最强的态度是旅客态度的内化，它是指旅客由于特别喜爱而对民航服务形成的根深蒂固的态度，它会成为旅客价值体系的一部分。这种态度强度最高，所以难以改变。如某些旅客对某航空公司特别喜爱，往往以该航空公司的服务作为标准来衡量其他航空公司的服务，如果该公司要改变企业形象或大范围改变服务流程的话，会遭到这些旅客的强烈抵制。因为这与他们内化的对该航空公司的态度出现不一致。

（二）旅客态度的相对稳定性

旅客的态度形成后会保持相对的稳定性，有些态度会随着时间的推移而加强。这主要表现在态度结构的稳定性、因果关系的稳定性和社会的稳定性上。

1. 态度结构的稳定性

态度结构的稳定性是指旅客对类似对象所持有的态度上的一致性，它会使对一个对象的态度影响到对另一个对象的态度。例如，某旅客对某骨干航空公司的态度将影响他对另一航空公司的态度，这种强化既有积极的影响，也会有消极的影响。如果旅客认为某骨干航空公司与某地方航空公司相比，规模或服务周到程度不属于同一范畴，那么对它们二者的态度就会不同。具体来看，如果旅客对某骨干航空公司的服务持比较赞成的态度，那么他有可能对所有骨干航空公司都持比较肯定的态度。但是，当某地方航空公司的服务与该骨干航空公司服务相差甚远时，他就会对该地方航空公司持否定态度。

2. 态度因果关系的稳定性

因果关系的稳定性是指，旅客对事物原因的态度，会影响对该原因所导致结果的态度。例如，一家航空公司的服务人员如果以友好、热情、周到的服务接待旅客，那么旅客就会用这些字词来评价这家航空公司；在此，民航服务人员作为民航企业的原因，旅客对服务人员的态度影响旅客对航空公司的态度。

3. 态度社会的稳定性

社会的稳定性是指，旅客对民航服务的态度会被周围其他人所持的相同态度的强化。例如，旅客对某民航服务人员的服务很不赞成，如果他发现周围旅客也与他持相同的态度，那么这会进一步强化这位旅客对民航服务的负面态度。

（三）旅客态度的绝对不稳定性

虽然旅客态度具有相对稳定性，但旅客态度会随着各种条件的变化而改变。这主要有以下三个方面的原因。

1. 态度的冲突

一个人会有无数的态度，要想保持所有态度的协调和一致是很难的。例如，一位旅客对民航服务人员的服务持肯定态度，而对机型持否定态度，但如果旅客更看重民航服务人员的服务态度，那么对该民航公司所持的整体印象就是肯定的。这时就会发生态度的改变。上述的平衡理论和认知失调理论都说明这一点。

2. 特殊的经历

态度是人通过经验的积累逐渐形成的，旅客在民航服务中经历的特殊事件就有可能改变旅客对民航服务的态度。例如，旅客经历过一次令人惊恐万分的紧急着陆或高空异常颠簸，会使旅客对航空旅行的态度很快由肯定转变为否定。但这里要注意的是，这种由特殊经历所引起的态度变化，往往不如缓慢改变的态度那样持久。

3. 情景的变化

民航服务过程中旅客的一些态度是与具体情景联系在一起的，情景的变化会引起旅客态度一定程度上的变化。如，旅客在时间非常紧急的情况下，对航班延误是特别反感的，甚至会引起非常负面的评价和情绪反应。如果是在旅客时间不急的情况下，也许他会非常认同民航服务人员所作的解释，非常理解航班延误的事情，态度就不是那么极端的否定了。

三、培养旅客客观的态度，改变负面的态度

民航服务过程的一个核心内容就是通过全方位的服务，逐渐引导和培养旅客对民航公司和民航服务人员客观肯定态度的过程。在旅客形成自己态度过程中，最重要的是把握影响旅客态度形成的因素。但很多时候旅客可能对民航公司和民航服务人员持负面的态度，这时需要民航公司和民航服务人员及时采取相应措施来改变旅客对民航服务的负

面态度。

（一）影响民航旅客态度的因素

民航旅客对民航服务的态度是在与民航公司交往过程中逐渐形成的，它会受到很多因素的影响，这主要包括以下三个方面。

1. 旅客的需要

需要是人评价事物的基本标准，如果能满足旅客的需要，旅客就会持肯定态度，反之，旅客就会持否定态度。例如，如果航空公司能够满足旅客安全、舒适、周到的心理需要，旅客就对其持满意的态度；相反，如果在民航服务过程中有失误，没有满足旅客舒适、周到的需要，那么旅客就会持否定的态度。

2. 旅客所拥有的知识、信息和经验

旅客的态度包括认知、情感和行为倾向三个成分，其中认知因素是态度的基础。旅客拥有信息的多少、信息的准确性都会影响旅客态度形成的准确性和形成的速度。尤其是在民航服务过程中，由于信息的需要是旅客所特有的需要，而旅客的信息需要又与旅客安全、尊重等需要联系在一起。这要求民航企业要给旅客提供充分的、正面的信息和知识，一方面让旅客真正了解民航服务的流程和环节，理解民航服务过程；另一方面，树立旅客正确的民航消费价值观，避免对民航服务过于完美的苛求。同样道理，旅客在民航服务过程中的经历对他们的态度有很大影响。在案例2-6中，旅客这两次经历尽管一开始都令人不高兴，但后来航空公司的表现和服务足以让这位旅客对航空公司形成积极的态度。

案例2-6：

我乘坐新加坡航空公司航班的经验

有一回，我乘坐新加坡航空公司到马来西亚东部的沙巴。当我达到机场时，却发现我的行李并没有跟着航班到达。于是，我就去向新加坡航空公司的地勤人员询问，那位地勤人员说："先生，对不起，你的行李飞去了文莱。"

我当时吓了一跳，问她为什么会那样，她说她也不知道原因，然后边叫我到新加坡航空公司的办公室填写表格。我很生气，但没有办法，只好照办。

我问新加坡航空公司的职员，我身上只有一套衣服，洗澡后要更换衣服怎么办？她告诉我，行李会在当晚或第二天早上送到，如果我需要衣服和盥洗用具，我可以自己去购买，新加坡航空公司会把钱还给我，只要我出示收据。

当晚，我买了内衣裤和盥洗用品，而新加坡航空公司也照单还钱，不曾过问，并没有查看是什么用品。之后我的行李原原本本送到当地的 Hyatt Hotel 给我。我对新加坡航空公司负责的态度感到满意。

另一回是乘坐新加坡航空公司到泰国曼谷。

通常我在订机位时，一定会要求在机上供给我东方素食餐，因为我是素食者，而上机之后，机组人员通常都会过来确定我是否已经订好素食餐。但那一次，不知道何故，机组人员并没有过来向我确定，我也以为他们忘了。

结果，在供应午餐时，才发现他们并没有为我准备素食餐。当我告诉空姐我是素食者时，她便说她会查看还有没有素食餐可供应。

后来空姐回来，她说非常抱歉，他们并没有为我准备素食餐，然后问我是否事先曾提出要求。我就把我的电子机票拿给她看，上面就写明我已要求一份东方素食餐。

她问我能不能接受其他餐式，我说不必了。接着又有另一位看来好像是组长的空姐过来，也问我能不能接受其他餐式。这时，是我感到不好意思，因为这些并不是她们的错。可是，她们是机组人员，她们都在尽力满足乘客的要求。

后来，我问她们是否能给我面包、果酱、奶油和咖啡，她们都照办了，还一直连声说对不起。

（来源：李永，张澜．民航服务心理学．北京：中国民航出版社，2007）

3. 旅客的个性

旅客的个性特征对其态度的形成具有重要影响。第一，旅客的气质类型会影响旅客态度的形成。如多血质的旅客，反应敏捷，接受新事物、新信息的速度比较快，他们态度的形成速度就快；但这种类型的人兴趣虽然广却不稳定，这种气质类型的旅客在态度上容易成为"两面派"的人物。第二，旅客的性格特点对其态度的形成有重要影响。例如，自信而独立性强的旅客对很多事物有自己的个人评价，其态度的形成速度慢，但形成后比较稳定；而自卑且依赖性强的旅客容易受到别人观点的暗示，从众性比较强，也容易轻信他人的观点，态度的形成容易，但形成的态度不稳定。

4. 旅客所属的团体

团体对团体成员态度的形成有着重要的引导作用，团体规范往往就对团体成员的态度进行了规定。旅客所属的团体其他成员对民航服务的态度会影响到该旅客对民航服务的态度，因为团体成员在日常工作中会相互影响、相互作用，各成员的态度也相互作用，长期积累就有趋同的趋势。例如，那些很少乘坐飞机旅行的旅客对民航服务的基本态度可能就是来自于其所属群体对民航服务的态度，因为其本人直接经验较少，所以周围团体成员对民航服务的基本态度成了他的间接经验，也逐渐渗透成为他本人的态度。

（二）改变民航旅客的负面态度

如果旅客形成对民航公司或民航服务的负面态度，就会影响旅客对该航空公司的选择。所以，可以在适当时间、从以下几个方面入手改变旅客对民航服务公司和民航服务的负面态度。

1. 改变民航服务

民航服务是民航旅客态度的对象，只要民航服务本身完善了，就能从根本上改变旅客的态度。这要求在民航服务过程中要站在旅客的角度而不是民航企业的角度上思考问题。因为，通过民航服务满足旅客的基本要求是民航服务质量的最终标准。改善民航服务可以从以下四个方面入手。

首先，民航服务人员的服务态度是民航服务的重要组成部分。这部分内容可以参照民航服务人员自我心理部分的内容。这方面的改善和提高是改变旅客态度的关键。因为民航服务人员的态度会在与旅客的交往中时时处处体现出来，而这种态度直接影响到旅客对民航服务的评价,影响其态度的形成。如果旅客对民航服务有什么负面态度,也会在民航服务人员的优质服务态度中被融化。这方面要求民航企业需要不断地对服务人员进行服务态度的专业化训练,提高民航服务人员的专业精神和行为方式。如果民航企业的服务人员能如案例2-7中服务人员那样去服务,旅客就不会对航空公司和民航服务人员产生负面态度了。

案例2-7:

服务在这一点上升华

坚持以旅客为本,以客户体验为中心,不断完善服务工作,成为国航持续提升服务竞争力的着眼点。国航人深知旅客对航空公司的满意度体现在公司运营的每一个环节上,动心的服务依赖于每一个细节的完美。

2006年10月30日,国航北京飞往印度首都新德里的首航航班上,乘务长贺宇萍在巡视客舱时,偶然得知一位姓毕的女旅客母亲患病,但这一天又是她结婚13周年的日子。看着她若有所思的样子,贺宇萍觉得这位旅客心情肯定复杂而沉重,该如何安慰这名旅客呢?

贺宇萍同乘务组其他人商量后,大家找来为首航仪式准备的鲜花,还有蛋糕、香槟酒,用机上的信纸写了祝福的话,每名乘务员签上了自己的名字。在这位女旅客毫无准备的情况下,乘务组把鲜花和蛋糕、香槟酒送到了她的眼前。她惊呆了,好一会儿才如梦初醒般地回味过来,她的眼睛有些湿润:"真没想到!真没想到!既赶上了首航,又得到全体机组的纪念日祝福。"

女旅客的情绪一下激动起来,她拿出照相机,不停地拍照,把鲜花、蛋糕、香槟酒一一收入镜头,还把乘务组所有乘务员的工作也拍摄下来,并且同每位乘务员合影留念。

飞机落地后她对乘务组的全体乘务员说:"这是我过得最好的一个结婚纪念日,我要把今天的经历写下来,我先生虽然不在,但他一定会被感动。"女旅客记下了大家的电子信箱地址,说要把照片传给大家。

机组到达酒店后,贺宇萍意外地接到了女旅客打到她房间的电话。她说由于还要去几个国家,两个月后才能回到北京,她要连夜把照片刻成光盘,明天送给机组。贺宇萍希望她先休息,不用着急,但她坚持一定要第二天送来。

第二天,女旅客兴冲冲地来到酒店,她告诉贺宇萍,昨天她把在飞机上的事情告诉了同事们,大家都很感动,一起连夜帮她制作好光盘,并配上了音乐。贺宇萍拿着旅客送来的这份分量虽轻但感觉却沉甸甸的礼物,谦逊地说:"我们没做什么,你反而没休息,花费这么长时间给我们制作光盘,我们太感动了。"

"我今后还会继续坐国航的飞机,以后还会再见面。"女旅客笑着和大家道别离开了。

国航乘务员的细心成就了一段美好的旅程,而旅客特殊的需求也成就了国航一个个服务佳话。是什么让国航人发现了这些特殊之处呢?这就是对服务境界的不断追求。

(来源:刘建峰,张红缨.让真情在个性服务中释放.中国民航报.2007-6-18(2))

其次，民航企业可以聘请专业的调查机构，调研旅客对民航服务的负面态度，并分析其形成的原因，从而有的放矢的制定相应的完善措施，改变旅客的负面态度。

再次，加强民航企业的服务信息系统，使民航旅客从定票到候机的过程大大简化，既可以提高民航服务的效率，缩短旅客的旅途时间，也可以促进民航旅客负面态度的改变。逐渐培养旅客对民航企业和民航服务的正面态度。

最后，民航服务过程中的硬件设施这些有形服务，以及民航企业的企业形象、服务人员的仪表等这些无形服务也是改善民航服务的重要内容。当然有形服务是需要投入的，而无形服务则在投入上要少很多。

2. 改变旅客的知觉

旅客的知觉是旅客态度形成的基础，旅客的负面态度往往与旅客的知觉偏见联系在一起。所以，根据知觉偏见产生的原因采取有针对性的措施，可以从根本上改变旅客的负面态度。具体来讲有以下几个方面。一是理解旅客对民航服务的知觉偏见。二是充分理解旅客对民航企业和民航服务形成知觉偏见的原因。三是从根本上改变企业形象和民航服务人员服务理念。如各航空公司纷纷提出"星级服务"、"微笑服务"、"顾客就是上帝"等宣传口号和服务理念，就是希望改变旅客的知觉，进而改变旅客的态度和行为。四是民航服务人员以身作则，耐心的体谅旅客、充分听取周围人不同的意见。所以，如果旅客改变了对民航服务人员的看法，接下来可能会改变对整个民航企业的评价和态度。

3. 改变提供给旅客的知识和信息

旅客固有的观念或信息的片面性都是导致旅客负面态度的重要原因。这要求民航企业可以通过大力宣传来改变旅客的固有观念，也可以通过知识宣讲和传播来充实旅客的民航服务信息以便消除头脑中的片面信息，这样才能从根本上改变旅客的某些负面态度。例如，原先很多人都认为乘坐飞机危险性最高，这种固有观念已经随着民航在我国的繁荣和发展而逐渐得到改变，从根本上改变人们对飞机安全性的负面态度。再比如，人们通常认为乘坐飞机是高消费、是奢侈和浪费，但随着我国经济和民航事业的发展，国内各航空公司都会通过不同的方法，不断推出各种新的打折或降价举措，在很多时候会使费用低于火车和汽车。而这要求航空公司要加大宣传力度，提供给旅客更多的信息和知识。

4. 改变旅客负面态度的民航服务人员的工作技巧

在具体的民航服务过程中，很多时候需要民航服务人员根据具体情况有目的、有意识的采取一些技巧来改变旅客的负面态度。

（1）民航服务人员要遵循热诚、同情和真实的沟通原则。无论什么情况下，民航服务人员都应该热诚而主动地帮助旅客，向其讲清不能满足他们需要或他们自身利益受到损失的原因，使旅客改变原有的认识，改变不太平衡的心理状态。反之，如果民航服务人员不热诚，首先就无法赢得旅客的信任，要改变其不客观的态度就很难。同情就是民航服务人员在与旅客进行沟通时，要设身处地的站在旅客的角度着想，只有这样民航服务人员才会主动。真实就是民航服务人员在沟通时要实事求是。

（2）民航服务人员要有针对性的、耐心地去劝说旅客。这里的针对性有两个方面。一是要根据旅客的谈话内容去劝说旅客，根据其谈话内容确定旅客反映的主要问题是什么，然后有的放矢进行劝说。二是要根据旅客的类型，灵活地与旅客进行交谈。例如对于抑郁质类型的旅客，民航服务人员的谈话更应该温和一些，而且这时可以多听少讲。当然，民航服务人员在劝说旅客的时候，一定要有耐心，因为态度的改变需要经过一个解冻、变化、重新冻结的过程。即需要先把旅客的态度给融化掉，然后给予新的理解和评价确立新的态度，最后才能通过验证和强化的方法进一步把新态度巩固起来。所以，这个过程需要民航服务人员要有耐心。

（3）民航服务人员需要掌握一些宣传技巧。民航服务人员在通过宣传来改变旅客负面态度的时候，可以考虑采用以下技巧。

第一，要事先判断好旅客态度与民航服务人员态度之间的距离有多大，避免出现异化判断效应。因为如果二者态度接近，会出现同化判断，旅客会感到双方的态度非常类似；但是如果二者态度差别较大，旅客会感到双方态度差别太大，是不可调和的，出现异化判断。这样的话，通过宣传的方法改变旅客的负面态度是很难的。

第二，要适当的利用旅客周围人的无形力量。根据参与改变理论，人参与群体活动会改变人的态度。民航服务人员可以先从与自己态度类似的旅客开始交谈，首先让这些旅客与自己的态度一致。如果持负面态度的旅客周围有很多旅客都持与其相反的态度，那么也就比较容易改变其负面的态度。

第三，如果有可能，引起对方的不平衡状态，先通过做他身边好朋友的工作，让他感到一种不平衡状态，这样对方改变自己负面态度就有了内在动力，如果再辅助于宣传，态度的改变就容易多了。

第五节　旅客的情绪和情感

一、情绪和情感概述

（一）情绪和情感概述

1. 情绪和情感的概念

情绪和情感统称为感情（affection），它指的是人对认知内容的特殊态度，它包括情绪体验、情绪行为、情绪唤醒（生理反应）和情绪认知，它是客观事物与人需要之间是否一致关系的反映。也就是说，当客观事物符合人的需要时，人就会对事物持积极的态度，感到高兴、满足；当客观事物与人的需要不一致时，人就感到焦虑、烦恼、不满足。

比如，当旅客对飞机售票员的售票速度和行为认同时，就感到满意，面带笑容；但当旅客认为售票员售票态度不好时，他就会感到不高兴，甚至愤怒。在民航服务过程中，准确把握旅客的这种情绪变化对于从根本上提高民航服务质量是至关重要的。

2. 情绪和情感的区别与联系

虽然情绪和情感都可以称作感情，但二者是有显著区别的。

第一，二者产生的需要来源不一样。情绪往往与人的原始的生理需要相联系，而情感往往是由于社会需要引起的。因此，动物也会有情绪，但动物不会有情感，只有人类才有情感。例如，民航服务人员给旅客拿来面包后，旅客会因为吃饱而感到高兴；而当旅客在单位因工作成绩卓越经常受到表彰，就会产生自豪感。

第二，二者的稳定性不同，情感的稳定性要高于情绪。情绪具有情景性、激动性和短暂性，情景消失，情绪也会随之消失。而情感是人比较持久的、深刻的内心体验，它具有稳定性和长期性特点。例如，旅客可能由于民航服务人员忘记给他午餐而不高兴，但当飞机乘务组组长把午餐给他拿过来并非常虔诚的向他道歉后，旅客就没有那么不高兴了。而旅客由于经常工作成绩卓越受表彰而产生的自豪感，则会持续存在，而且非常深刻。

第三，二者的表现不一样，情绪具有冲动性和外现性，而情感具有内隐性。也就是说，当情绪一旦发生，就会难以控制，而且会伴随着外在的行为表现；但情感则是人通过多年生活经验的积累和沉淀慢慢形成的。

第四，情绪的产生往往先于情感。民航服务过程中，民航服务人员感受到的大多数是旅客的情绪。

同时，二者也存在一定的联系。这主要体现在二者可以相互转化。因为情绪的长期积淀，就转化为情感；同时，情感在某些情景下就会表现为一种情绪。例如，民航旅客热爱自己的公司，往往在工作中就表现为一种工作激情。而且，情感可以调节、控制某些情绪，如果旅客对自己单位特别热爱，那么就可以容忍熬夜等辛苦，控制自己身体上的疲惫，乘坐夜间航班赶回公司。

(二) 情绪和情感的特征

1. 情绪和情感的两极性

(1) 强度：强和弱

由于对象对人重要性程度的不同，人自身需要强度的不同，以及人对自己要求程度的不同，人对情绪的体验由强到弱有不同等级的变化。例如，喜，可以从适意、愉快到欢乐、大喜、狂喜。怒，可以从轻微的不满、生气、激愤到大怒、暴怒。惧，可以从害怕、惧怕、惊恐到惊骇。情绪的强度越大，人被情绪卷入的程度越深。例如，在民航服务过程中，旅客对民航服务人员的服务有时会不太满意，如果强度加大的话，旅客会生气、会愤怒、会暴怒。同样，当飞机在空中飞行遇到天气不太好出现颠簸时，旅客会害怕，强度增大旅客会惧怕、会惊恐。

(2) 紧张度：紧张和轻松

当个人处于重大任务的完成、重要时刻时，人的情绪就会紧张，反之就会轻松。一般来讲，紧张的情绪能调动人的积极性，而过于轻松的情绪无法适应活动的要求，妨碍活动的进行。但过于紧张的情绪则会抑制活动的开展，干扰心理活动和行为表现，出现失调。例如，当人在情绪很放松的时候，工作状态很差无法调动起工作的积极性；而当人的情绪有一点点紧张时，情绪特别高涨，对工作充满热情，工作效率非常高；但是，当人的情绪状态特别紧张时，人的思维和行为都会因此被抑制，出现很多错误，工作效率会下降。

（3）快感度：愉快和不愉快

客观事物满足人需要程度的不同会引起人在情绪体验上有愉快和不愉快程度的差异。满意、热爱、喜欢带有明显的愉快感受，而厌恶、焦虑、恼怒则带有明显的不愉快的感受。例如，如果民航服务人员的服务态度符合旅客需求，那么旅客就感到愉快；反之，即使民航服务人员做的事情再多，但没有满足旅客的需求，旅客也会感到不愉快。

2. 情绪和情感的扩散性

情绪和情感的扩散性包括内部扩散和外部扩散两种。所谓内部扩散是指情绪在主体自身内部的扩散，即人对某事物的情绪体验影响到他对其他事物的情绪体验。例如，旅客在单位受到领导批评，感到很郁闷，那么到了飞机场对所有的民航服务都看不顺眼。所谓外部扩散是指一个人的情绪影响到别人也产生相同的情绪体验。例如，在飞机起飞过程中，一名旅客的恐惧情绪可能会引起其他旅客的恐惧情绪。在民航服务过程中要注意的是，恐惧这种情绪比其他任何情绪都具有外部扩散性，这一点应该引起民航服务人员的特别关注，通常，我们也把这叫作情绪的感染。

（三）情绪和情感的分类

1. 情绪的分类

（1）心境

心境是一种比较微弱、持久并具有渲染性的情绪。俗话说"人逢喜事精神爽"。喜事所引起的情绪体验并不强烈，但不会在喜事结束后马上消失，会持续一段时间。因此，这时周围所有事物都被染上了这种心境的色彩，仿佛"一切都是快乐的"，看什么都那么顺眼，对一切都感到满意。反之，心境忧伤的人，仿佛"一切都是忧伤的"，看什么都不顺眼。心境可以由生活的重大事件引起，也可能由于事业的成败、工作的顺利与否、与周围的人际关系好坏等引起，但是人自己并不一定都能意识到。经常有人说：不知道为什么就变得忧郁、心情不快。民航服务人员在民航服务过程中要注意密切关注每位旅客的心境，对于那些处于比较消极心境的旅客，在提供服务的时候要灵活处理。

（2）激情

激情是一种持续时间短、剧烈、失去自我控制力的情绪。激情具有短暂和爆发式的特点，这时往往身心失去平衡，还会伴随着明显的生理和身体变化。人可以预防激情的发生，在激情发生的初始阶段，人还是有自我控制能力的，这时有意识的控制自己或转移注意力（默默数数、张开嘴等）就能控制激情的爆发或减弱它的强度。当航班延误或取消时，或者飞机在空中飞行出现机械问题时，有的旅客会出现激情的爆发，这时民航服务人员可以通过放录像、传播其他信息等方式转移其注意力来缓解旅客的激情；如果条件具备，也可以引导旅客做一些身体活动来减弱旅客的情绪。

（3）应激

应激是出乎意料的紧张情况所引起的高度紧张的情绪状态。应激会使人把各种资源都调动起来，以应付紧张的情况。这时会产生复杂的生理和心理反应，主要有两种表现：一是惊慌失措、手忙脚乱；二是头脑冷静、急中生智。民航服务人员要清楚，当遇到突发事件或紧急情况时，有的旅客会表现出急中生智，这些旅客能够自我调节和控制情绪；但有的旅客会表现出惊慌失措的应激状态，这时非常需要民航服务人员的帮助和安慰。

2. 情感的分类

（1）道德感

道德感是人根据道德规范评价社会现象时所体验到的情感。道德就是做人的规范，它不仅是协调人们之间人际关系的行为规范，也是评价人们行为的善恶标准。集体主义情感、责任感、爱国主义都是道德感。例如，在国际航线的航班上，无论是旅客还是民航服务人员，他们的爱国主义情感是非常需要的。

（2）理智感

理智感是人在获取知识活动时产生的情感。它与人的求知欲、认识兴趣、解决问题等需要是否满足相联系。喜悦、怀疑、惊奇、忧郁等情感都属于理智感。

（3）美感

美感是人在欣赏自然景物和文学艺术时所体验到的崇高、优美的情感。它是客观事物特征是否满足人们的需要时产生的情绪体验。由于人们在审美需要、审美标准和审美能力方面各不相同，人们对同一对象的美感体验是不同的。在民航服务过程中，旅客对民航服务人员的着装各有所爱，这与每位旅客的审美观点的不同相联系。

二、影响民航旅客情绪变化的因素

在民航服务过程中，要达到服务水平的真正提高，必须充分尊重旅客，而如何准确把握旅客情绪变化的原因是至关重要的。一般来讲，旅客情绪的变化主要是由以下几个方面引起的。

（一）旅客的需要和身体状况

需要是人情绪产生和变化的基础，旅客的需要得到满足，旅客就会产生肯定和积极的情绪，如果旅客的需要得不到满足，就会产生否定和消极的情绪体验。但人的需要又是各不相同的，不同的旅客对民航服务的需要是不同，有的是出于对旅行时间的需要，有的是出于对民航服务质量的需要，有的是出于显示社会地位和身份的需要等等。因此，这就需要民航服务过程中要随时准确地把握旅客的不同需要，通过民航服务满足旅客的不同需要，以便使旅客产生积极的情绪，对民航服务满意。下面的案例便很好的说明，只要抓住旅客的需求并给予满足，旅客的情绪就会积极，对民航服务就感到满意。关于旅客需要部分的内容请参考本章第二节旅客的需要部分的相关内容。在案例2-8中，由于民航服务人员敏锐地捕捉到了旅客的需要，使旅客非常满意。

案例 2-8：

满意的老大娘

在客舱里一位老大娘坐在靠走道的座位上，在空中时不时地把目光撒向了两边的窗口，见乘务员从她身边过时总是望着欲言又止，这位乘务员看在眼里记在心里。等空中服务告一阶段后，乘务员主动询问老大娘有没有什么事情需要帮助。原来这位老大娘是平生第一次坐飞机，也是第一次处在这么高的位置，总想看看飞机外面到底是什么样子，然而自己的座位不靠窗口。她听说飞机是按号坐的，自己又不敢动，眼看着时间一分一分地过去了，因此十分焦急。乘务员听说以后在有限的条件下对老大娘的座位进行调整，让她靠近了窗口，并且利用服务的空隙，给她讲解哪里是长江、哪里是武汉长江大桥等等。老大娘望着身下如絮的白云，头上蔚蓝的天空，再看那茫茫的大地上巍巍的群山，如带的河流，不时发出孩子般的笑声，一直等到飞机落地了还意犹未尽。临下飞机时老大娘对这位乘务员说："姑娘，这次旅行能坐上你服务的飞机，真是有缘！"

（来源：顾胜勤. 民航旅客服务心理学. 北京：北京理工大学出版社，2005）

旅客的身体状况是影响旅客情绪的直接因素。旅客身体状况欠佳，容易产生不良情绪状态。这要求民航服务人员要区别对待，为身体状况不好的旅客提供个性化的服务。在案例 2-9 中，民航服务人员的服务非常到位，如果民航服务人员这样做，即使旅客的身体再不好，当时的情绪再低落，经过这样的服务，旅客的情绪也会高涨起来。

案例 2-9：

心弦在这一刻被拨动

经过几年不断提高服务品质的努力，国航的服务已经不仅限于端茶倒水、完成服务程序，他们的服务理念也发生着深刻的变化。国航提出，不能给旅客留下深刻印象的服务、不能打动旅客心弦的服务不是真正的服务。人们在乘机过程中什么都可能遇到，及时解决处理好这些特殊的问题、突发的事件，已经逐步成为国航要求每位一线员工应具备的素质，令人动心的服务就体现其中。

2006 年 12 月 20 日，国航从北京飞往罗马的 CA939 航班飞行 3 个多小时后，一位内蒙古杂技团的小演员突然鼻腔出血，乘务员周洁马上用小毛巾包上冰块放在她的脑门和鼻腔上，40 多分钟后，血仍然没有止住。小演员的领导介绍说，她经常出现鼻腔出血，用冰块镇一会儿就好。但乘务长田晓明感到，已经冰镇这么长时间血还在流，病情不容大意。他一边吩咐准备急救药箱，为患者提供糖和盐水，一边向普通舱广播找医生，并把她扶到乘务员休息区躺下。不一会儿，卫生部的一位官员和一位护士来到患者身边帮助救治。

田晓明把病人的情况向机长田钧作了汇报，田钧当即决定，如果病情继续发展就备降莫斯科机场抢救病人。鉴于病人流血不止，卫生部的这位官员建议除了在鼻腔、脑门之外，后脑动脉处也垫上冰块，一个多小时过去后，血慢慢止住了。小演员似乎恢复了一点体力，田晓明让她喝了一些加糖和盐的水，大家也松了一口气。

小演员在同伴的搀扶下，去了一次厕所。但她回来后脸色惨白，瘫坐在座椅上。突然，意外发生了，她一阵恶心，吐出了两捧鲜红、鲜红的血，仇月英赶紧用双手接住，情况变得紧急起来。

她的领队慌张地抱怨乘务组救治不当，又责备随队其他人员为什么不带药品。乘务员们顾不得解释，田晓明立即对全客舱广播，再次寻找医生。在公务舱的一位外国医生闻讯赶来参与救治，同时让病人吸上了氧气。

医生和乘务组不停地忙了两个小时，病人的脸色由惨白恢复到了有点血色，护士量了一下血压，高压110，低压85。为了保险，田晓明又让护士再量了一次，确认还是110和85，他才放下心来。救治过程中，机长田钧3次来到客舱，询问救治情况，以便决定是否备降莫斯科机场。

病情稳定后，田晓明派乘务员轮流看护病人，病人慢慢睡着了。飞机没在莫斯科机场备降，顺利抵达罗马机场。离开飞机前，小演员的领队向乘务组全体同志不断感谢，并表示由于着急说了不太礼貌的话，向乘务组深表歉意。其实乘务组哪有时间考虑领队的言语是否妥当，他们的注意力全部集中在了抢救病人身上。

(来源：刘建峰，张红缨. 让真情在个性服务中释放. 中国民航报. 2007-6-18(2))

(二) 民航服务

民航服务是整个民航服务过程中影响旅客情绪最重要的因素。民航服务过程包括从旅客购票到安全到达目的地全过程，这个过程的每个环节都体现了民航服务的质量，都对旅客的情绪产生很大的影响，甚至一个环节服务不周到，就会影响到旅客对整个服务过程的评价，使他们产生消极的情绪。这个过程主要包括两个方面：一是地面服务，二是空中服务。这就要求，无论是地面的售票人员、安检人员、行李托运处人员，还是空中飞行乘务员所提供的一系列服务，都要做到热情、主动、周到。案例2-10展示了上航的民航服务措施，这充分说明民航服务对旅客情绪的巨大影响。

案例2-10：

旅客满意，上航诚信服务的不懈追求

——写在上航荣获2005年度"旅客话民航"用户满意优质奖之际

2006年1月20日上午，在中国民航协会用户工作委员会召开的"2005年度旅客话民航"结果公布大会上，上海航空公司荣获1500万人次以下航空公司"旅客话民航"用户满意优质奖殊荣。这是上航长期坚持不懈抓服务，持续提高服务质量的结果。

安全：旅客满意的前提

旅客选乘飞机旅行，最重要的是航空公司能够把旅客和货物安全、迅速地运送到目的地。因此在安全上，上航始终坚持"安全重于泰山"的理念；始终坚持"安全第一、预防为主、关口前移"的方针；始终坚持"航空运输承运人对运输安全负有法律责任，是公司每个员工职业道德最高准则"的安全文化；始终坚持把严格实行安全生产责任制纳入日常安全运行的制度，全面抓好各项安全措施的落实。在2003年上航获得了中国民航"金雁杯"安全奖。

一方面，上航运用科学和信息管理手段持续加强运行过程的管理和控制，扎实有效地开展"百日安全"竞赛活动。上航在安全管理过程中创造了"两级管理、三级网络、重心下移、岗位落实"管理模式和"自我监督、自我审核、自我纠正、自我完善"良性循环管理机制，从而保持了成立以来 20 个安全年。

为了防止安全运行中的随意性和盲目性，上航要求各类人员确立规范化概念，严格执行运行规范。在安全运行过程中，上航在 1999 年就获得民航总局运行合格证书，2004 年又在中国民航率先获得了国际航协颁发的"IOSA 运行合格证书"，用中国民航和世界民航的标准，来管理和规范运行。他们还通过对各运行部门实行安全状况月度自我评估制度，以使其了解自身的安全状况，并及时找出问题，交出解决方案。公司还通过每季度一次的安全讲评、每月的安全委员会例会和安全教育日来不断加强员工的安全意识。

另一方面，上航在安全管理和运行过程中，不仅注重加大信息科技的投入，还特别注重学习借鉴和运用国际上处于科学管理前沿的管理理念和方法，这同样对加强安全管理和安全运行起到了事半功倍的作用。从 2004 年以来，上航在安全运行和安全管理工作中，推行了"六西格玛"质量改进运动，运用"六西格玛"管理等先进的管理方法，认真抓好整改，进一步加强安全基础管理和长效管理。他们按照以"零缺陷"为目标的"六西格玛"质量持续改进要求，将查出的薄弱环节和问题的整改列入今年公司"六西格玛" 34 项黑带和绿带质量改进项目，由公司和有关部门领导亲自负责，组成项目小组，通过采集、评估、分析、改进、控制五个步骤，切实抓好整改，进一步解决存在的问题和薄弱环节，以求提升公司和部门安全管理的品质。

正点：旅客满意的焦点

确保航班准点，既是航空公司诚信服务的重要服务品质，也是广大旅客十分关注的焦点问题之一，更是航空公司管理水平和管理能力的综合体现。民航航班是否正常，是旅客关注和抱怨最集中的一个问题。

上航从旅客的切身利益出发，想旅客所想，解旅客所难，为旅客所需，极其重视抓航班正点，把确保航班正点作为向旅客庄严承诺的重要诚信服务产品，不断地强化运行管理、提高运行品质。

上航在 2003 年获得全国民航航班正点第一名，2004 和 2005 年连续两年获得全国民航航班正点第二名。上航抓航班正点，首先狠抓影响航班正常的源头。不仅从每天早晨在上海基地和北京、广州两个过夜基地出港的第一个始发航班正点起飞抓起，而且狠抓后续晚点航班，各部门密切配合缩短飞机过站时间，抓回前段航班延误的时间，从而使航班正常率有较大幅度提高。

其次，上航将影响航班正点的原因逐项进行要素分解和管理控制，特别是对航空公司不可控的因素，主动与有关部门沟通协调，尽可能减少和降低由此造成的航班延误。而对于公司可控的因素，在倡导部门岗位之间"无边界"工作理念的基础上，对各部门保证航班正点实行了严格的考核和奖惩，从而大大地提高了航班正点率。

再次，上航积极参加民航总局开展的基地航空公司始发航班正常竞赛活动，并以此为契机，认真抓好始发航班正点，进而全面带动公司航班正点率，为实现航班正点率奠定了基础。竞赛期间，通过科学设定正点指标，分解到各保障部门，使航班正常工作重心下移。各运行保障部门更是齐心协力，盯着航班正常做工作，狠抓落实。由于各部门通力合作，公司的航班运行更加顺畅，航班正常率得到了不断提高。

服务：旅客满意的基础

上航以"把上海航空公司办成国内最好、顾客首选、具有国际水平的航空公司"为目标使命；以"成本领先＋差异化＋枢纽港"为经营战略；以"安全第一、顾客至上、优质服务、追求卓越"为企业精神，以"向国家、顾客、股东、员工负责"为核心价值观，打造了上航的核心竞争力，并以这种执着铸造了自己的个性服务品牌。

服务满意，是上航的不懈追求。在现代服务业中，周到、温馨、细腻，具有个性化的优质服务，是航空公司服务的基本目标。

上航成立后就十分注重不断创新服务品牌。近年来，上航在原来创建的"家庭式温馨服务"品牌的基础上，不断创新服务品牌。2004年通过整合推出了"订座取票省心，候机登机顺心，空中服务舒心，个性服务称心，特殊服务贴心，货物托运放心"的"六心服务"新品牌，为旅客提供了从订票到货运的6个服务系统36个服务环节的全过程、全方位的优质服务，使服务不断跃上新台阶。

"六心服务"品牌内涵是以诚信待客为本，以满足旅客的服务需求为目标。新的服务品牌具有新的特点：

订座取票省心。上航在中国民航最早开通了全国800—820—1080和上海800—620—8888免费订票电话，旅客在每天24小时中的任何时段内均可查询航班信息、预订机票、确认机位。而且旅客还可以进入上航网站查询航班动态及票价，并能完成订票与支付活动。对预订的机票，家住市区的旅客可以享受免费送票服务。不在上海的旅客，可以采取上海付费异地取票的方式，享受更为便捷的购票旅程。同时，上航还导入了亲情营销、ROM理念和管理，推行了电子客票、网上支付、上航常客、中转连程等一系列营销服务策略，赢得了旅客的信赖。2005年10月，上航又整合公布了新的客户服务呼叫中心"10105858"。

候机登机顺心。上航在浦东和虹桥两个机场开通了"全天候值机服务"、"无行李值机服务"、"常旅客专柜值机服务"、"无缝隙中转服务"和"市中心值机服务"。同时，上航还在两个机场延伸开通了"绿色通道"、"举牌引导服务"、"气象预报服务"，极大地方便了旅客出行。

空中服务舒心。上航为乘坐飞机的旅客安排了"空中导游"、"信息资讯"、"节日竞猜和幸运抽奖"、"空中生日祝福"以及"亲情使者"、"亲亲姐姐"等多种多样的空中服务，使旅客更加舒适、轻松地乘机旅行。

个性服务称心。上航可以满足旅客的个性化需求，如航班叫醒、代订出租车、代订宾馆、预订飞机座位等。此外，上航还对常旅客实施了"里程累积"、"个性化奖励"等待遇，给常旅客以极大的实惠。

特殊照顾贴心。上航推出了针对"无成人陪伴儿童"和老年旅客的"温馨家人"爱心护理特殊需求超值服务，使旅客备感亲切与温馨。

货物托运放心。上航在上海推出了 24 小时货运服务,开展"点到点、户到户、门到门"的收发货物服务。对需要中转的客户,推出无缝隙中转服务,确保货物安全、准时运抵目的地。

为进一步提升服务质量和顾客满意度,2005 年,上航又通过广泛开展学习推广《吴尔愉服务法》,提高了服务人员的整体素养和服务技能。吴尔愉"心中有客、眼中有活"的职业道德和"细腻服务、亲切温馨、善解人意、乐于助人"的独特服务风格,成为上航每一名员工为旅客提供"人性化"、"差异化"、"个性化"满意服务的自觉行动。

上航构筑的航空运输服务品牌,形成了一条环环相扣的"放心服务链",使服务不留"缝隙"和"空白",使广大中外旅客真正感受和体味到"购票有方便感,值机有快速感,登机有亲切感,空中有温馨感,离机有留念感"。

上航将紧紧抓住迎接奥运会、世博会的契机,为把上海航空公司办成国内最好、顾客首选、具有国际水平的航空公司而不懈努力。

(来源:王万龙. 中国民航报,2006-1-25(3))

(三)旅途环境

民航服务的各种物理设备等硬件环境和服务等软件环境对旅客的情绪有很大影响,这也是民航服务区别于其他交通工具服务的一个重要方面。一般来讲,无论是候机楼还是飞机都是费用较高的,与其他交通运输工具相比,民航服务也相对较好,这也是旅客愿意乘坐飞机的重要原因。对旅客来讲,乘坐飞机旅行是一种享受,如果民航服务的硬件环境或软件环境不能满足旅客的需要,那就会引发旅客消极的情绪体验,而且旅客对这方面的关注程度是很大的。所以,国内外各航空公司都投入大量的资金不断改善候机楼和飞机上的设备和软件设施,如温度、色彩、灯光、空中服务人员的服装等。案例2-11 说明英国航空公司在旅客硬件环境上的建设,这样的环境对旅客情绪肯定有重要影响,旅客也肯定比较满意。

案例 2-11:

英航超级经济舱服务

英国航空公司首次推出时尚经济舱——超级经济舱,将给您提供比普通经济舱更多的私人和伸展空间。

超级经济舱为您提供全球独有的最多五排 2-4-2 形式的座位。根据人体工效学设计的座椅,给您多出 17.8 厘米伸缩空间;可调头垫、更宽阔的座椅扶手及腰间气垫,加上折叠式脚踏,您便可以尽情的舒展身体,以轻松的心情来享受飞行旅程。为了让您在飞行中找到欢乐,超级经济舱还给您设计了独立椅背电视屏幕,并提供备受称赞的酒吧服务和多员化菜单选择。同时为方便旅客,座位上还设有手提电脑电源插座及电话。另外,为照顾有较多手提行李的旅客,超级经济舱为您提供双倍手提行李重量限额(两件共12公斤)。

(来源:李永,张澜. 民航服务心理学. 北京:中国民航出版社,2007)

第六节 特殊旅客、团体旅客心理及其服务

民航旅客在社会地位、身份、职业、年龄及身体状况等都各不相同，除了一般旅客的普遍特点之外，有些特殊旅客也有其独特特点。这要求在民航服务过程中要针对他们的独特特点进行特殊的服务。同时，当前随着民航业的飞速发展和旅游业的繁荣，旅客组团也成为普遍现象，而团体旅客就有不同于个体旅客的一些特点。下面就特殊旅客和旅客团体的心理特点及民航服务进行讨论。

一、重要旅客的心理特点及服务

重要旅客在英文中被称为VIP（very important passenger），他们的运输与服务是民航服务中的重要内容。这项工作带有一定的政治背景，而民航也历来把它作为一项政治任务来完成，它具有严肃性、重点保障和程序化特点。按照民航惯例，重要旅客包括国家领导、政府要员、工商界知名人士和国际社会名流，他们都以重要旅客来进行运输，并保障运输中的安全。

对于重要旅客的民航服务，无论是航空公司还是机场都设有专门的服务机构和地面服务保障设施。例如，成立专门服务组、开辟要客服务区、独立的安检通道、贵宾休息室。

按照重要旅客的性质可以将他们分为两大类：一类是政府要员，一类是工商界知名人士。他们在旅行过程中的需要是有差异的，也要求提供不同的服务。

（一）政府要员的心理特点及民航服务

政府要员在民航服务过程中，首要的需要是安全，其次是尊重的需要。在各个环节都要体现这两个方面的要求。具体的民航服务主要包括以下五个方面。

第一是做好政府要员旅客的信息传递工作。售票单位及时将政府要员旅客的姓名、职务、级别、随员人数、乘坐航班、日期、到达站、特殊服务等情况，通知出发站、中转站和达到站，也通知重要旅客乘坐飞机所属公司的要客服务部门，并对整个信息传递渠道和范围做好绝对的保密工作。

第二是地面服务安全工作。安保人员要在门口和走廊处站立好，并且要提前到位等候，贵宾休息室要准时清场。

第三是航空公司服务礼仪展示。贵宾室门前要有服务人员等候，大堂需要摆放鲜花，不同等级的贵宾要由机场或航空公司的相应级别的领导到机场迎接。

第四是机上服务。机上服务是最为重要的一个环节。机上乘务员要在机舱门口迎接问候，飞机起飞后机长应当面致意，增加客人的安全感和信任。乘务员对重要旅客的服务要体现出强烈的服务意识。但在服务时需要注意两个问题，一是服务语言要规范，与客人交谈简洁明了，不随意向客人提出服务工作以外的问题。二是服务环节要细致，不能因为服务而打扰客人休息。

第五是送机。飞机到达目的地后，服务人员要有意识地将其他旅客先阻挡一下，迅

速地将重要旅客送下飞机。按照惯例,不同级别的重要旅客的接站人员是可以进入隔离区的,这样客人就可以直接从飞机下到停机坪的迎接车辆。

(二) 工商界知名人士的心理特点及民航服务

工商界知名人士在民航旅行时的主要心理需要是自尊的需要和舒适的需要。这些旅客往往是新闻的焦点人物,需要注意自己的形象,因此有很强的自尊需要;同时他们的经济地位和社会地位也决定了他们对舒适的要求也是比较高的。这都要求在民航服务各环节应该采取特殊的服务,当然为他们提供轻松快捷的服务是最适合的。

对工商界知名人士的民航服务主要包括以下几个方面。首先是迅速地帮他们办理好值机手续,值机员尽快把机上的座位预留出来,最好是前排靠窗座位。接下来,对于行李,要把重要旅客行李牌拴在行李的明显位置,放到货舱门口位置,以便下机时及时提取。在贵宾室和机上的服务中,要使客人感觉像在家一样轻松。再有,重要旅客一般可以享受单独的安全检查通道,有时还可以享受国际间互惠豁免的待遇。最为重要的是客舱服务过程,特别是长距离飞行时更要注意每一个服务细节。因为这些工商界知名人士的日常生活的品位就比较高,所以对他们的服务一定要把握好差异性,集中精力做好客舱的特色服务。在此过程中,特别需要飞机人员一定要灵活,能随时观察到客人变化着的需求,满足他们瞬间的需要。

二、老弱病残幼旅客的心理特点及服务

老弱病残幼旅客也是民航服务过程中需要特别注意的旅客,因为他们由于身体或年龄等原因,非常需要民航服务人员给予更多帮助和关注。

(一) 老弱旅客的心理特点及民航服务

老弱旅客由于生理和身体等方面的原因,既有很强的自尊感,也有很强的自卑感。对于老年旅客来讲,他们虽然嘴上不说,但内心非常需要别人的关心和帮助。在民航服务过程中,老年旅客特别关心飞机安全,关心飞机的起飞和降落时所带来的不适。在整个服务过程中,对待老年旅客,民航服务人员讲话速度要略慢一些,声音要大些,经常主动询问老人需要什么帮助。而对于那些不服老或不希望接受特殊照顾的老人要多观察,把握并及时满足他们的心理需要,尽量消除他们的孤独感。在登机后,服务人员要主动介绍客舱服务设施,特别是阅读灯、呼叫铃、坐椅调节、洗手间位置及使用方法等。在飞机飞行过程中,服务人员要主动问寒问暖,多与老人交谈,介绍航线沿途的风景。供应餐饮时,服务人员要主动介绍,尽量送热饮料和软的食物。飞机到达时要提醒旅客别忘了自己随身携带的物品,搀扶老人下机并交代地面服务人员给予照顾。

对于体弱的旅客来讲,他们往往外表上不愿意求别人帮助自己,所有事情都想尽自己最大努力去做。所以,民航服务人员应尽可能给予更多的关照,同时又要使他们不感到有什么心理压力。要主动帮助他们提拿他们携带的行李物品,关心他们的身体状况,通过交流等方法消除他们坐飞机的恐惧感。案例 2-12 就描绘了老年旅客的心态,这位优秀的服务人员提供了及时的个性化服务。

案例 2-12：

没有吃的水果

有一次，我国著名科学家周培源夫妇乘坐 CA981 航班去美国。供餐时乘务员发现两位老人对送去的水果没有动多少，便做了种种猜测，是两为老人胃口不佳？还是他们不喜欢？或是别的原因？后经过细心观察，发现由于老人年纪大，手不方便，不愿意开口叫乘务员帮忙。于是乘务员亲自给老人把水果削好，切成一片片送到他们面前。老人十分感动，一再表示感谢。

（来源：顾胜勤．民航旅客服务心理学．北京：北京理工大学出版社，2005）

（二）病残旅客的心理特点及民航服务

病残旅客的自尊心也较强。他们一般也不会主动寻求服务人员的帮助，总是显示他们与正常人没有多大区别。尤其是不愿意别人说他们是残疾人，或把他们看作是残疾人。因此，民航服务人员应该把握病残旅客的这种心理，表面上不愿意叫服务人员，并不代表他们不需要帮助，此时服务人员应该主动热情地帮助他们。案例 2-13 就描绘了病残旅客的心态及需求，这位服务人员提供了及时的个性化服务。

案例 2-13：

感动的女外宾

一位下肢残废的女外宾上了飞机后想把腿放平些，但又不好意思开口，自己就忍着不舒服的感觉，这些表情被细心的乘务员看出来了，便主动上前把她前面的旅客调到空位上，把空出的坐椅放平，铺上毯子将这位女外宾的腿放在椅背上，飞机落地后，乘务员又帮她叫来出租车，并扶她上车，这位外宾感动地连声说："中国的空中小姐真好，谢谢你们！"

（来源：顾胜勤．民航旅客服务心理学．北京：北京理工大学出版社，2005）

（三）儿童旅客的心理特点及民航服务

儿童旅客的特点是：安全需要和恐惧心理比较强，好动与好奇心理比较强。同时，儿童各方面的能力还不够，判断力较差，独立性不足。所以，对待儿童旅客，一是要注意派专人进行服务，在整个服务过程中及时照看；二是可以为儿童准备一些小玩具、小纪念品供其玩耍，以防止儿童到处乱碰；三是在飞机起飞和降落时，要注意提醒和帮助儿童系好安全带，并进行身体姿势的调整，保证安全性和预防身体不适；四是给儿童旅客提供热的食物和饮料，但也不能过热。总之，对与儿童旅客要尽量做到专人看护，细心照顾，及时提醒和照看。

三、国际旅客的心理特点及服务

随着国际化的进一步发展，我国已经成为国际上很具有影响力的大国。民航服务中，国际旅客的数量也越来越多。对待国际旅客，基本的服务出发点是服务人员代表着中华民族的形象，应做到服务至上的宗旨。具体来讲，第一是要了解旅客的国籍和身份，以便安排符合他们特点的服务措施；第二是要尊重国际旅客本国的文化和行为习惯，这方面需要民航服务人员对外国文化要多了解；第三是在服务过程中最好能以他们国家的语言，态度和蔼热情，不卑不亢地进行周到的服务；第四是如果国际旅客由于陌生等原因需要特殊服务，民航服务人员应尽量给予满足。

四、初次乘机旅客的心理特点及服务

初次乘机旅客指的是第一次乘坐飞机或第一次乘坐某种机型的旅客。初次乘机旅客一方面具有强烈的好奇感，另一方面又缺乏乘机知识，再就是有一定的紧张感。针对初次乘机旅客的这三个特点，民航服务人员应该分别给予不同的服务内容。

初次乘机的旅客的好奇感表现在，他们对飞机场、飞机的机型、机舱内部的空间结构、机舱内部的服务设备等感到新鲜和好奇。这时民航服务人员应主动给他们介绍机场的一些设备和环境。空中服务人员主动给他们介绍本次航班的机型、目前飞行的高度、现在到什么地方的上空了等，以满足初次乘机旅客的新奇感。

初次乘机旅客的陌生感和乘机知识的缺乏体现在，他们对机场和飞机上的设备想动但又不敢动，刚进飞机场时摸不着头脑，刚登机时有些手足无措，对于座位上的各种按钮等设备不会使用。这时，民航服务人员要注意仔细观察，首先不能嘲笑或指责他们，也不能以看不起的语气与旅客说话。这时民航服务人员应该主动的给予讲解、引导，及时给旅客解难。

初次乘机旅客的紧张心理表现在，在候机室里不断地询问"某某航班是在这里登机吗？"、"某某航班什么时候登机？"等问题。登机后，当听到马上要起飞了，初次登机旅客往往心情十分紧张，双腿和双手都是紧紧靠在一起，甚至紧闭双眼，不敢向外面看。这时，民航服务人员可以介绍飞机是所有交通工具中比较安全的，请他们放心。还可以亲切地与他们交谈，问问他们到什么地方，感觉有什么不舒服的地方，以便分散他们的注意力，缓解紧张的心情。

五、团体旅客的心理特点及服务

随着旅游业和商务活动的日益繁荣，无论是旅游，还是商务活动，选择乘坐飞机的团体旅客日益增多。团体旅客具有不同于个体旅客的特点，团体旅客对时间和服务质量的要求都要高一些。由于是团体出行，所以团体旅客对航班的时间比较敏感，一旦出现误点等事情发生，团体旅客往往容易出现情绪上的激动，这或许是由于人多利益大或者由于责任分散等原因，这样容易与民航服务人员产生冲突。再有，团体旅客对服务质量的要求往往要比较高，比如，在安检时，由于是团体人多，往往认为安检的速度太慢；在候机厅由于人多一时没有地方坐了，就往往认为服务设施不好；在乘机时，也往往以团体旅客为理由寻求更多的服务项目。对于出现这些情形的团体旅客，作为民航服务人员来讲，应该保持冷静，千万不要与之进行辩论或争论。因为一旦引起争论，整个旅客团体都可能会加入到争论中来，那样场面就不好控制了。这时更需要民航服务人员灵活处理，注意处理方法和技巧，注意"各个击破"，不要"单打独斗"。

第三章　民航服务中的货主心理

客运和货运是民航的两大业务，所以民航服务的服务对象包括旅客和货主。虽然货主也具有旅客的一些心理特点，有相似的心理需求，但毕竟货主与旅客选择的民航服务业务不同。本章将对民航服务中货主的心理特点及其服务进行讨论，这包括民航货运服务概述、货主的需要和决策心理、货物包装心理。

第一节　民航货运服务概述

一、民航货运服务的概念

民航货运服务是指航空承运人通过货物运输工具并辅助以其他劳动来满足货主需要的过程。民航货运服务包括承运人、货主、运输工具飞机、货物4个要素。其中承运人既包括各航空公司，也包括专门的航空运输企业；货主也被称为托运人，既包括单位也包括个人；运输工具主要是飞机；货物一般具有某种特别的属性（如易腐烂、易碎等），或者货主把某种特点（如时间紧）赋予该货物。

二、民航货运服务的特点

民航货运服务并不是简单地把货物进行位置移动，它也包括很多无形的劳动。民航货运服务与客运服务是有差异的，它包括了实体服务（服务硬件）、核心服务（满足货主基本需要）和引申服务（实体服务中的其他服务）3方面内容，这三者的结合远远超过了一般所理解的有形服务的内容。从货主和民航货物两个方面来看，民航货运服务具有很多不同于客运服务的特点。

（一）货主的特点

1. 服务内容要求的针对性

民航货主对货运服务的要求是比较多的，货主不会只知道民航货运的信息就主动找上门接受服务。货主对于民航货运会有很多问题需要问，如承运人能否承运自己的货物？航班时间如何？运价水平多少？这需要民航企业与货主进行当面沟通，先了解货主的需求，然后再按照民航货运相关规则和民航企业的业务范围采取有针对性的服务。所以，货主要求的是更加个性化的服务。

2. 商业关系的相对持久性

民航旅客与民航企业关系一般不会很持久，而民航货主由于在选择承运人时要考虑利润、诚信等问题，相对比较理性。同时，民航货运不像客运那样在两地之间双向往返，它具有单向性的特点。所以，货主所运货物目的地的固定性决定了货主与民航货运企业的关系相对比较持久。

3. 非个人特征

民航客运的服务对象一般来讲都是个体，而货运的服务对象，虽然直接与民航货运部门接触的是单位的某些代表，但真正做出决策的往往是部门的管理者或者是单位的高层领导者。这也决定了货主内部不同部门所重视的服务内容不同：财务部门可能重视的是价格；销售部门可能重视的是时间；生产部门可能重视的是产品是否完整。所以民航货运服务的对象具有非个人特征，具有一定的复杂性。

（二）货物的特点

在民航货运服务过程中，货物的特点也是需要重点考虑的一个问题，因为民航货运货物上体现了很多货主的需求。具体来看，民航货运中的货物具有以下特点：一是单位重量的价值高；二是密度高；三是容易破碎；四是容易腐蚀性；五是季节性强；六是市场紧缺。这就为承运人在货物包装、运输中的服务提出了很高的要求。

第二节 民航货主的需要和决策心理

一、民航货主的心理需要

民航货主之所以选择民航货运而不选择汽车或火车，是因为民航货主具有特别的需求，民航企业要真正在货运市场上占有一席之地，需要深入了解货主的种种需要，以更加人性化的方式满足民航货主的需要。具体来讲，民航货主有以下6个方面的心理需要。

（一）及时性需要

民航货运的成本相对较高，很多货主之所以选择民航运输，就是因为航空运输能在最短的时间内把某一货物运到某一目的地，而这种快速到达的需求是一般的汽车和火车实现不了的。当然货主的这种对时间的要求与货物本身的特点有关，以下几种货物的货主在时间上要求很高：一是鲜活易腐烂的货物，如活鱼、活虾、活螃蟹；二是活体动物，如鸡苗；三是时间性极强的诸如时装、杂志等商品；四是特别供需的货物，如中央首长的食品；五是一些应急货物，如电影片、录像带、疫苗等。这类货物的货主在选择民航货运的时候，主要看重的就是民航货运可以及时把货物运送到目的地。

（二）安全性需要

有些货物的独特性决定了只有选择民航货运这种运输方式，才能保障货物的安全性，如活虾、鲜花。因为民航货运能保证在短时间内运达目的地。再如贵重的古董等货物，空运方式在路途上的时间较短，这在一定程度上更能保障其安全性。所以说，很多货主出于种种考虑，必须选择民航货运。

（三）经济性需要

货主追求利润也是很多时候选择民航货运的一种心理需要。货主可以通过比较得出，与其他交通运输方式相比，民航货运在赢得时间、减少中转环节、避免货物损坏等方面占有优势，这些环节就可以降低货主的成本。所以，货主在很多时候选择航空运输这种交通工具是出于经济利润上的考虑。

（四）尊重的需要

民航货运虽然强调货物的运输，但是货主都需要在货物安全、及时到达的同时，自身也得到应有的服务。货主也需要在交运货物的同时，得到民航服务人员的尊重和关心。这种希望得到尊重的需要是货主对民航货运完整性要求的体现。

（五）运价的心理需求

据波音公司调查发现，运价是货主第三位的要求，这说明在货主选择民航运输时对价格是很重视的。虽然货运的价格可以参照国内和国际的相关规定进行衡量，但随着航空货运竞争的日益激烈，航空公司也会给货主以适当的折扣，来吸引货主。如果把航空货运货物分为紧急、易腐烂和可争取这3类，货主对这3类货物的运价态度是不同的。对于紧急的货物来讲，货主非常重视时间，因此对价格就不重视；对于易腐烂的货物，货主虽然也重视货物的时间性，但事先都有计划，因此货主虽然没有如紧急货物那样丝毫不在意价格，但也不是最重要的考虑因素，这取决于货物送达后所获取的利润；可争取货物的货主虽然事先也有计划，但他们也重视价格（如电子配件）。所以，服务人员在对货主服务过程中可以把握这些规律。

（六）对承运人处理特殊问题能力的需要

所谓处理特殊问题能力是指，因航班不正常导致货物不能按时到达时，承运人对货物进行自行处理的能力。这可以为货主避免或减少经济上的损失。这类特殊事件一旦民航企业处理不当，极易引起货主的不满，甚至纠纷。所以，民航货运公司一定要谨慎处理货运过程中的特殊情况和特殊问题。

材料3-1讨论了托运人心目中的航空货运服务标准，表明了货主对航空货运公司的期望，同时也说明了当前在民航货运方面有一些问题需要解决。

材料3-1：

托运人心目中的航空货运服务标准

根据美国有关机构的调查，对于航空货运服务，消费者的需求一是要稳定可靠的服务，二是要合理恰当的运价。不少托运人甚至认为，服务质量的稳定可靠在重大性上远远凌驾于运价。

在很多场合，例如高档产品、展览品和紧急医疗器材药品等等，货主宁可支付较高的运价，以便换取高一级的货运质量。当然也有不少经常使用航空货运的托运人特别在运价上斤斤计较，希望航空承运人给予尽可能优惠的运费。

托运人心目中真正的航空货运服务标准是什么呢？大多数托运人认为，现在多数航空公司没有将应有的注意力放在航空货运管理上。

航空公司由于种种原因未能直接与托运人打交道，与托运人签订航空货运合同的航空公司就更少，他们宁可与作为中介的货代公司接触。其中的主要原因之一是观念，托运人似乎认为通过中介办理航空货物托运更加恰当；还有一个简单得令人感到奇怪的原因，即绝大多数航空公司竟然不知道市场上有哪些托运人，连托运人的地址、电话号码和电子邮箱等联系资料信息都没有；第三个原因就是航空公司竟然缺乏走出机场为托运人提供的附加服务，而这一点在货运方面恰恰是十分必要的。

因为航空公司总是认为这些附属性服务产品是货运代理公司的业务范围，航空货运公司只要开好飞机就是务正业。但问题是，越来越多的航空货运服务消费者，尤其是新鲜产品、易腐产品和名贵保鲜产品市场中的托运人货主，希望直接与航空公司洽谈航空货运业务，争取质量更高、运价更实惠的航空货运服务，如果有必要的话，货运代理至多作为托运人的助手或者参谋而已。

现在不少托运人常常把货代看作可以与其签订运输合同的航空运输服务供应商，满心以为货代应该首先为托运人提供高质量的服务。

问题是航空货代公司往往是航空公司的"代理机构"，货代的服务天平究竟是向托运人（货主）倾斜，还是向承运人（航空公司）倾斜是值得注意的。尤其是现在不少航空货运公司往往在待运的货物中任意挑选运输货物，不少货物因为得不到及时运输而造成严重的货损、货差等经济损失，而丧失市场竞争力等经济损失往往最终落到货主或者托运人的头上；这时候脚踩两条船的航空货运代理公司的所谓客户至上服务质量，对承运人等消费者的百分百的忠诚往往变得十分可疑，至少这种所谓忠诚是有所折扣的。

绝大多数托运人希望航空公司应该扩大直接服务货主的市场渠道，强化航空货运供应链的经营管理，进一步提高航空货运服务的质量标准，继续大幅度降低存货水平，扩大航空货运的准时服务范围，以便托运人、货主、进出口商等航空货运消费者获得更大的经济效益。还有不少托运人特别注意其航空货物的运输操作程序，是在大型航空枢纽港拼箱还是在几条航线上转来转去，或在其他地区机场上频繁滞留；因为急于赶上市场季节或者其他重要日期的不少托运人发现，其货物无法在正常时间内抵达目的地，缴纳周期之长令人难以接受。托运人把这一切令人烦恼的风险归咎于货运代理，于是不少托运人希望尽可能地在航空货运渠道中减少货运代理这类环节，不喜欢与令人难以信任的货运代理打交道，而是希望与航空公司直接签订运输合同。

但是事实并不令人满意，正如前面所述，不少航空公司缺乏机场之外的地面货运服务必要机制，因为航空货运地面配送服务中心几乎都是货运代理经营管理的，于是航空货运代理行业仍然是方兴未艾，而不少托运人不得不继续与航空货运代理打交道，以签订半年或者一年期合同，委托其代理航空货运一切业务。

航空货代完全可以更好地对待运费问题，托运人大多认为，现在的航空公司对于航空客机的主甲板下面的货舱容积，通常以不同的价位随意出售给航空货运代理，至于这些货舱容积和航空货运的实际成本并没有得到认真的考虑。

货运代理常常在不同的季节和不同的航线上，与定期班机航空公司进行订舱的讨价还价，在签订舱合同之前尽量把价格压低，然后与托运人或者货主洽谈航空货运合同时尽量把订舱运价抬高，从中赚取差价利润。因此对于托运人来讲，当前航空货运市场上的运价往往有失公正，更谈不上持续性优惠，不少外快金钱从托运人口袋流到航空货运代理，其次才是航空公司的口袋中，尤其是邮件等航空运输散杂货物的利润更大，每公斤的运价相当于普通货物的3倍左右。

对于航空货运差错率，业内人士同样高度关注。在转运过程中往往发生误差和损耗，而航空货运赔偿机制迄今仍然不足，货主被迫蒙受巨大的直接经济损失，至于货主失去市场竞争力和商机的损失更是没有得到考虑。

不过已经有不少现代化航空公司注意到这方面的弱点和缺陷，扩大投资，迅速强化其现代化物流解决方案，尤其是按照全球供应链管理要求，为托运人等货主提供高质量的客户服务。

与此同时，不少航空货运代理积极行动、主动配合航空公司，促进全面化物流服务和增值服务质量的大幅度提升，实施与时俱进的航空货物运输服务标准。

当前有许多托运人更加迫切地需要航空货运经营者提供高度集成服务，如门到门、库到库的服务等等。

而按照目前航空货运市场的发展方向来看，由于得到电子数据信息网络、信息交换和传递、航空货物跟踪、追踪和快递服务网络的支持，所谓航空货运一体化经营者非航空货运代理莫属，在航空货运公司的有力支持下，他们完全可以做得越来越好。

（来源：张荣忠．国际商报物流周刊．2005-12-26（B04））

二、民航货主选择航空运输的决策心理

决策，是从一些可供选择的方案中选出一个特定行动方案的过程。决策的研究有很长的历史。经济学认为，人在决策的时候是根据期望效用理论来进行的最优化决策。但在现实中很多的决策并不是按照这个理想决策模型来进行，决策还存在其他3种模式：满意决策、隐含偏爱决策、启发式决策。

（一）决策的基本理论

1. 最优化决策模型

最优化决策模式如图3.1所示，它包括6个步骤。

步骤1：认识到需要做出这一决策，这种需要产生于期望状态与实际情况某种程度的不一致。

步骤2：一旦确定了决策需要，接着就要确定对决策来说十分重要的标准。

步骤3：步骤2所列出的标准并非同等重要，为了按先后顺序列出它们在决策中的重要性，有必要给这些标准设置权重。虽然所有标准都是有关的，但是其中的一些比另一些更为重要。

步骤4：要求决策者列出所有可能解决问题的备选方案，这一步只需要列出备选的方案，而不需要对它们进行评估。

步骤5：备选方案一旦确定，决策者就必须批判性地评价每一种方案。把这些方案按步骤2、步骤3中建立的标准和权重进行对比，可以很明显地看出每一个方案的优点

和缺点。

步骤6：最优化决策模型的最后一步是从众多列出的并评估过的备选方案中进行最佳选择。这一选择十分简单，总分最高即为最佳，决策者一般选择步骤5中总分最高的那个方案。

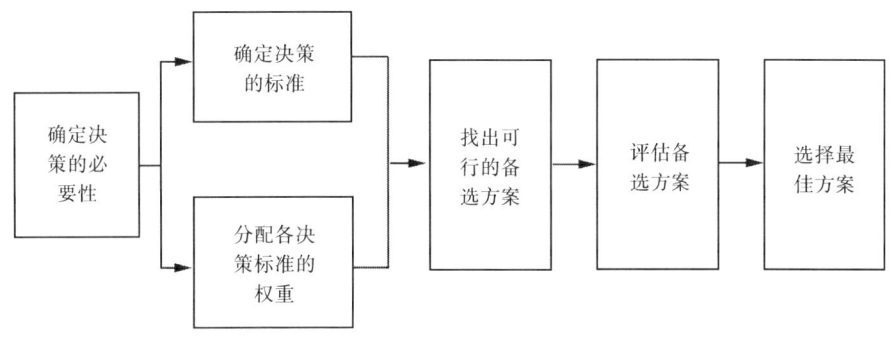

图3.1　最优化决策模型

最优化决策是在一定条件下才能实现的一种决策模式，它是一种理性个体如何行动的、最理想的决策标准模型。最优化决策的基本假设是：人是完全理性的；可以获得所有的信息；有无限的、可以加工这些信息的资源。所以，这个决策模型只是说明人应该如何进行决策。那么在现实的社会生活中，人们到底是怎样做决策的呢？

当今社会是一个信息社会，信息是无限的；同时，不确定性是当今社会的一个突出特点。所以，最优化决策的基本条件就不能完全满足。如此一来，人将怎样决策？人可以在决策过程上进行简化，或者在决策标准上不要过于完美。具体来看，人可以采取以下3种决策策略：一是接受一个不尽完美的选择，认为足够好就可以了，进行满意决策；二是对隐含偏爱的选择进行验证，进行隐含偏爱决策；三是走思维的捷径，进行启发式决策。

2. 满意决策模型

1978年诺贝尔经济学奖得主西蒙（Herbert Simon）提出有限理性（bounded rationality）的概念，也就是满意决策模型。该模型认为，决策者并不是取得决策有关的所有信息，而是仅仅根据其中的重要信息来做决策，从而取得令决策者满意的决策方案。满意决策的过程如图3.2所示，从整个决策过程可以看出，满意决策是对最优化决策的简练，这体现在两个方面：一是把标准降低，降低到只要主体感到满意就可以，而不是利益的最大化；二是只抓住最主要的信息，而不是所有的信息，这主要是因为人的信息加工能力有限。人在现实生活和工作中的很多决策都是满意决策。

3. 隐含偏爱决策模型

隐含偏爱决策也是进行复杂决策的非常规模型。隐含偏爱决策模型也是对最优化模型的简化。因为决策过程一开始主体不进行备选方案的评估，只有主体找到了一个隐含的偏爱备选方案才进行评估。也就是说，在决策过程的早期，决策者隐含地选择了一个偏爱的方案，随后主要是对偏爱方案的论证过程。整个决策过程是决策主体根据标准对自己偏好方案优于其他方案的验证过程，所以在决策中根据标准对其他方案的评价就会出现知觉歪曲和解释的偏颇。但需要注意的是，决策主体常常并没有意识到自己的偏好。所以，隐含偏爱模型是一个表面上客观，但实质上带有很多主观偏见的决策过程。

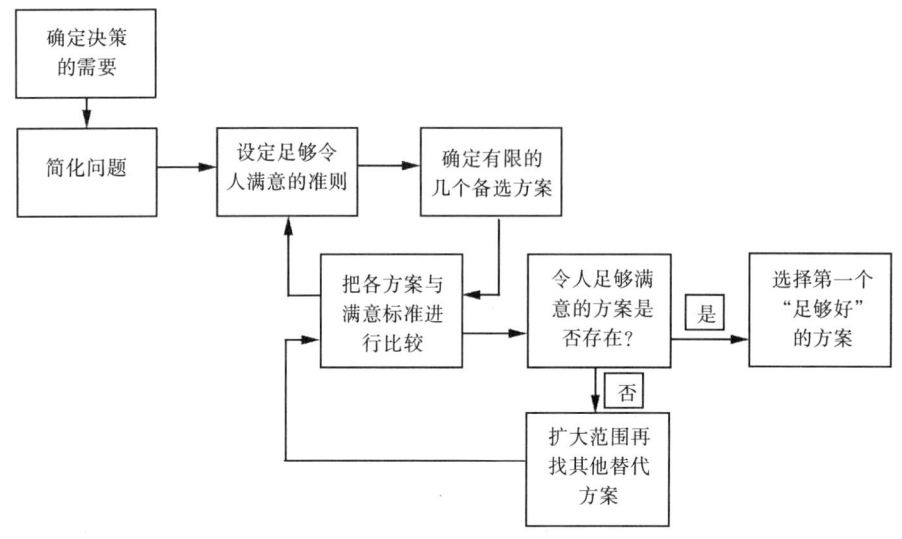

图 3.2　满意决策模型

4. 启发式决策

人在决策中可以走捷径，可以通过直觉进行，启发式决策的研究总结了这方面的规律。在启发式决策方面，2002年诺贝尔经济奖获得者之一的美国普林斯顿大学心理学教授丹尼尔·卡尼曼（Daniel Kahneman）的研究结论被广泛应用。他的观点集中体现在其提出的前景理论（prospect theory）当中。其理论的基本假设主要包括以下3个方面。

（1）回避损失（Loss Aversion）

所谓回避损失就是人在做判断和决策时，损失的效用要比等量收益的效用得到更大的权重。卡尼曼等给出了下面的例子来说明这个假设。

由于受市场变化的威胁，某CEO面对一个两难问题。他的财政顾问告诉他要采取行动，否则公司的3个制造厂就得倒闭，所有的6000雇员将失业，并提交了2个计划：

计划A：执行该计划必定可以保存1个工厂，保留2000雇员。

计划B：执行该计划有1/3的概率可以保留全部3个工厂和6000员工，但是另外2/3概率则会导致全部工厂倒闭以及全部雇员失业。

上述2个计划可以从损失的角度改写为：

计划C：执行该计划必定损失2个工厂，损失4000雇员。

计划 D：执行该计划则有 2/3 的概率损失全部 3 个工厂和 6000 员工，但是另外 1/3 概率则没有任何工厂倒闭，任何雇员失业。

从客观情况和理性观点来看，这 4 个计划可以导致相同的结果。但卡尼曼等人的实验结果表明，在计划 A 和 B 中，大多数人倾向选 A，表现为为获益而回避风险；而对于计划 C 和 D，大多数人倾向选 D，表现为为回避损失而冒风险。可见，从收益和损失两种不同角度提出问题，可以导致不相同的结论。人们对损失更关注，以至于宁愿冒险去回避损失。

（2）参照依赖（Reference Dependence）

所谓 参照依赖是指，人们在判断事物时对资产的变化比对净资产更敏感，因此人们根据参照点来定义价值，而不是根据净资产本身。卡尼曼等给出了下面的例子来说明。

卡尼曼让 2 组不同的被试验者分别回答下列 2 组问题。

第一组：假设你现在已经有 1000 美元，除了你所拥有的之外，现在你可以在下面两项中选择一项。

A：必定获得 500 美元；

B：50% 的可能获得 1000 美元，50% 的可能将一无所得。

第二组：假设你现在已经有 2000 美元，除了你所拥有的之外，现在你可以在下面两项中选择一项。

A：必定获得 500 美元；

B：50% 的可能获得 1000 美元，50% 的可能将一无所得。

他们的研究结果表明，在第一组中 84% 的被试验者选 A，而第二组中 69% 的被试验者选 B。从被试验者可以获得的净收益来说，两个问题都是一样的。然而由于两个组被试的参照点不同，被试验者的选择也会不同。第一组的被试验者以已经拥有的 1000 美元为参照，选择比较保守；而第二组被试验者以 2000 美元为参照，倾向于选择冒险。可见，可以通过改变人们的参照点来改变其行为。

（3）捐赠效应（Endowment Effect）

所谓捐赠效应是指，对于获得自己财产之外的东西，人们倾向于给予更高的评价。例如许多商家都提供产品的"试用期"，顾客可以先免费试用该产品 90 天，试用期满后，如果顾客不满意则可以选择退回该产品。然而，到那时该产品已经像是家中财产的一部分了。捐赠效应使得人们不愿意归还而更愿意购买该产品。

从以上 3 个规律可以看出，人在做决策时，很多心理因素在其中起了重要作用。人们可以通过很多直觉和启发式决策来进行快捷而简单的决策，而不需要进行复杂的最优化决策。

（二）货主选择航空运输的理性决策过程

从理性的最优化决策模型来看，货主选择航空运输是一个产生需要、形成动机、了解信息、选择、建立服务和评价 6 个步骤组成的一个解决问题的过程。

第一步是产生需要。当货主在经营和工作中需要把货物从一个地点送达另一地点时，货主就有了选择运输方式的需求。

第二步是形成动机。货主为了满足这种运输的需求，他会对货物本身的特点和各种运输工具的特点进行详细分析。如果自己的货物相对比较贵重，而且需要在短时间内，准确、安全地送达目的地，货主就会在相对快捷安全的基础上选择运输工具，这时就可以把目标定位在航空运输上。

第三步是了解信息。在产生要进行航空货运的动机后，货主会广泛地了解信息，了解关于航空公司的信息，了解各航空公司的业务范围、价格高低、航班频率，以便选择最合适的承运人。这些既可以通过打电话问讯，也可以通过网络等了解信息，也可以了解本单位其他部门对各承运人的印象。

第四步是选择。经过多方面了解信息后，货主会根据自己的标准，根据自己货物的特点，根据航空公司的货运情况，选择自己认为最合适的承运人。

第五步是建立服务关系。做出选择后，货主就会与航空货运公司建立服务关系。这时，负责进行货运服务的服务人员的服务质量是决定这种服务关系是否建立和能否顺利发展的关键。

第六步是对服务的评价。实施完整个货运服务后，货主会不断地对航空货运公司的服务进行评价。如果航空货运公司满足了自己的需要，那么货主就倾向于满意；如果航空货运公司没有满足或没有很大程度地满足自己的需求，货主就会感到不满意。

以上 6 个步骤描述了货主理性地选择航空货运的决策过程。在很多时候，货主也许并没有这样理性，那么就会做出其他方式的决策。

（三）货主选择航空运输的非理性决策心理

航空货运所承载货物的一个特点是对时间要求特别高。这也就决定了，有时货主急于把货物发出去，所以时间有限。同时，现在货运公司很多，服务内容和质量也有千差万别，因此货主通常没有时间做出理性分析和判断，也不会费那么多努力搜集各航空货运公司的所有信息。所以，货主有时会做出很多非理性的判断和决策。

货主在选择航空货运公司时经常进行满意决策或隐含偏爱决策。比如，某货主最看重货运价格，所以他会根据价格选择几个他了解的航空货运公司，然后在这几个备选公司中找出价格最低、基本符合自己要求的航空货运公司。这时货主进行的是满意决策；有时，货主会根据自己以前与航空公司交往的经验，印象中已经有自己所偏好的航空货运公司。但此时，货主还会再选择其他两三家公司作为比较对象，根据比较标准给予评价，而评价的结果往往是论证了自己所偏好的航空公司。这时货主进行的就是隐含偏爱决策。

由于飞机这种交通运输工具价格很高，风险相对要高些；同时货主需要进行航空运输的货物也往往具有价值高、易破碎或易腐烂等特点。这些特点使货主在选择航空运输公司时，会受到启发式决策中的很多心理规律的影响。

回避损失规律的启发是，货主决策是否选择航空货运的时候，会非常看重如果货物到达不了目的地可能会带来的损失。所以民航货运服务人员在与之进行沟通时，需要更多地从收益的角度与之进行沟通。

参照依赖规律的启发是，货主在对货物运达目的地的价值进行判断时，并不是完全以目的地价格与本地价格之间的差距为依据，而是以这种价格差距与自己已有财富的比较来进行判断。同样道理，货主在判断航空货运价格高低的时候，也不是主要以货运价格的绝对值为依据，而是以货运价格与其他货运方式价格的比较为主要依据。这些判断都会影响货主是否选择航空货运。

捐赠效应的启发是，货主在判断是否选择航空货运时，航空公司推出的免费业务对货主来讲有很大影响。当然这需要航空货运公司先进行深入的市场调研，然后才能做出准确判断，从而采取适当的措施。

三、民航货主选择航空运输的决策风险和应对策略

决策就会有风险，货主选择航空货物运输时会存在一定的风险，这种风险因素来自于多个方面，有的来自于货主自身，有的来自于承运人。这种风险可以通过一些方法得到一定程度的解决，可以提供信息、确定相对固定的承运人和提高民航货运服务人员的服务策略，这些方法都可以降低这种决策风险。

（一）民航货主选择航空运输的决策风险

1. 承运人的风险

货主选择使用航空货运时，有可能因承运人的某些方面不能满足货主的需要，存在一定的风险。这种风险体现在两个方面：一是承运人功能方面的风险；二是心理社会方面的风险。所谓承运人功能方面的风险是指因航空公司的飞机或天气等客观原因使货主的货物无法准时、安全地到达目的地而带来的风险，例如因天气不好飞机没有按时到达，货物在中转时丢失或损坏；心理社会方面的风险是指航空货运公司的服务无法满足货主心理需要所带来的风险，如航空货物服务人员的服务态度差、手续烦琐等。

2. 货主自身的风险

货主自身的一些因素也会给自己选择航空货运带来风险，这主要是来自货主的完美要求和经验的缺乏。当货主选择航空货运时，由于航空货运的价格相对较高，使货主对航空货运的要求也很高。因此，货主对航空货物承运人的服务目标在自己心中没有定数，对自己所要求达到的服务目标水平也没有把握，从而产生一定的风险。同时，如果货主是第一次选择使用航空货运，那么也会因为从来没有这方面的经验而产生焦虑，感觉到有一定的风险。

（二）民航货主选择航空运输决策风险的应对策略

对于货主选择使用航空运输时所带来的决策风险，货主自己会选择一定的方法来减轻自己所感受到的风险程度。同时，如果航空货运的服务人员提高自己服务的针对性和灵活性，也会在一定程度上减轻货主的风险感受。

1. 货主获取信息和确定比较固定的承运人

从主体的角度讲，货主自身对于自己所感受到的风险会采取一定的办法来应对。这主要体现在两个方面：一是货主会通过各种途径搜集航空货运的各种信息，以对航空货运有更大把握；二是货主会选择比较固定的承运人，尽可能经常地与某一航空货运公司

进行货物运输,以便减少不确定性因素。

首先,货主会寻找与自己风险有关的各种信息,来减少自己的风险感受。货主直接接触到的是航空货运公司提供的大量有关航空货运服务的各种规章制度和措施,从中可以减少货主对航空货运的某些不确定性。在明确了航空货物运输公司将如何做、有什么样的承诺之后,货主还会广泛地向其周围的人了解关于航空货运方面的各种信息,包括印象、服务质量等。通过这样广泛的了解,货主就会对航空货运有自己的印象和评价,降低某些风险感受。

其次,货主会相对固定地选择某一承运人为自己提供货物运输服务。这主要是由以下3个方面所决定的:一是货主这样做可以减少因不断变换承运人所带来的偶然风险;二是航空货运服务的质量往往取决于货运服务各个环节和每位服务人员的服务,这样承运人对货物运输质量的控制会相对比较困难;三是航空货运会受到诸如天气等客观因素的影响。所以,货主会相对比较固定地选择某一航空货运公司,以便最大程度地降低风险。

2. 民航货运服务人员提高服务水平

除了货主自身会采取一些措施来降低自己的风险感觉外,航空货运服务人员也可以通过提高服务水平和服务的针对性来降低货主的风险感受。航空货运运输质量会受到航空服务的每个不同环节和每位服务人员的影响。所以,首先,提高航空货运各环节的配合程度可以减少很多风险。例如取货服务环节与地面服务环节之间的配合。其次,提高各环节服务人员的服务策略和服务质量。这包括服务人员的质量意识,服务人员的服务态度,服务人员的沟通技巧,服务人员的工作速度和工作效率等。航空货运服务人员的服务质量是决定货主是否选择航空货运,以及选择后风险感受的主要影响因素。当然,这对我国航空货运服务的服务人员提出了更高的要求。案例3-1展示了该公司货运服务的基本理念和服务水平提高的措施。

案例 3-1:

把客户当朋友,让货主成伙伴

专业操作提升服务质量

让专业的人干专业的事,是北京空港航空地面服务有限公司(BGS)适应货运业务快速增长、提升服务质量的有效举措。2006年,BGS货运部专门修订货运操作流程,并分别成立了货机组、特货组和出港组3个专业化操作队伍,实现人员合理配置及专业化管理。特别是2006年6月1日成立的货机组,使得货机操作更规范化、精细化。货机组的9名员工都是业务骨干,全面负责出港全货机货物的装配,实行24小时不间断作业,对货物出港实施保障,满足航班适航性的要求。为确保出港航班正点离港,在货物装配完毕后,货机组还要派一个特别小组到货机机下现场操作,随时解决操作中发生的紧急情况,同事们都称其为"抢险别动队"。全货机组成立至今没有发生一起因货物操作原因而导致的延误事故及运输差错。2006年6月13日,BGS代理的俄罗斯伏尔加航空公司全货机首航北京,当BGS货机组与站坪装卸队员工密切配合,仅用两个小时就完成了20吨进港货物、98吨出港货物的装卸工作时,该公司北京站站长感叹地说:"你们的服务又好又快,简直让我吃惊!"

优质服务从心开始

和多数服务业一样,由需求延伸出的不规则特征使服务质量的度量成为难题。BGS货运部副经理朱奎深有感触,他说:"'把旅客当作朋友,让客户成为伙伴。'这一直是BGS信守的服务理念,如何把理念融入到服务和管理的全过程,融入到员工的自觉行为中,是我们思考工作的出发点,是我们践行企业文化的落脚点。"BGS有一套规范、专业的货运操作流程,但也会根据客户的不同需求,在保证安全的前提下灵活、弹性地进行操作,为客户提供超值服务,实现服务增值。服务质量既可用客观指标,也可用主观指标测量。客观可测量的服务有航班延误率、货物差错率、第一票国际货物正点提单率等,这些服务标准多是用百分比表示,概念模糊。2006年度,BGS货运部制定了《货运服务质量目标分控标准》,设置部门总体服务质量管理目标,再将总体目标分解到各分部和具体岗位,用严格的数字来作为衡量标准:如货运国际仓库由于责任原因造成航班延误不超过1起,严重差错不超过1起等,使得服务质量目标控制标准简单又实用。但客观指标的测量,只能宏观地测量出服务是否达标,不能判断客户、货主对服务是否感到安全、放心、满意。BGS货运部通过意见卡、调查表等主观指标来了解客户对BGS服务的总体满意度,同时设立质量控制岗位,对各种渠道反馈的客户意见建立有效的追踪、落实和反馈机制。

优质服务同时体现在各项安全指标的落实上。因货物、邮件原始数据错误造成的飞机隐载事件0起,因集装器信息错误造成与实际业载不符的隐载事件0起,因责任原因发生货物、邮件错误拼装威胁飞行安全事件0起,因责任和管理原因发生货物丢失、失窃事件0起,一般货物失窃事件0起……2006年,英航、法航、联邦快递等多家航空公司从整体表现、操作管理、安全、服务、设施和多项服务指标对BGS的货运服务进行了检查。在历次检查中,货运部都得到了航空公司的好评。在2006年度的客户测评中,BGS货运业务测评分数位居榜首。

(来源:邱晶晶. 把客户当朋友,让货主成伙伴. 中国民航报,2007-3-13(3))

第三节　民航货运中的货物包装服务心理

一、货物包装的心理意义

一般来讲,人们主要是从物理和经济两个方面来看待货物包装,诸如物理上的容易运输、保护货物不会损坏、散落等;经济上的价格低、容量大、安全。除此之外,民航货运服务中的货物包装也具有重要的心理学意义。这主要体现在以下4个方面。

(一)识别

无论是颜色还是标签的不同,货物包装可以把不同类别的货物区分开来,这有利于货主和承运人在收送货物时减少辨认时间,有利于货物的装卸、仓储和中转,便于进行分类管理，提高服务效率。

（二）便利

货物经过包装后还会产生便利的功能，经过包装后的货物便于搬运、中转，便于在航空运输各个环节的交接、清点，为提高货运服务效率提供了很大的便利。

（三）增值

通过对货物的包装，一方面为货主提供了高质量的服务，而且科学的包装方法还可以降低货主的运输成本；另一方面，这也为承运人带来了一定的经济效益。所以对货主和承运人双方都带来价值的增值。

（四）引发联想和特殊心理效应

由于货主的性别、文化程度以及国籍等方面的不同，因此无论是货物包装的形状还是包装的颜色，都会引起货主不同的联想，也会引发不同的心理效应。如果货物的包装是简洁、明快的，会给货主以积极、快捷的联想，产生对承运人信任的感受，这对货主的决策是有一定影响的。例如，绿色给人以安宁、生机盎然的联想和感受；而红色代表喜庆和吉祥；黄色能使人精神振奋；粉红色会使人安静。

二、满足民航货主心理需要的包装策略

在航空货运服务过程中，需要根据货物的特点和货主的要求，既要做到满足货主需要，又要符合民航总局的相关规定。从航空货运的货主要求这个方面来看，通过货物包装主要满足货主以下4个方面的心理需要。

（一）求实的需要

这主要体现在货主在包装时重视以最小的空间承载最大的货物容量，以最合适的材料提供最可靠的货物保护。所以，这需要航空货运服务人员要灵活地根据货主的货物特点设计出几种策略，同时给出几种包装材料，以便满足不同货主的个性化要求。

（二）求便的需要

这主要体现在货主对货物包装要求送货、取货要方便，对于特殊货物也要方便观察和采取处理措施。所以，民航服务人员在设计包装时，一定要从货主的这个求便心理出发来设计和包装货物。

（三）求安全的需要

货主对航空货运的安全要求也是较高的，这需要民航服务人员在包装材料的选择上要选用物美价廉的结实材料，在货物的包扎上要规范牢固，以便符合货主的安全需要。

（三）求利的需要

这主要是指货主需要以最低的成本获得最大的利润。这要求在货物包装材料的选择、包装的程序等方面要以经济实用为原则，尽量满足货主求利的需要。

第四章 民航服务人员的心理

当前国内外航空公司之间的竞争主要是服务的竞争，国内各航空公司市场份额的争夺也主要靠服务。要提高民航服务的质量，惟有从提高民航服务人员的素质开始，因为民航服务人员的素质水平直接影响到民航服务的质量。心理品质是民航服务人员素质的主体，所以培养民航服务人员的心理品质是提高民航服务质量的关键。本章对民航服务人员的心理品质及其培养进行讨论，包括民航服务人员的态度、情绪和意志品质、个性特征、压力管理、与旅客或货主的沟通和人际交往。同时，为了更好地理解民航服务人员的行为，为培养民航服务人员的心理品质和行为习惯创造良好的"生态环境"，本章也对民航服务人员的群体心理和民航组织的企业文化进行讨论。

第一节 民航服务人员的态度及培养

一、民航服务人员的态度要求

（一）以人为本

民航服务的对象是人，是社会地位和经济地位相对比较高的一个群体。他们的自我尊重和自我实现这些高级需要更强烈。所以，在民航服务过程中他们对精神方面的需要更强。这要求民航服务过程要以人文关怀为服务宗旨，以人个性化需要的满足为基本原则，尽量挖掘和满足旅客或货主的各种需要。在民航服务过程中，以人为本包括两层含义：第一，一切服务工作都是为了满足旅客或货主的不同需求，以旅客或货主的满意为出发点；第二，一切服务工作必须依靠民航服务人员，依靠高素质的民航服务专业人员。所以，以人为本为的宗旨给民航服务人员的工作和自身提出了明确的要求。

（二）职业态度要求

从民航服务人员的职业要求来讲，其职业态度需要做到主动、热情、耐心和周到。

1. 主动

服务的主动性是指，民航服务人员在民航服务过程中的主观能动性，也就是以主人翁的态度主动把工作做在旅客提出之前，全心全意地为旅客服务。这要求民航服务人员做到以下5点。

（1）计划好。上班前要做计划，把一天的工作进行安排，按照事情的轻重缓急和时间顺序妥善安排。

(2) 沉着应对。在整个服务过程中要做到头脑冷静，沉着应对，做到"眼勤、手勤、腿勤"，善于观察，及时发现和满足旅客的个性化需求。

(3) 主人翁精神。在服务过程中，始终以主人翁精神主动从旅客角度发现旅客的问题和困难，主动承担分外的事情，尽量给旅客以及时的帮助。

(4) 持续改进。虚心听取旅客意见，密切观察旅客反应，能不断发现工作问题，分析问题原因，及时改进工作，提高服务质量。

(5) 及时反思总结。服务人员要养成及时反思总结的习惯，经常主动把工作进行阶段性总结，总结经验和教训，不断完善服务素质，提高服务质量。

2. 热情

民航服务人员的热情是指，服务人员要以诚恳和蔼的态度、亲切体贴的语言、乐于奉献的精神、像对待亲人一样对待民航服务工作和民航旅客。要做到热情服务，需要做到以下4点。

(1) 注意外观形象。民航服务人员要做到仪容整洁、端庄、大方，态度诚恳和蔼。

(2) 礼貌热情待客。尊重旅客的需要和感受，以良好的精神面貌通过礼貌的语言与旅客交流。无论是生客还是熟人，一律一视同仁。不以貌取人，对老弱病残旅客，尽可能关注照顾，对个别傲慢旅客给予体谅，不要"以牙还牙"。

(3) 正确使用身体语言。身体语言在沟通过程中可以传播大量信息，它比语言所携带的信息还要多。服务人员与旅客属于陌生人，在他们之间的交往中，正确的使用身体语言尤为重要。这主要体现在点头和鞠躬2个方面。

点头是表达赞成、同意的动作，它代表了"是"的意义。这是一种世界通用的身体语言，一个点头表示赞同旅客，给旅客以自信。当然在服务过中也不能无时无处一直用点头来交流，点头太多也给人不好的感觉。

鞠躬是表示致意的动作。一般来讲，它主要是人把身体压低倾向于对象，代表"我是友善的"。一般来看，民航服务过程中的鞠躬也不要弯腰过大。

(4) 准确使用语言。语言是民航服务人员与旅客交流的直接载体，它是一个服务人员职业化程度的标志之一。这需要服务人员在服务过程中做到以下2点。

一是要准确地使用礼貌性语言。它是服务人员通过言语表达对旅客、货主的谦虚和恭敬。如在表示尊敬时用"您"；要求旅客合作时用"请……"、"谢谢您的合作"；分别时用"欢迎再次乘坐本次航班"。

二是要在民航服务过程中尽可能使用旅客、货主熟悉的本民族语言。这不但可以与旅客、货主进行有效沟通，还能唤醒旅客、货主的认同感和亲切感。

3. 耐心

有句俗话说，"心急吃不了热豆腐"，这说明耐心是成功的关键因素之一。民航服务人员的耐心指的是，在工作中不急不躁、不厌烦、容忍度高的工作态度。这要求服务人员在民航服务过程中要善于调节自己的情绪、通过理智控制自己的行为，不意气用事，不说粗暴无礼的话，不做出无理举动。这要求民航服务人员在工作中要做到以下3点。

（1）沉着冷静。这要求民航服务人员无论在什么情况下都养成一种沉着冷静的行为习惯。同时，民航服务过程中由于时间、安全等原因，经常在工作中遇到需要紧急处理的问题，这时非常需要服务人员能够保持冷静。在服务工作繁忙的时候也要沉着，避免急躁情绪的出现，以便更有效地解决问题。

（2）虚怀若谷。这既要求服务人员不要满不在乎，也不能因不耐烦而愤怒，尤其不能冷淡那些比较挑剔的旅客，要做到泰然处之，有针对性地应对不同特点的旅客。

（3）勇于担责。在民航服务过程中，当服务人员与旅客产生这样或那样的争论，甚至是误会时，首先要勇于承担自己的责任，同时虚心听取对方的意见，妥善处理问题。当遇到粗暴或违反制度的旅客时，就依章办事，但要以礼相待。

案例4-1中呈现了民航服务人员主动、热情和耐心的服务，这样的服务足以拨动所有人的心弦，这样的服务态度是一名民航服务人员的职业责任和应有的精神面貌。

案例4-1：

心弦在这一刻被拨动

2007年3月6日，国航从加拿大温哥华返回北京的CA992航班上，一位父亲抱着一岁多发高烧的女儿不知所措，乘务长姬红发现后详细询问了情况，她估计可能是孩子在蒙特利尔到温哥华转机时着凉了。看到孩子通红的小脸蛋，姬红给孩子量了一下体温，等拿出体温计一看，姬红吓了一跳，40度零3。

"给孩子吃药了没有？"姬红问。

"吃了一个多小时了。"父亲说。

看到这种情形，姬红哄着孩子把她接了过来，让其他乘务员用小毛巾包住冰块敷在孩子头上。

过了一个小时，再一量体温，还是在40度。此时距第一次吃药已经过去4个小时了，姬红又哄着孩子吃了第二次。

姬红向客舱广播寻找医生，广播到第3遍后一位老人说自己当过儿科医生，在这位老人的指导下，姬红让乘务员到头等舱拿来高度的伏特加酒，她用小毛巾蘸着酒开始给孩子擦手心和脚心，希望用这种物理降温方法退烧。擦一阵，停一阵……一个小时后，量了一下体温，39°。姬红略微感放心了一些，降温还是有效果的。

姬红看着孩子软绵绵躺在父亲怀里，她便接过来和老人一起给孩子轻轻开始揉小手、脚和肩。

慢慢地，孩子的头立起来了。看到孩子有了些精神，姬红催促孩子父亲赶紧去吃口饭，孩子在姬红的照料下，渐渐在她怀中睡着了。

姬红对孩子的父亲说，孩子这么发烧，到北京后千万不能再转机了，随后她把北京儿童医院和儿科研究所的地址告诉了孩子父亲。

飞机在北京降落前，姬红建议机组通知北京的边防检疫部门，让他们提供帮助。飞机落地后，医生直接来到客舱对孩子进行了仔细诊断，确认是着凉引起的发烧，随即用

120急救车将孩子送到儿童医院。

20时余,姬红拨通了孩子父亲的电话。孩子父亲说,医生看完后认为没太大问题,姬红悬着的一颗心落地了。

"你要想着给孩子量体温。"姬红叮嘱。

"我没带体温计。"孩子父亲回答。

"到宾馆房间后,给我打个电话,我把体温计给你送过去。"

接到电话后,姬红想想孩子一直没吃东西,便买了蛋糕、西瓜,顺便也给孩子的父亲买了饭,急匆匆赶到宾馆。孩子也饿了,三口两口就把蛋糕吃了一大半,接着又吃西瓜,一口还没咽下去,就张着嘴等第二口。看着孩子吃完东西,姬红回到家已经是22时多了。

孩子的父亲第二天回到深圳后给姬红发来了短信:"我们到了,孩子的烧也退了,你放心吧!"

当孩子家长反过来安慰姬红的时候,他已经把乘务员当成了自家的亲人。

(来源:刘建峰,张红缨.让真情在个性服务中释放.中国民航报,2007-6-18(2))

4. 周到

民航服务人员的周到指的是他们在民航服务工作中完全、彻底地去做工作,把工作做到细致入微、面面俱到的态度。这需要民航服务人员做到以下3个方面。

(1) 时时处处为顾客着想。在服务过程中,民航服务人员要在以人为本和顾客至上的理念指导下,及时关注旅客的需要,处处为顾客着想,对顾客提出的问题,及时做出解释或服务,满足旅客的需要。

(2) 按规定做好全面的服务。民航服务的各种规章制度全面涵盖了服务的各个方面,只要服务人员对规章制度完全了然于心,然后按规定去做,就可以做得比较周到。当然这些规定和制度并不是死板的,有时为了满足旅客的需求,可以在规定允许的范围内,为旅客提供全面的服务。

(3) 把事情做在前面。民航服务人员可以根据旅客群体或个人的特点,提前把相关工作做好,还未等旅客提出要求,民航服务人员的服务已经做好,这会给旅客以意想不到的感觉。同样,当一个服务环节结束时,民航服务人员需要把这个环节的工作进行简单的总结,以免造成工作的疏漏。案例4-2表明,民航服务人员这么周到的服务足以让所有旅客为之感动。

案例4-2:

外国市长的美妙梦乡

2006年10月8日,国航CA984洛杉矶飞往北京的航班落地后,洛杉矶市市长维拉莱格沙对乘务组说:"你们的服务使我的长途旅行变成了一次愉快而美妙的梦乡。"

从北京出发前,国航客舱部接到通知,美国洛杉矶市市长维拉莱格沙一行26人将乘国航飞机到北京和广州进行访问。为了做好这次服务,客舱部特意安排了两名通过专业英语8级考试的乘务员到乘务组来。她们上网查阅了市长的个人资料、此行目的、性格爱好和饮食习惯，还从网上下载了介绍北京风景名胜的英文介绍。

从洛杉矶起飞后，乘务组发现维拉莱格沙市长喜欢在绿茶中加上少许糖。于是，他们每次给维拉莱格沙市长端上一杯绿茶时，都不忘在旁边放上一小包砂糖。这个细微的服务让维拉格莱沙市长很感动："只有你们和我夫人知道我这个习惯。"维拉莱格沙市长幽默地说。当维拉莱格沙市长到波音747的上层公务舱与同行的人交谈时，头等舱马上通知了公务舱维拉莱格沙市长的这个喝茶习惯。当公务舱的乘务员端上了带糖的绿茶时，维拉莱格沙市长多少感到有些惊讶。在国航乘务员细心的服务下，维拉莱格沙市长心情放松，途中睡了6个多小时，一觉醒来还以为是在家中呢。

快到北京时，维拉莱格沙市长高兴地说："一路上我喝了十几杯加糖的绿茶，你们总是在最恰当的时候端上来，谢谢你们这种细心的服务。"临下飞机前，他和乘务员合影留念，纪念这次愉快的旅行。

当一小包砂糖在绿茶中慢慢融化时，相信国航人的浓浓情意也浸润着这位外国市长的心田。

（来源：刘建峰，张红缨．让真情在个性服务中释放．中国民航报，2007-6-18 (2)）

二、民航服务人员良好服务态度的培养

民航服务人员良好服务态度的形成并不是一朝一日的事情，它需要经过容忍、认同和同化3个阶段，经过复杂的、长时间的行为强化过程才能形成。要培养民航服务人员良好的服务态度，可以通过以下3种方法来培养，使服务人员的优质服务态度达到内化的水平。

（一）职业培训

职业培训是培养民航服务人员良好服务态度的重要途径。无论是职业教育，还是岗前培训、在职培训，都是民航服务人员养成良好服务态度的主要方式。通过职业教育，民航服务人员接受系统的知识和思维方式的训练，逐渐深刻地把握民航服务的各个方面，从内心逐渐培养对民航服务的角色认同。通过岗前培训，让民航服务人员对民航公司的企业文化、企业理念和服务准则有进一步的把握和了解，进一步强化和丰富已经培养的职业态度。当民航服务人员走上工作岗位之后，也可以边干边学，边学边提高，在工作中不断修正、完善和进一步同化已经养成的职业态度，并随着条件和情景的变化逐渐使自己的职业态度内化为习惯化的行为。在服务人员的职业培训过程中，需要不断诊断服务人员的服务态度已经达到什么水平了，如果其基本职业态度都仅仅停留在容忍水平的话，证明职业培训工作还需要进一步加强，直到内化水平才能够真正根本改变人的服务态度，培养真正优良的服务态度。

（二）规章制度

一般来讲，民航服务人员服务态度的养成一开始都需要以严格的规章制度为行为标准。当服务人员经过一定的职业教育和培训走上工作岗位后，很多工作态度都处于容忍水平和阶段，即使有的能够达到同化甚至是内化阶段。当民航服务人员的服务态度处于这个初级阶段时，其服务态度的动力来自外部，其特点是不稳定，很容易因疲劳或思想不坚定而改变。所以，这时非常需要通过严格的民航服务的规章制度来约束服务人员，规范他们的服务行为，保障良好的服务态度。严格遵循规章制度，在外部压力的作用下逐渐强化民航服务人员的外部行为，逐步使这种态度内化为一名服务人员的行为习惯。

（三）自我监督

服务态度作为民航服务的核心，不能依靠外部的规章制度或他人的监督来实现，这样一方面存在服务态度和服务质量下降的危险，另一方面，这也会增加服务管理的成本。无论是职业培训还是规章制度，最终都需要达到让民航服务人员自我监督、自我约束的程度，使良好的服务态度成为他们的内在行为习惯，达到内化阶段。当然，随着民航业的发展和服务内容越来越丰富，服务质量的要求越来越高，民航服务人员服务态度也需要不断的完善和升华，这时就更需要靠他们的自我提高和自我发展。这就要求民航服务人员逐渐养成一种自我学习、善于学习的心态，养成自我总结和提高的工作习惯。不断主动地发现工作中的问题，并主动地诊断和解决问题，这样，才能成为一名真正的服务态度一流的民航服务人员。

第二节　民航服务人员的情绪和意志品质培养

一、民航服务人员的情绪品质培养

（一）保持良好的心境

心境具有很强的扩散性，民航服务人员只有保持良好的心境，才可以谈得上良好的工作态度和工作面貌。反之，不好的心境将会使旅客或民航服务中的问题成了发泄的对象，从而影响整个服务态度和服务行为，影响服务质量。

引起心境的原因很多，首先，个人工作中的重大事件、与民航企业周围人的人际关系、工作的顺利与否都可以引起某种心境。其次，民航服务人员的生活和家庭中的事件也是引起他们心境变化的重要因素。对于民航服务这个特殊的行业来讲，家人对民航安全性、工作特点等方面的看法也许会与民航服务人员自己的看法有些不一样的地方，而这种差异就能改变民航服务人员对工作本身的看法，从而影响到他们的心境。再次，民航服务人员的身体健康状况也会引起不同的心境，尤其是空中乘务员，他们的身体状况对于他们心境有很大的影响。

因此，民航服务人员要保持良好的心境，首先要解决影响心境的根本问题。当客观事物不能满足民航服务人员的需要时，他们就会产生不良的情绪。但人不能就此陷于顾影自怜、自怨自艾的情结中去，而应着眼于解决所面临的根本问题。从根本上铲除苦恼之源，这是保持良好心境的根本方法。其次是改变认知角度。因为人对人和事的认知评价真正决定着人的情绪，所以有意识地从多角度观察问题，采用"一分为二"的观点，努力从现实事物中分析、寻找合理的、积极的因素，是摆脱不良心境的有效方法。再次，换个环境。当民航服务人员心情不佳时，暂时换一个环境不失为一个好办法。可以出去走一走。街市上，电影院，亲友家，都是好去处。另外，还可以改变一下沉闷的环境和服装的色彩，听听音乐，这些手段也不妨试试。最后，锻炼身体，保持旺盛的精力也是保持良好心境的重要条件。因为很多时候，身体不适会直接引起人心情不好。

（二）调节好个人情绪

民航服务人员在服务过程中保持良好的情绪反应是服务质量的一个重要标志，因为服务人员的情绪直接会影响旅客的情绪。所以，作为外界要求很高、工作也很有特色的民航服务人员，在日常的工作中也要学会调节好个人的情绪，以便以良好的情绪反应给旅客带来愉快的旅程感觉。下面是一些情绪的调节方法。

1. 正视。无论是遇到蛮不讲理的民航旅客，还是遇到不配合的同事，还是家人不理解，要正确地对待这些生活和工作中出现的矛盾，不要悲伤，也不要性急，要冷静克制，千万不可"火上浇油"，而应该"釜底抽薪"。切记"忍得一时气，免得百回忧"，而且内心里永远憧憬着未来。

2. 工作。心理学的研究表明，工作最容易使人开心，这是因为虽然民航服务工作做熟练后，都成了程序性的工作，显得有点枯燥，但工作的性质却使人想要参与一种具有挑战性并带有技能技巧的活动，于是它便能给人带来无穷的乐趣。要想从根本上消除烦闷的情绪，就必须从自己的民航服务的工作岗位着手，在工作、学习与生活中倾注自己的热情、精力、责任与智慧，使之变成一种对自己充满挑战性与刺激性的活动。

3. 转移。以转移注意力的办法暂时忘记民航服务工作中的各种烦恼。可以做些感兴趣的事情，让新的兴奋来冲淡或抵消原创口的伤痛，松弛精神紧张的程度。

4. 研习。消极的心情通常都是由苛刻和不切实际的思维方式引起的。认真读书，练习绘画和书法，以及钻研某种技艺，不仅培养雅兴，发展志趣，加强思考，更是情绪好转的契机。

5. 倾诉。受到刺激后，心中有怨气、委屈和苦恼，可找自己的亲朋好友去诉说，去发泄。将心中的感受告知他们，听取他们的意见，以寻求安慰与忠告以及劝解与帮助，免得积郁成疾。因为，亲情和友谊会使人的心灵感到充实。

6. 日记。养成习惯定期记下有意义有趣味的事情，即培养自己对工作和生活的热情。那些积极的感受会把一些当初认为无意义的事情变得有意义。每一个日子都是一个充满希望的开始。

7. 运动。心理专家认为，耗氧运动在改变不良情绪、振奋精神上比服用任何药物的效果更好，关键在于耗氧运动，诸如跑步、自行车、疾走、游泳或其他反复持续的活动，都能加速心搏，促进血液循环，并改变身体对氧的利用。体育锻炼一旦运动起来，还容易产生对生活的热情。

8. 形象。好的形象总能给人以愉快的感觉。当心情不好时，改变自己的梳妆，改变自己的衣服风格能让人激动，增强自信心。这样可以在一定程度上调节自己的情绪。

9. 自嘲。当处于尴尬、难堪的困境时，用不自主的发笑或故意开玩笑，或说俏皮话当作自我解嘲，以幽默减轻精神上的压力。

10. 克制。遇到挫折后，尽量不去考虑并努力控制自己的情绪反应。每当刺激因素涌上心头时，便主动加以抑制，始终保持内心的平静。

11. 睡眠。适当的睡眠可消除疲劳，也可稳定情绪，冷静思维。一个人的愤怒、烦躁，可通过睡眠得到缓解。在争论不休时，不妨劝告当事人暂时休息，以脱离引起精神张惶的环境，使之渐渐平息。因为在入睡后，大脑处于休息调整状态，情绪也就得以彻底解脱，一觉醒来，清醒的头脑又有助于重新思考所面临的问题。

12. 幻想。通过幻想，使自己成为幻想中的强者，一切挫折都迎刃而解。或通过回忆以往成功的经历，来支撑自己，维护自信心。

13. 调节。人的思维一旦被卷进激情的漩涡，认识能力受到抑制，往往忽略考虑自己行为的前因后果，而凭冲动办事，便会产生"失去理智"的倾向，以至做出不顾一切的举动。调节的要领就是，在明白了上述道理后，每当出现激烈的情绪反应时，就应该及时提醒自己：现在易犯错误，当心！然后强迫自己运用理智对当时的情景、对自己准备采取行动的后果进行分析，用理智的力量战胜非理性的情绪。

14. 合理宣泄。人的情绪处于压抑状态时应给予合理的宣泄，才能调节机体的平衡，缓解不良情绪的困扰，恢复正常的情绪情感状态。如遇到挫折和不顺心的事情或者在心情苦闷时，参加体育活动，如篮球、游泳、慢跑，甚至是大哭一场，都能使郁积的心理能量得以释放，或者去心理咨询机构倾诉等都是宣泄情绪的方法。

总之，情绪的调节没有什么定法，但需要民航服务人员在工作和生活中主动地把握自己的情绪，及时对自己进行调节，从而保持良好的情绪状态。

（三）微笑服务

笑是人情绪高兴的外在表现，它是人类的本能，也是人类的精神财富。在人际关系中，它如同阳光和空气一样，可以使人感到温暖。在民航服务这种质量要求相对较高的服务过程中，微笑是一个服务人员的首要职责，也是一个最基本的素质。因为在民航服务过程中，微笑可以让旅客感到宾客如归，可以拉近服务人员旅客、货主的心理距离，可以消除旅客的恐惧感和陌生感，可以减轻疲倦，可以消融一切误会，可以使双方心情愉悦。所以说，微笑能够体现一个航空公司、一个服务人员的服务水平。

具体来讲，服务人员要做到微笑服务，可以从以下6个方面去做。

1. 自己从心底由衷的微笑，这时自己也会感到身心放松；把这种微笑时时处处渗透到自己的工作中去；

2. 轻松面对自己，发挥个人的微笑潜能；

3. 培养宽容胸怀，冲破封闭思想，宽容一切人、事、物；

4. 营造和谐人文环境，得到他人的信任与支持；

5. 积极地看待旅客，旅客同自己一样也需要快乐和轻松；

6. 要与旅客有感情上的沟通；微笑服务，并不仅仅是一种表情的表示，更重要的是与顾客感情上的沟通。当你向顾客微笑时，要表达的意思是："见到你我很高兴，愿意为您服务。"微笑体现了这种良好的心境。

二、民航服务人员的意志品质培养

意志是意识的能动作用，它是人为了实现一定的目的，自觉组织自己的行为，并与克服困难相联系的心理过程。意志过程包括采取决定和执行决定2个阶段，前一个阶段是开始阶段，它决定了行动的方向，是意志行动的动因；后者是意志行动的完成阶段，它把人的期望、计划付诸实践，达到某种目的。所谓意志品质就是人在意志活动中体现出来的稳定特点。对于民航服务人员来讲，他们的意志活动过程就是，为了实现服务旅客或货主的目的，通过解决各种问题甚至是克服各种困难，自觉地为民航旅客服务的过程。在这个过程中，体现出民航服务人员各种不同的意志品质，而民航服务人员在这些意志品质上有着很大的差别。民航服务人员需要具备较强的自觉性、果断性、自制力、坚韧性的意志品质。

（一）自觉性

自觉性是指，自觉调节和支配自己的行为，并自觉地不断总结自己行为的长处和不足，努力实现行为目的。对于民航服务人员来讲，这体现在2个方面。一是民航服务人员在服务过程中要通过自己意志的控制，始终不渝地为提高自己的业务能力、服务态度而奋斗，而不用别人的督促和监督。二是民航服务人员要在工作中自觉地虚心听取旅客的意见，学习别人的长处，改进自己不足，克服各种困难，主动提高自己的服务质量。

（二）果断性

果断性是指迅速明辨是非，及时坚决地采取行动和执行决定的意志品质。对于一名果断的民航服务人员来讲，主要表现为，在处理解决民航服务工作中出现各种问题、矛盾时，能够反应敏捷、迅速判断、勇于负责，比较稳妥地处理问题。而且果断性强的服务人员，他们对问题形势的判断、解决问题的方法、采取行动后可能出现的后果等问题，能够全面考虑、权衡利弊，并当机立断，不失时机地妥善解决各种问题，并毫不动摇，毫不退缩。

与果断性相反的意志品质是优柔寡断。优柔寡断表现为民航服务人员在碰到问题时无休止的动机冲突。在采取决定时迟疑不决，三心二意。到了危急关头，只好不加思索，仓促决定。而做出决定后又反悔，甚至开始行动后，还怀疑自己决定的正确性。民航服务人员应该在工作中避免这种不良的意志品质。

（三）自制力

自制力是指人对自己行为、情感等的控制能力。一名具有较强自制力的民航服务人员善于控制自己的情绪和情感，无论碰到什么样的特点的人，碰到什么困难的事情，都能镇定自若，把握分寸，克服各种困难，为旅客提供个性化的服务，把问题解决。反之，一位自制力弱的民航服务人员，在工作中往往意气用事，不管事情后果如何，做事情图一时痛快，而且知过不改。

（四）坚定性

坚定性是指长时间地相信自己决定的合理性、并坚持不懈地克服困难、为执行决定而努力的意志品质。具有坚定性的民航服务人员，常常可以坚持学习，逐步掌握各种业务，不断提高自己的服务水平，成为优秀的服务人员。而且具有坚定性意志品质的服务人员无论碰到什么样的旅客，什么样的困难，他都能够排除外部干扰，想尽所有办法排除困难，为旅客着想，提供高质量的服务。而坚定性不够的服务人员，往往不能够在复杂和困难的环境中做出好的成绩，提供好的服务。所以，民航服务人员应该在平时的学习、工作过程中，明确自己的目标，排除各种外在干扰，培养坚定的意志品质，坚定不移地朝向自己的目标前进。

与坚定性相反的意志品质是动摇性和刚愎。动摇性是指在遇到困难时怀疑自己预定的目的，不加分析地放弃对预定目的的追求。这种特点的民航服务人员往往不善于迫使自己达到自己的目标，偶遇挫折就望而却步，做事虎头蛇尾。刚愎是指人对自己的行为不做理智评价，总是独行其是。这种特点的民航服务人员，不能客观地认识形势，即使事实证明其行为是错误的，他也一成不变，自以为是。民航服务人员应该在工作中避免这2种不良意志品质。

总之，民航服务人员的意志品质是在不断克服外界困难和自身弱点中逐渐养成的，这四种意志品质是相互联系的，缺少某一方面都会给民航服务人员的意志带来不足，影响民航服务工作的质量。在案例4-3中，民航服务人员体现了果断、坚定和自觉的意志品质，这些意志品质对本次紧急情况的处理起到了重要作用，是一名优秀的民航服务人员应该具备的意志品质。

案例4-3：

你的安全，我的责任——南航CZ322航班应对晴空湍流侧记

7月6日，南航CZ322悉尼飞往广州的航班，在途经印尼空域时突然遭受晴空湍流。猝不及防的颠簸，导致多名旅客受伤，但经过机组和乘务组的努力，飞机按预定时间安全降落在广州白云国际机场。

晴空遇急流

当日北京时间3时30分，编号为6059的A330飞机正平稳地飞行在印度尼西亚的上空。云层轻薄，晴空万里。突然，左侧突起的云状进入机长余程辉和资深副驾驶胡建中的视线，此时飞机也发生了轻度的颠簸。余程辉立刻警觉起来，马上采取措施，使用雷达加强对云体识别。雷达显示的结果是：有少量的雨量存在。机组按照南航飞行手册的规定程序，随即打亮了系好安全带警示灯，同时，为了保证飞行的安全和避免持续颠簸，机组申请要从航线右侧进行绕飞。在机长的操纵下，飞机开始执行绕飞程序，一切都保持平衡正常。渐渐地，飞机即将脱离絮状云，突然，在没有任何先兆的情况下，甚至机载雷达也没有任何警示，飞机陡然下降了十几米，并开始严重摇摆。"晴空湍流"，余程辉一声惊叫，马上采取应急预案，启动警报。但此时，飞机进入10秒多钟的强烈颠簸中，多名没系安全带的旅客被抛离座位，头部撞到机顶，甚至有人被抛起撞到行李架的底部。客舱内惊恐万状，一片狼藉……

飞机脱离险区

在余程辉和胡建中的全力控制下，飞机终于冲出湍流，脱离险区，恢复了平静。余程辉和胡建中立即对照检查单，协同仔细检查飞机的状态和各系统的工作情况，确认飞机各系统的工作正常后,悬着的心才稍微平息。余程辉马上打电话给主任乘务长肖建华,询问了解客舱的情况,被告知有4名旅客轻伤,20名旅客有轻微的不适。而且当时正在巡视客舱的两名乘务员也受了重伤,并且客舱设备有损坏。余程辉马上对客舱进行了广播,并对机组进行了重新分工,由机长王建军和见习机长胡建中驾驶,余程辉和许可到客舱中查看旅客的伤势,并对旅客进行安抚解释工作。

余程辉知道,此时此刻,机长的镇定和冷静将给旅客带来极大的心理稳定作用。在巡视客舱的过程中,余程辉尽量做到语速平缓有力,并力争和受伤旅客逐一握手,在得知后舱的旅客受伤较多,便和副驾驶许可一起对后舱的旅客进行了逐一的询问,同受伤严重的旅客进行了仔细的交流,询问伤势及能否继续飞往广州。余程辉明确告诉每一位旅客:南方航空是"以人为本"的,任何一位旅客如果感到身体不适不能继续飞行,机组会直接将飞机降落到最近的机场为其进行救治。

继续前行

客舱乘务员通过广播及时找到了一名医生,机组请医生为每一位受伤的旅客进行细致的检查,并请求医生用专业知识判断受伤的旅客能否继续飞行。在得到医生确认每一位旅客都可以继续飞行,无需紧急中途降落并出具证明后,机组人员返回了驾驶舱用卫星电话向运行管理与控制中心(SOC)和北京飞行部领导汇报了具体的情况。

得知SOC已经通知医疗救护等相关单位做好了充分的准备,机长又回到客舱,向全体旅客及时传达了公司领导的指示和问候:南航领导十分重视此事,并要求我代表公司向全体乘客表示感谢和慰问!南航在广州白云机场已经做好了充分准备,我们将继续前行,直至平稳抵达,请大家放心!

飞机恢复平稳后,乘务员就一直忙碌着。她们穿梭于客舱之中,与机组一同安抚伤员,为乘客们送上温水、小毛巾,帮助他们处理伤口,为旅客进行简单的治疗。她们一刻不停地拾起飞落在地上的杯子、杂物,为乘客再现良好的客舱环境,平复大家的惊恐情绪,密切关注受伤旅客的情况,不断地提醒大家系好安全带,询问旅客的感受,以温馨体贴的服务减轻旅客的痛苦。

陈娜、郑颖两位乘务员伤势严重,却不让同事们照顾:"不用管我们,去照顾旅客吧!"

安全抵达

两个半小时后,17时53分,飞机安全地降落在广州白云国际机场。在平稳降落的那一瞬间,机舱内响起了热烈的掌声。

(来源:张文尧,韩伟. 中国民航报,2007-7-13(2))

第三节　民航服务人员的个性特征培养

一、民航服务人员的气质培养

气质对民航服务人员的服务态度和行为有着重要影响。由于气质是神经系统生理特点的表现，具有遗传性，虽然很多时候民航服务人员不是根据自己的气质特点选择的民航服务这个职业，但在民航服务工作中民航服务人员应该发挥自己的主观能动性，扬长避短，提高服务质量。因为个性特征中的性格与气质的关系显示，虽然气质一般是很难改变的，但人的性格是完全可以掩盖某些气质特点的。从气质特点来看，民航服务工作对民航服务人员有以下5个方面的要求。

（一）外倾性不能太低

外倾性是指人的心理活动、言语和动作反应表现于外的程度的特性，它是人的高级神经活动兴奋过程强的表现。由于民航服务工作多数岗位面对的是人，要真正做好对人的服务工作，很多情况下是需要服务人员在语言上要快一点，在行为反应上要外向一些。所以，这要求民航服务人员适当的调整自己不要过于内向，做好与旅客或货主的交流和沟通工作。当然，外倾性低这个气质特点，完全可以由人通过在工作实践中慢慢培养的外向的性格特点所掩盖。

（二）感受性不能太高

感受性是指人对外界刺激的最小强度产生心理反应的能力，它是神经系统强度的表现。在民航服务过程中，民航服务人员会遇到形形色色的旅客，会碰到各种各样的问题，如果服务人员的感受性太高，势必会使服务人员精力分散，影响工作的正常进行；当然，如果感受性过低，那么服务人员也会怠慢顾客，使顾客不满。所以，民航服务人员需要适当的在工作中调节自己的感受性，这样才能既保障工作的顺利进行，又不会冷落旅客。

（三）耐受性不能太低

耐受性是指人在时间和强度上经受外界刺激的能力，它是人神经系统强度特征的反映。在民航服务工作中，服务人员会碰到各种各样的问题。既有航班的延误，也有百般挑剔的旅客，甚至还有飞机在空中遇到的紧急情况。这一切问题要很好地解决，都要求服务人员具有较高的耐受性，才能保持镇定，把问题处理好。如果耐受性太低，服务人员自己会先慌乱或不冷静，不利于问题的妥善解决。

（四）敏捷性不能太低

敏捷性是指人的心理反应的速度和动作的敏捷程度，它是人的神经系统的灵活性的表现。如果民航服务人员的敏捷性太低，就会造成他们对旅客的反应速度比较慢，工作效率相对较低；同时对出现问题的处理速度也会较慢。无论怎样，在时间观念要求很高的民航服务中，这样势必就会引起旅客的不满，影响服务质量。

（五）情绪兴奋性不能太低

情绪兴奋性是指人以不同的速度对微弱刺激产生情绪反应的特性，它既反映了神经系统的强度，也反映了神经系统的灵活性。民航服务工作更多是与人进行交流和沟通，会碰到大大小小的问题需要解决。如果服务人员的情绪兴奋性太低，造成他/她进入工作状态较慢，容易使旅客提出的很多小的服务需求不能被理解和发现，不能及时很好地满足旅客需求。同时也会使民航服务人员对很多小的问题无法很快地反应，也无法很灵活地解决，使问题没有妥善处理。这都会影响服务人员的服务质量。

二、民航服务人员的性格培养

性格是个体特点与外界环境长期相互作用而逐渐形成的,它是个体生活经历的反映。虽然性格的改变也不是容易的事情,但它并不像气质特点那样具有遗传的特点,性格可以比较容易地改变。在民航服务过程中,民航服务人员一定要认清自己的气质特点和性格特点,一方面发挥气质特点的长处,另一方面也可以通过培养良好的性格特点来掩盖自己气质中不利于民航服务工作的特点。

民航服务工作要求服务人员要具备谅解、支持、诚实、谦虚、热情、友谊、团结等性格特点。只有具备这样一些性格特点,民航服务人员才能在服务工作中与旅客建立良好的人际关系,提高服务质量。性格的培养主要是在气质特点的基础上,在社会实践中逐渐形成和稳定的。对于民航服务人员来讲,他们主要在民航服务工作中养成和展现自己的性格。民航服务人员要逐步完善自己的性格,可以从以下3个方面进行努力。

(一) 民航服务人员在服务工作中深刻体验自我,准确评价自我性格

复杂的社会现象反映在人的头脑里,经过人的思维加工和实践验证,形成了个人对生活和工作的自我体验,由此产生出个人较稳定的自我心理倾向。这种自我体验强烈地支配着个人对生活和工作的认识态度,对塑造个人良好的性格特征产生重要影响。因而,作为一民航服务人员,首先要做到自知,而后才可能做到自尊、自信、自强、自立。因为一个人只有自我意识改变了,他的性格和行为才有可能改变,否则即使改变了也是短时改变或假的改变。民航服务人员应了解自己,认识自己是一个什么性格的人,与民航服务工作相比,自己的性格具有哪些长处,哪些短处。在此基础上,对自己做出客观的评价和符合实际的自我设计,从而在民航服务工作中扬长避短。

民航服务人员要了解自我,可从以下3方面着手。一是认识自己性格中的主要特征和次要特征,尽量用准确、清晰、有条理的语言表达出来,比如是活泼的还是安静的,是勤奋的还是懒惰的。二是通过人格测查(例如卡特尔的16PF人格测验量表)对自己的人格因素作一个初步的了解。三是通过他人(同事或旅客)评价,将自我评价与他人评价相比较,然后加以修正。在此基础上,将自我性格的积极面和消极面分类列出,并注上哪些性格特征需继续保持与强化,哪些性格特征需改造更新。这种性格分析评价的过程是民航服务人员自我认识不断深化的过程。

(二) 民航服务人员要有意识地调整自我,积极塑造良好的性格

人本主义心理学家马斯洛根据自我实现是人类追求最高境界的理念,对希望自我实现者提出7条建议。(1) 把自己的感情出口放宽,莫使心胸像个瓶颈;(2) 在任何情境中,都能够从积极乐观的态度看问题,根据长远的利害关系做决定;(3) 对生活环境中的一切,多欣赏,少抱怨,有不如意之处,设法改善,坐而空谈不如起而实行;(4) 设定积极可行的生活目标,然后全力以赴求其完善,但却不能期望未来的结果一定不会失败;(5) 对是非争辩,只要认清真理正义所在,纵使违背公议,也应挺身而出,站在正义一边,坚持到底;(6) 莫使自己生活僵化,应给自己在思想与行动上留一点个性空间,偶尔放松一下身心,将有助于自己潜力的发挥;(7) 与人坦率相处,

使别人看见你的长处与缺点，也让别人分享你的快乐。以上7条，值得包括民航人员在内多数人的借鉴。

对于民航服务人员而言，塑造良好性格应注意做到以下4点。一是保持心境开朗，学会有意识控制和调节自己的情绪，建立积极正常的情绪生活。二是加强意志锻炼，有意识地、自觉地、主动地控制自己的外在不良行为，培养自己经受挫折的耐受力，在挫折面前既不盲目冲动，也不消极低沉。三是自觉检查，修正自己性格的弱点，培养健康的性格模式。四是提高思维能力，养成良好的思维品质。以上几点都迫切需要民航服务人员在服务工作中不断调整，不断完善。

（三）民航服务人员要勇敢地面对自我，克服性格弱点

人的缺点仿佛是自己优点的继续，如果优点超过应有的限度，表现得不是时候，不是地方，那就会变成缺点。相反，缺点也能成为优点。每个人的性格都有一定的缺陷，但只要敢于面对自我，不文过饰非，缺点就能被控制在一定的限度之内。性格的塑造应把握好度。具体包括：坚定而不固执，勇敢而不鲁莽，豪放而不粗鲁，好强而不逞强，活泼而不轻浮，机敏而不多疑，果断而不冒失，稳重而不寡断，谨慎而不胆怯，忠厚而不愚蠢，老练而不世故，忍让而不软弱，自信而不自负，自谦而不自卑，自强而不自骄，自爱而不自赏。

对于民航服务人员来讲，要克服性格弱点，还可通过自我的心理训练来改变性格，这可以通过以下4个方面来实现。一是不断保持最佳心理状态，通过成功的想像，使自己的身心保持思维活跃、情绪稳定、坚定果断、自尊自强的性格特征。二是自我激励，以模范人物或崇敬的成功者为榜样，不断地鞭策自己，三是自我暗示，自我提醒，自我督促，自我激励。四是习惯成自然，习惯的力量比任何理论的力量来得更大。性格修养的关键在于努力培养自己良好的生活习惯和工作习惯，从培养习惯到改变性格，要求能够针对暴露出来的性格弱点，有意识地培养与之相反的习惯。通过这种新的习惯来克服和改变原有的性格弱点。在个人最容易暴露性格弱点的地方，要坚决克服对抗，用相反的习惯去克服战胜它。这种办法将有助于个人积少成多，最后达到完全改变性格弱点的目的。

三、民航服务人员的能力品质及培养

民航服务人员的能力是其做好服务工作的基础，根据民航服务工作的性质和特点，民航服务人员需要逐步培养和完善自己的情绪智力、观察能力、记忆能力、注意能力、表达能力。

（一）情绪智力

由于民航服务过程从某种意义上可以看作是民航服务人员与旅客或货主的人际交往过程，而在人际交往过程中民航服务人员的情绪智力起到至关重要的作用。根据情绪智力的五个方面，情绪智力的培养具体包括以下5个方面。

第一，对自己情绪理解能力的培养。表面看来，自己的情绪自己最明白，但实际上，多数时候人对自己的真正感受一片茫然，或是在事过境迁后才领悟当时的感受。具

体来讲，民航服务人员要提高自己的情绪理解能力，可以通过以下四个方面入手。一是要注意总结自己的情绪在生理和行为上的反应，高兴时自己的表情什么样，不满意时自己的眼睛有什么反应；二是要对这些生理和行为反应敏感，做到及时识别；三是要注意总结引起自己情绪以及这些生理、行为反应的原因。四是多了解别人对自己情绪反应的认识，或通过镜子自我反馈。这样通过长时间的自我总结，就会对自己的情绪理解得越来越深刻，这方面的能力越来越强。

第二，对自己情绪调节能力的培养。如果民航服务人员对自己的情绪，尤其是负面情绪的克制能力不强，不能妥善管理自己的情绪，在工作中就会导致不良后果。民航服务人员要培养自己调节情绪的能力，要注意以下4个方面。一是民航服务人员要注意通过转移注意力、倾诉或其他调节方法摆脱负面情绪；二是要注意培养自己乐观的情绪思维习惯，凡事要乐观对之；三要注意调节自己情绪的强度，在工作中高兴的时候不能表现得过于强烈；四是要逐渐总结和丰富自我情绪调节的方法和策略。

第三，情绪的自我激发能力的培养。这要求民航服务人员要逐渐培养自己对所从事的民航服务工作充满热忱和具有毅力，善于在工作中调动自己最好的情绪状态，并在面对挫折时能努力从不同角度发挥自己的最高水平，百折不挠，不达成功决不罢休。这主要包括以下3个方面。一是深刻理解自己情绪最高涨的时候和状态，并把握通过什么方法可以自我调整到这个情绪状态。例如，有的民航服务人员情绪和精力最好的时刻是上午，有的则是在晚上，这方面是有个体差异的，民航服务人员注意把握自己的最好情绪状态；二是注意培养自己对民航服务工作目标的热情和激情；三是在从事民航服务工作中要注意培养自己高尚的情绪情感。

第四，对他人情绪理解能力的培养。在日常生活中，一般人很少把自己的情感诉诸语言，多半是以言语以外的形式表达，如语调、手势、表情等。对他人情绪理解能力的培养就是使民航服务人员能够通过他人言语尤其是非言语表达形式来判断别人的情绪状态。这要求民航服务人员要注意总结旅客和货主情绪情感的表达形式，例如，旅客在飞机上一般会有哪些做姿，这些做姿分别表达什么情绪状态；旅客在安检环节会有哪些情绪状态，这些情绪分别是通过什么样的表情或行为表达出来。这方面只要注意总结，就会达到比较好的理解旅客或货主情绪情感的目标。

第五，人际关系协调能力的培养。人际关系协调能力的培养包括组织能力、协商能力、人际联系及分析能力的培养。通过这些能力的培养使民航服务人员可以主动与旅客或货主接触、坦然直接地与他们对话、交谈时积极投入而不是被动式地回答"是"或"不是"、适时表达感谢、常说"请"和"对不起"等，在社交规则与忠于自我之间取得平衡。具体来讲需要注意以下五个方面。一是要善于灵活地表达自己的情绪，在人际中灵活地调节自己的情绪；二是要善于在人际中及时地把握对方的情绪情感状态，并配合以适宜的自我情绪表达；三是要注意在人际中通过自己的情绪感染和引导对方的情绪，使人际交往顺利地进行下去；四是避免受对方消极情绪的影响，善于及时把控双方的情绪状态；五是不断培养自己的移情能力和察言观色能力。

在培养方法上，解释个体对自身情绪调节过程的Gross情绪调节模型具有很大的启发。Gross 认为情绪调节就是指个体对具有什么样的情绪、情绪什么时候发生、如何进行情绪体验与表达整个过程施加影响的过程。他认为在情绪发生过程的每一个阶段都会产生情绪调节，即情景选择、情景修正、注意分配、认知改变、反应调整。选择情景是指个体趋近或避开某些人、事件与场合以调节情绪。情景修正是指应对问题或对情绪事件进行初步的控制，努力改变情景。注意分配是关注情景中许多方面的某一或某些方面，包括努力使注意集中于一个特定的话题或任务，注意离开原来话题或任务。认知改变是选择对情绪事件意义的可能解释，情绪事件的个人意义解释对特定情景中情绪发生的心理体验、行为表达、生理反应都会产生强大的影响。认知改变经常被用来降低或增大情绪反应，或者改变情绪的性质。反应调整是指情绪被激发以后，对情绪反应趋势（如心理体验、行为表达、生理反应）施加影响，主要表现为降低情绪反应的行为表达。

Gross 依据情绪调节发生在情绪反应产生之前或之后，把情绪调节分为"先行关注的情绪调节"和"反应关注的情绪调节"两个方面。由于选择情景、修正情景、注意分配、认知改变发生在情绪反应激活之前，因此属于"先行关注的情绪调节"，而反应调整发生在情绪已经形成、情绪反应激活之后，因此属于"反应关注的情绪调节"。有效合理地利用相应的情绪调节方法可以帮助民航服务人员及时掌控自身的情绪，进而提高自身的情绪智力。

Gross 的情绪调节理论对民航服务人员情绪智力的培养有很大启发。服务人员可以运用情绪调节理论来改变其对民航服务这个工作环境的反应，主动地调节好自己的情绪，从而在民航服务的社会交往中发挥自如。虽然在此过程中，企业可以在一定程度上起辅助作用，但服务人员自身的积极响应才是提高其情绪智力的关键。具体有以下措施。

（1）在认清自我的基础上，有意识地选择所接触的人群和社交场合；尽量降低负面情绪的产生。如具有社交焦虑的服务人员可以努力避开某些社交场合以减少焦虑的发生。

（2）当影响情绪的事件不可避免时，服务人员应主动应对而不是消极接受。努力思考改变这一局面的方法，或者迫使自己抛开不利因素，将注意力只关注其中对自己有利的方面。如：当工作环境恶劣时（如某航线航班总是晚点），不要一味怨天尤人，而应努力发现其中的有利方面，或转移自己的视线（如工作环境虽然不是很好，但是同事相处都很融洽）。

（3）积极地面对周围的事物，对于任何工作中的变动，都应该尽量从积极的方面去考虑。如将工作中遇到的困难，认为是上级对你的考验，而不是有意的刁难。

（4）关注情绪调节的方法来改变工作环境对情绪的影响。尤其是当自身消极情绪高涨时，不要马上发泄，尽量让自己冷静下来，再去思考其中的对错。

总之，通过情绪调节来提高情绪智力，关键就在于服务人员要在自身的情绪问题上变被动为主动，努力增加积极情绪，减少消极情绪的产生；从而为自己创造更好的工作氛围，提高服务工作质量。在案例 4-4 中，这位民航服务人员展示了较强的他人情绪理解、人际关系协调方面的情绪智力。

案例 4-4：

当好怨怒旅客的情绪调节员

一次，我执行航班从海口飞往广州，一位旅客按呼唤铃，要求我给他找一份《海南日报》。可《海南日报》已经全发完了，于是我为他拿来了一份《广州日报》，带着抱歉的语气向他做了解释，谁知他很生气地接过报纸，翻了两下就放到座椅前的口袋里了。看着他一脸不悦的神情，我心里非常难受。

飞机起飞了，我一直注视着刚才那位旅客，我发现他好像很不舒服，一会儿伸手转转上面的通风口，又转转旁边座位上方的通风口，最后抱着膀子坐在座位上。一定是他感到空调太凉了，于是我赶紧走到他面前，亲切地问："先生，您是不是感觉空调有点凉啊？我给您拿条毛毯吧！"他看到我，愣了一下，点点头。我立即取来毛毯递给他，他轻声地说："谢谢！"我心里舒坦了好多，虽然他怒气消了一点，但我的目光仍然始终不自觉地落在他身上。送饮料时，看他喝得很急，我断定他一定很渴，于是我又主动倒了一杯给他送上去："先生，您一定很口渴吧，我又给您倒了一杯，您慢用，如果不够的话请随时按呼唤铃呼叫我，我再给您倒。"我边送水边说道，他有点惊讶地看着我，接过那杯水，并连说："谢谢，谢谢，我的确很渴！"我连忙说："不客气，这是应该的。"那位旅客简单的"谢谢"两个字温暖了我整个人。当我得知他想喝杯黑咖啡时，我又立即为他冲调好一杯香浓的黑咖啡，他诚恳地对我说："对不起，一开始我向你要报纸的态度不好，请不要在意。我以为你们只会偷懒，还找许多借口来糊弄旅客，但是我现在断定，你不是。小姑娘，希望你能继续这样坚持工作下去，继续用你的诚心、细心、热心和亲切的态度为其他旅客服务，好吗？"

（来源：黄莹．中国民航报，2006-8-22）

（二）观察能力

敏锐的观察能力是一名优秀民航服务人员需要具备的一种重要的能力。观察敏锐的民航服务人员能够在最短的时间内、通过旅客或货主的细微表现（表情、眼神、言谈、身体语言等），把握和理解旅客或货主的心理活动或需要，从而有针对性地给予满足。

民航服务人员观察能力的强与弱主要靠平时的自我经验总结和教育训练。随着民航服务人员在工作岗位上年限的增加，他们往往有很多的观察旅客或货主需求的经验，有道是"熟能生巧"，长期经验的积累就可以有很多观察旅客或货主的技巧。同时，正规的教育或培训也是提高民航服务人员观察能力的重要途径，这种方法会缩短民航服务人员在观察能力成长的周期。除这些因素外，下面两个因素对民航服务人员观察能力的提高也有很大影响。一是民航服务人员对民航工作的兴趣。兴趣浓的服务人员更能主动地去关注和理解乘客的表情，并分析其原因，进行总结；而对本职工作没有兴趣、消极应付的服务人员往往心不在焉，忽略这些重要信息，只关注自己不得不做的，服务质量很差。二是民航服务人员的心境。服务人员在心情好的时候，容易兴奋并注意到旅客或货主的细微之处；反之，心情急躁的心境下是不会观察很细的。所以，民航服务人员需要主动积极地排除各种消极因素干扰，集中精力强化自己观察的敏锐性，从而不断提高观察能力。

（三）记忆能力

良好的记忆能力是民航服务人员做好民航服务工作的重要因素，它可以使民航服务人员更容易理解、记忆和保存工作所需要的知识、技能等。记忆能力强的服务人员不但能准确地掌握各种民航服务知识、理解各种法规，还能熟悉与民航服务相关的其他信息，而这正是民航服务人员进行民航服务的知识方面的心理支柱。具体来看，民航服务人员可以从以下4个方面来培养自己的记忆能力。

第一，记忆目标明确。只有有了明确的记忆目标，才能使大脑活跃起来，抓住记忆的重点，记得准记得牢。

第二，实施理解记忆。只有理解后记忆的内容才更为牢靠，死记硬背记忆的知识和法规都是死板的信息，在使用时往往发挥不了作用。

第三，反复实践强化。在记忆中运用，在实践中强化记忆，这样才能把知识和信息转化为民航服务人员内在的能力。

第四，讲究记忆方法。记忆方法千差万别，但从自己工作中总结出来的记忆方法就是适合自己的，有了明确的效率高的记忆方法，在服务过程中的很多问题就会迎刃而解。根据形象或联想来记忆服务对象的名字或形象就比较快，效果较好。

（四）注意力

所谓注意力是指人的心理活动对一定对象的选择性和集中性。民航服务的工作需要民航服务人员要具备稳定而灵活的注意力。具体到民航服务的岗位来看，民航服务人员的注意力在服务过程中应相对集中，适时灵活转移，克服过分集中或过于分散的弱点。因为民航服务的环境中，往往服务的对象会很多，如果注意力过分集中到某一点，无法兼顾其他旅客，势必会引起旅客的不满；如果注意力过于分散，无法专注于某个中心环节上，三心二意，答非所问，那么也会影响服务质量。作为民航服务人员，要培养自己稳定而灵活的注意力，需要从以下5个方面做工作。

第一，明确服务工作的价值和意义。这样才能把注意集中到最重要的事情上。

第二，培养坚强的意志。意志坚强才能养成适时改变但又可以保持持续稳定的注意习惯，意志不强，往往心猿意马。这时需要排除各种干扰，与注意力分散进行斗争。

第三，提高服务人员对服务工作的兴趣。兴趣可以鼓励服务人员努力去完成工作任务，提高注意的稳定性。否则，很难高度集中注意力。

第四，加强工作的熟练程度，达到无意识的程度。只有使服务行为习惯化了，那么才有可能把注意分配到其他也相对重要的事情上，从而提高服务效率。例如，乘务员边给某旅客倒茶水，边注意身体动作，又边跟另一位旅客说话，只要这三个动作都能达到自动化的程度是完全可能的；但如果都是不熟练的，那么注意的分配很可能带来服务的失误。

第五，反应迅速。只有反应迅速，才能灵活地分配自己的注意，增强应变能力。例如，候机室服务人员解决了某一旅客的困难后，又发现别的旅客提出需求，立即又将注意力灵活地转移到新的服务对象。

(五) 表达能力

表达能力是指民航服务人员与旅客或货主进行交往时通过语言、表情传递信息的能力。民航服务人员的表达能力，直接关系到服务的成功与失败，关系到服务质量的好与坏。所以，良好的表达能力是民航服务人员必备的一项能力。民航服务人员的表达能力包括表情和语言2部分。

第一部分是表情，它包括脸上的表情、手势、目光等。首先服务人员在与旅客或货主交谈时，要表情自然，不要过分腼腆，惊惶失措。其次，在与旅客或货主交谈时，民航服务人可以适当地运用某些手势，但动作不要过大，也不要手舞足蹈或用手指人。再次，服务人员也可以运用自己的目光，但要求恰到好处，不要在旅客或货主脸上乱扫。服务人员的目光，应该与服务对象在同一水平上，距离在一米到两米半之间，最佳位置在旅客两肩外侧十厘米，头顶上方五厘米，胸部横线之间。目光在这个位置恰到好处，不会失礼于旅客或货主。

第二部分是语言。民航服务人员的语言是要求很严格的，文明真挚和善的语言，可以引起旅客发自内心的好感，吸引顾客。民航服务人员的语言需要做到以下五点。

（1）使用规范或普遍认可的语言。民航服务人员在交流过程中，要使用正确的语言，选词、发音都要恰到好处，避免产生误解。同时，服务人员尽量少用专业术语，要用普通词语。

（2）语言简明扼要。民航服务人员语言所使用的词语要具体简明，否则，让旅客或货主听起来很啰嗦。同时，也不能出现歧义，或让旅客听不懂。有时即使很着急，也要注意语言的情景和意义，不要出现案例4-5中所碰到的笑话，这样的歧义会引起旅客的不满。

案例 4-5：

我要杯可乐你们就疯了？！

在某国际航班上，飞机快要着陆了，乘务员做好了一切着陆的准备，安全检查落实，浮动物品固定。由于飞机要停场过夜，所以要求乘务员把一切留在飞机上的机供品，包括饮料，用具用封条封好保存。"饮料封了吧？"，"封了"，"放杯子的那只柜子呢？"，"也封了"，这是乘务组的专业省略用语。

这时，一位刚刚睡醒的旅客拦住一名乘务员："小姐，来杯可乐吧！"该乘务员刚在厨房里与几十个储物柜、餐车奋战过，好不容易将全部东西存放妥当，一听到旅客这么说，急了，脱口就是："啊！可乐？我们都封了！""什么？我要杯可乐你们就疯了？！"

（来源：顾胜勤．民航旅客服务心理学．北京理工大学出版社，2005．189．）

（3）说话要有条理。民航服务人员在与旅客或货主交流时，一定要有条理，按照一定的特征或逻辑进行排列。在叙述时不能牵强附会，要注意进行分类，加强前后联系。同时，不能为了省力而省略某些词语，这样可能会造成误解。

（4）要注意说话的时间性。一是说话用词的时间性，这要求服务人员要经常关注时事,用富有时代特征的词语。二是交谈时间的时间性。民航服务人员与旅客或货主交谈,以解答完问题为限制,时间既不能长,因为这样可能会引起不必要的麻烦;同时时间也不能太短,时间太短旅客或货主会感到服务人员没有耐心。

（5）说话时注意避讳。首先对旅客或货主不愿意回答的问题不要再追问。其次,对不同特点的人说话要注意避讳某些问题。如与妇女交谈不要直接询问年龄、婚姻状况等问题;与残疾人交谈不宜谈论有关运动、健美等问题。

总之,民航企业往往对民航服务人员的行为和言语制定了很多规范,民航服务人员一定要及时把握,然后及时总结工作经验,提高自己的表达能力。

第四节　民航服务人员的压力及其调试

一、压力概述

压力是指个体与环境交互作用中由于受到威胁而失去平衡所产生的一系列心理和生理反应。这里的生理反应包括神经系统的紧张,也包括头疼、高血压等症状;这里的心理反应包括个体所体验到的紧张状态,也包括情绪的激动等。

压力对工作有很大的影响。压力与工作绩效呈倒 U 型的关系,压力过小,工作积极性不高,工作绩效低;压力过高,人的精力透支,也会导致工作绩效低下;在中等水平的压力下,人的工作绩效最高。压力对员工的生理和心理也有着巨大影响。压力会影响到员工的身心健康,会导致员工离职和缺席,也会影响到他人和公众的安全。所以说,个体员工需要通过压力管理来应对各种工作压力。从组织角度来看,压力管理是降低人力资源成本的重要措施,也是保障组织高工作效率的重要因素。所以,压力管理对员工个人和组织来讲都是至关重要的。对于民航服务人员来讲,随着民航竞争的加剧,而且由于民航服务工作的要求高、时间要求严格等特点,民航服务人员的压力管理将成为一个越来越重要的问题。

二、民航服务人员的压力来源

要作好压力管理工作,首先需要理解压力的来源问题。只有从压力的来源入手才能找到适合的压力管理措施。从一般意义上讲,压力的来源非常多（如图 4.1 所示）,既包括宏观的社会和环境因素,也包括微观的个人因素。但对于民航服务人员来讲,压力的主要来源有如下 4 个方面。

（一）工作

从民航服务人员的工作本身来看,其工作具有要求严格、时间压力大等特征,这些特征会对民航服务人员产生压力。具体体现在以下 5 个方面。

1. 安全性和时效性要求高

安全性和时效性高是民航服务工作的基本特点。对于很多服务环节上的服务人员来讲,为了保障飞机的安全性,必须把工作做到丝毫不差。如管制员负责保证各种飞行任务的顺利实施和安全；安检人员需要排除一切可能对飞机航行存在安全隐患的物品。这种要求在一定程度上对服务人员是一种压力。从时效性来讲，国外有调查发现，在有限的时间内完成任务是压力的第二大来源。对于民航服务工作人员来讲，飞机航班的时间要求很高，各项工作必须在有限的时间内集中正确无误的处理完，这也会产生很大的压力。

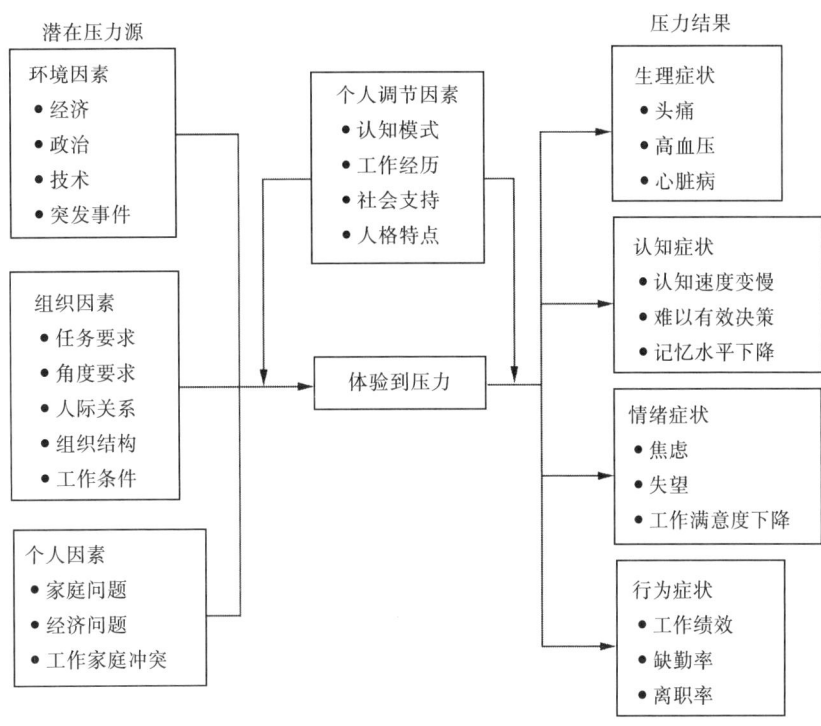

图 4.1　压力模型

2. 工作时间较长

虽然民航在很多规章中对工作时间有许多规定，但在企业经营和竞争日益激烈的民航企业，很多岗位上的工作人员的工作时间是比较长的。有的岗位是因为工作人员少，有的工作岗位是因为工作量大。但无论如何，长期的超时工作会给民航服务人员带来越来越大的工作压力。

3. 夜班时间较长

民航服务工作的行业特点决定了夜班时间比较长。这直接会影响到很多民航服务人员的睡眠时间较少，甚至有的岗位还需要实施 24 小时连续值班制。夜班长会使民航服务人员的睡眠大多数在白天，这就使睡眠质量大打折扣。长此以往，容易造成生活起居不规律，个别民航服务人员甚至出现生物钟紊乱。

4. 工作出错后的严厉处罚

许多民航服务工作岗位的工作责任较大，所以工作纪律要求比较严格，工作出现差错后处理较为严重。但是，不出错对人来讲是几乎不可能的事情，严格的惩罚规则会给工作人员以较大的工作压力。

5. 工作中的突发事件

虽然任何工作都会存在突发事件，但相对来讲，民航服务工作需要应对的突发事件往往是比较大的，很多突发事件如果处理不好，会直接带来人生命和财产的巨大损失，往往带来严重的后果。这一点对于民航服务工作来讲，往往是时时刻刻要保持警惕，这也是给民航服务人员带来压力的潜在来源。

（二）自身

从民航服务人员自身来看，由于各人特点的不同，也会带来一定程度上的工作压力。首先，民航服务人员的气质和性格特点会带来不同程度的工作压力。A 型性格的服务人员往往比 B 型性格的服务人员会感受到更多的压力；胆汁质气质类型特点的民航服务人员会感受到更多的压力。其次，民航服务人员的认知模式对其感受到的压力有重要影响。如果民航服务人员开放、乐观地看待其所从事的民航服务工作，那么他会感受到较少的压力；但是如果他封闭、悲观地看待民航服务工作，认为自己为什么要那么"低三下四"的为别人服务，那么他会感到更多工作压力。再次，个体的角色认知也会影响到其压力感受的程度。角色模糊能带来比较大的压力。所谓角色模糊就是对工作责任和工作范围不清楚，如果民航服务人员有这种认识，那么他会面对更多的工作压力。

（三）家庭

由于飞机场都建设在城市的郊区，这就决定了民航服务人员的工作单位往往离家较远。这要求他们每天清晨出门，天黑回家，甚至有的岗位有时还会经常不在家里住。这样，家属对他们工作的不理解会给他们带来很大的工作压力。这表现在有些民航服务人员往往没有时间照顾家庭、孩子、老人，也没有太多时间与家人一起，长时间如此都会引起家人的不理解，甚至引起家庭冲突。这会给民航服务人员带来很大的工作压力。

（四）民航企业和社会

现在民航业的竞争越来越激烈，企业的这种竞争压力也会通过各种途径为民航服务人员所感受到。同时，企业中的民航服务人员之间的人际关系，民航服务人员与上级领导的关系，薪酬待遇的水平和公平性，个人的职业晋升机会等等，这些因素无论哪个出现不顺利都会给民航服务人员带来很大的工作压力。

同时一些社会因素也会给民航服务人员带来压力。整个社会对民航服务的要求相对较高，尤其是对于民航服务人员的服务态度、服务技能、服务意识等。再有，经济的发展变化，政治的变化，或者技术的变革，往往都会影响到民航企业的发展，给民航服务人员带来某种压力。

三、民航服务人员的压力调试

民航服务人员要保持工作的质量，维持良好的工作心态，需要对压力进行管理，学会一些压力调试的方法。因为压力本身并不可怕，压力的不良反应和对压力不正确的处理方式对民航服务人员和组织的侵蚀才是可怕的。心理学和管理心理学认为压力的管理可以从个体自身、组织两个方面同时入手进行压力管理，下面重点从民航服务人员自身阐述如何进行压力管理。

1. 以积极的心态面对压力

面对压力时心态非常重要。因为压力对人的伤害来源于人们对压力不恰当的心身反应。积极的心态，人会乐观、坚韧，这有助于成功地处理压力事件，而这时人对压力的评价也更为积极。反之，如果心态消极，遇到压力事件采取回避的方式来应对，那么就会产生一种悲观的心态。民航服务人员首先应该积极地看待服务工作中的各种压力，首要原则是把它看作是客观的现象，工作中有各种压力是必然的。需要做的是想办法处理压力，而不是把压力隐藏在心理，压抑它，这样对人的身心健康是很不利的。

2. 增强业务能力

民航服务人员在工作中的压力，有的是来自于业务自身。这需要民航服务人员在工作中要主动地加强业务学习，增强业务能力，培养良好的工作习惯。只有这样，在遇到具体的服务工作问题时，才能保持忙中不乱，乱中求稳，稳中求胜的作风。从而在工作中不断充实自己，增强自信，更加积极地应对工作中的各种问题，减少因工作问题带来的压力。

3. 锻炼身体

民航服务人员要养成锻炼身体的习惯，因为长期的体育锻炼不仅可以强身健体，还可以释放压力，增强压力的耐受力。有研究表明，人的躯体压力大，精神压力也会慢慢增大，反之亦然。通过身体锻炼来释放躯体压力，精神的压力也在释放。身体锻炼后的积极饱满的精神是应对压力的有效方法。

4. 放松

放松也是克服压力的有效方法。民航服务人员在工作和生活中可以采取下列方法来放松。一是处于一个安静的环境中；二是闭上眼睛；三是保持一种舒适的姿势；四是持续重复一个简单的声音以便在脑海中消除与工作有关的想法。这样在身心的放松中，压力也就得到了一定程度上的缓解。

5. 建立良好的人际关系

在面临重大压力事件时，一位具有良好社会关系的人比一位社会支持关系差的人更少产生抑郁。所以，民航服务人员要有意识地与朋友、家人、同事、上级建立良好的人际关系。当遇到困难或感受到压力时，可以找朋友或家人聊一聊，甚至痛哭一场，以便释放自己的压力。而且，这时来自朋友或家人的安慰或帮助也是压力良好的克服工具。所以，民航服务人员要注意在工作中建立良好的同事关系、上下级关系、朋友关系等具有社会支持性的人际关系；同时也要处理好工作和家庭的关系，营造良好的家庭氛围。

6. 自我控制

为了避免过度的压力，人们要学会控制自己的行为。每当自己意识到紧张或焦虑时，要提醒自己"我正在焦虑，我要放松自己"。这时要避免被压力情景所控制，而感受到很大的压力；而是要努力控制情景。对于这个方面，民航服务人员要不断学会自我提醒和自我暗示，一方面要密切注意在压力情况下自己的生理和心理反应，另一方面要注意提醒自己从这种情景中摆脱出来，从而减轻自己的压力感。

从民航企业来讲，也可以采取很多措施来减轻民航服务人员的压力。首先，民航企业要从管理理念上重视民航服务人员的工作压力问题。要认识到民航服务人员的工作压力管理是人力资源工作的重要组成部分，好的企业压力管理是降低人力资源成本的重要措施。其次，民航企业要不断地营造良好的企业文化，创造良好的人际环境。再次，采取措施建立良好的企业沟通和培训平台，无论是组织活动还是组织内部沟通网络，以便加强民航服务人员之间的交流。最后，有条件的民航企业也可以设立专门的服务机构和服务人员，为员工的压力管理进行指导和引导。总之，在民航服务的压力管理方面，民航企业可以做很多工作，从而提高民航服务人员的服务积极性，提高服务质量。

第五节　民航服务人员与旅客或货主的沟通

一、沟通概述

（一）沟通的概念

沟通是两位或多位个体或群体之间交换信息、分享思想与感情，达到相互了解的过程。这个过程包含了2个含义，一是信息和思想的交换和理解，这里强调的是接受方对信息和思想的理解，不仅仅是传递；二是感情的交流，在信息和思想传递和理解基础上，沟通过程肯定伴随着双方情感的交流，这更有利于随后的信息与思想的传递和理解。

（二）人际沟通的基本原理

用信息交流来描述沟通过程，沟通过程可以用下面的模型来表示（如图4.2）。从模型中可以看出，沟通过程主要由以下几个要素组成：发信者、接收者、编码、解码、反馈、通道、信息。也就是，无论是个人和个人之间，还是群体和群体之间，由发信者把信息进行编码后，使信息沿着一定的通道进行传递；信息到达接收者时，接收者先将信息进行解码，然后被接收者接收；接收者再将收到的信息情况返回到发信者，即通过反馈过程向对方反映对信息的理解。这个过程是一个循环往复的过程，只要二者有信息沟通的需要，这个循环就一直循环下去。

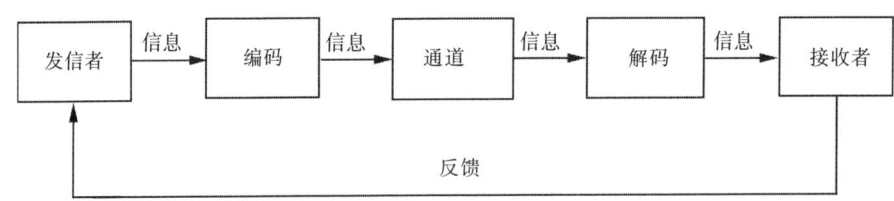

图4.2　沟通过程的模型

同样人与人之间的沟通也符合这个基本模型。但人与人之间沟通与其他沟通是有区别的，这主要有3个方面的特点。一是沟通的渠道主要是语言。二是人与人之间的沟通除了信息交流外，同时伴随着很多情感、思想、态度等方面的交流。三是人与人沟通过程中心理因素起了重要作用，对沟通有很大的影响。

二、民航服务沟通的特点

（一）沟通的及时性

民航服务以高效率、时间短为主要特征。旅客和货主在选择民航服务时也往往看重就是民航服务时间短的优点。同时，由于飞机这种交通工具是在高空作业的，一旦发生非正常情况就会面临很大危险。这二者都决定了民航服务中对沟通的及时性要求是很高的。当发生航班延误或紧急情况时，民航服务人员和民航企业要及时地向旅客或货主进行解释，要不然会给旅客或货主带来麻烦甚至是损失，会引起他们的不满。同样，当旅客或货主有什么需求时，也需要及时与服务人员进行沟通，这才能得到及时的解释和表达。

（二）沟通的目的性强

所谓沟通的目的性是指民航服务中的沟通是以服务人员给出指示、服务对象按要求去做，服务对象提出要求、服务人员给出解答和服务为主要内容的沟通过程，其最终目的是服务好顾客。这是与民航服务的时间观念比较强有关。这种目的性强的特点决定了民航服务过程中的沟通效率比较高，而且对沟通的准确性提出了更高要求。具体来看，对于服务人员来讲，要求发出信息时要简练、通俗，在给出解释和服务时要迅速、容易理解；对于服务对象的旅客和货主来讲，需要在接收信息时快速反应，在提出要求时也要简明扼要，表达准确。

（三）沟通方式的非言语性

一般来讲，沟通可以分为正式沟通和非正式沟通、单向沟通和双向沟通、上下行和平行沟通、口头沟通和书面沟通、词语沟通和非词语沟通等类型。在民航服务过程中，这些沟通方式都有不同程度的表现。但在民航服务沟通中，除了简明扼要的言语沟通外，很多沟通都以非言语的身体语言来进行，这就给民航服务人员的身体语言提出了很高的要求，需要在身体语言的表达和交流方面进行专业训练。

三、民航服务中的身体语言沟通

所谓身体语言是指各种作用于人感官的载有信息的、非语言性的身体信号，它包括目光与表情、身体姿势和外表、身体间的空间距离等。

美国人体语言学得出如下公式：人际沟通中信息的总效应 = 7% 的词语 + 38% 的语调 + 55% 的面部表情。这足以说明沟通中非语言信号对沟通的重要作用。所以说，在民航服务沟通中，把握和理解对方的身体语言具有重要价值。

（一）身体语言的内容

1. 目光和面部表情

眼睛可以反映人的情绪、态度和情感变化。情绪变化首先反应在瞳孔变化上。情绪由中性向愉悦改变，瞳孔会不自觉变大；对使人厌恶的刺激物，瞳孔明显缩小。情绪状态由"晴"转"阴"时，亦有同样反应。俗话说，"眼睛是心灵的窗口"，身体其他部位的沟通也与目光接触有关，人际沟通中如果缺少目光交流的支持，将会使人际沟通过程变得不愉快，而且很困难。所以，在民航服务过程中，民航服务人员在与旅客或货主沟通时，要进行正常、自然的目光接触；否则，会让服务对象感到拒人于千里之外，得不到对方的信任，使沟通过程变成冰冷的、没有感情的过程。同时，在为旅客或货主服务时，眼睛不能走神，也不能将视线放在对方的胸线以下，不要一直盯着对方打量，更不能长时间注意对方的生理缺陷，否则会让对方感到服务人员不尊重对方，产生压迫感，感到尴尬。

任何一种面部表情都是由面部肌肉整体功能所致，但面部某些特定部位的肌肉对于表达某些特殊情感的作用更明显。嘴、颊、眉、额是表现愉悦的关键部位；鼻、颊、嘴表现厌恶；眉、额、眼睛、眼睑表现哀伤；眼睛和眼睑表现恐惧。当目光与面部表情不一致时，目光是表达个体真实心态的有效线索。因此，在民航服务过程中，民航服务人员要注意观察旅客或货主的面部表情，理解他们的表情所表达的含义，了解旅客的情绪反应和需要，为旅客提供满意的服务。

2. 身体动作和姿势

身体动作和姿势包括人们在行走、站立和坐卧过程中的所有动作姿态。比如行走时的速度是快还是慢；又如站立时双臂是交叉于胸前还是放在背后，坐在椅子上时是双腿平放还是跷起二郎腿等等。虽然不同的人在不同情况下的肢体动作各有不同，而且同样的动作反映的信息也不尽相同。但是通过认真观察和分析，还是可以发现一定规律的。了解这些规律，既有助于民航服务人员更准确地把握旅客或货主心理，也有助于民航服务人员有意识地运用肢体语言来引起旅客或货主的重视。比如你在聆听旅客或货主谈话时，身体前倾，双脚平放，这常常会使客户感到被尊重。

一般来讲，身体动作和姿势与表达含义之间有如表 4-1 所示的对应关系。

表 4-1 身体动作和姿势所表示的含义

身体运动和姿势	含义
摆手	制止或否定
双手外推	拒绝
双手外摊	无可奈何
双臂外展	阻拦
搔头或搔颈	困惑
搓手、拽衣领	紧张
拍头	自责
耸肩	不以为然或无可奈何
双手举过头顶	暴怒
双手往上伸直	激动
双手枕在头下	舒展
一只手托着下巴	疑惑
耸肩、双手外摊	不感兴趣
颔首、双手放在胸前	害羞

3. 服饰

民航服务人员的装饰包括发式、服饰、化装以及所携带的物品。装饰在沟通中所起的作用是自然发生的,因为每种装饰都透露了某种个人信息。各航空公司对民航服务人员的服装都进行了统一,都代表了各航空公司的文化和理念。但从服务人员装饰的颜色、风格等都可以反映出他们的工作类别等信息,这在与旅客或货主的沟通中都会产生一定的影响。

4. 空间距离

空间距离是身体语言的一个重要方面,在公共场所一条基本原则就是:保持距离。心理学家做过以下实验。会场中有一排10个依次排列的座位,在6号和10号位子上已经分别坐上了两个人;这时,你走进了会场,你与他们互不相识,你最有可能选择的是哪个位子呢?心理学家通过实验发现,第三位进会场者一般选择第8号位子,第四位进会场者一般选择3号或4号位子,这里,所有参加实验的人都是互不相识的。为什么会有这样的选择呢?心理学家研究发现,陌生人之间自由选择座位时一般遵循这样的法则:既不会紧紧地挨着一个陌生人坐下;但同时,也不会坐得离陌生人太远。如果你真的紧挨着一个陌生人坐下,那么这个人就会急促地把身子移向另一边,有的甚至会移到另一个空位子上去,你这时会感到很尴尬。为什么相互间会有这么别扭的感觉呢?这就是因为我们每个人都需要一定的个人空间。但是,假如你坐得离那个陌生人太远也不行,因为这可能会无声地伤害那个人,他可能会感觉到你是在躲避他。因此,挑选两者之间的位子,一方面可尊重别人的个人区域,另一方面又可以与他人保持一种和谐,避免别扭。这就是旨在维护个人空间的适当疏远原则。当然,人数增多时,个人区域就会变得很小,这样,即使每个人都紧紧地挨着陌生人坐下,也谈不上相互间的伤害,而且谁也不会有别扭的感觉。这就是一种可以预测的、无声的空间选择规律。

关于沟通的空间距离,心理学研究发现,不同文化背景的人,对站的远近有不同偏好:英国人和瑞典人相互间站得较远;希腊、意大利等南欧人,相互间站得较近;南美洲人、巴基斯坦人和阿拉伯人相互间站得最近。巴基斯坦人说远距离会使他们感到不舒服,而美国人则说近距离使他们感到别扭。心理学的研究还发现,女人比男人相互间站得更近些。

美国人类学家爱德华·霍尔博士划分了四种区域或距离:亲密距离、个人距离、社交距离、公众距离,各种距离都与对方的关系相称。就民航服务人员与其服务对象而言,他们之间的距离属于社交距离,应该在1.2~3.7米。

(二)身体语言的理解

身体语言的理解就是及时捕捉旅客或货主的身体语言,并加以识别和理解,以便及时发现旅客或货主的需求,尽快采取措施,满足他们的需要。

1. 等待

当两个旅客在交流时,如果这时民航服务人员有事情需要打断他们,服务人员必须判断好是否要等待的问题。如果两个旅客在进行深谈,手握在一起,目光保持接触,这时不要立即打断他们。最好与他们保持一定的距离,等他们觉察到有人在场为止。如果这样他们会很自然地停止交谈，接受这次礼貌的打断。

2. 旅客的求助

当旅客需要帮助时，往往是四处张望，而且可能会挥手示意。旅客看表可能代表他焦虑了，摇头代表愤怒。这时都需要民航服务人员迅速给予相应的个性化服务。

3. 旅客的情绪

（1）紧张

当旅客表现为目光接触少、向四周观看、不停地摆弄衣服或手包时，往往是旅客有些紧张。要让人们放松下来，需要一定的技巧。但此时多数旅客都能够接受善意的询问，民航服务人员可以一边询问一边有针对性地采取行动。

（2）担心

当旅客脸上表现出全神贯注，伴随着出汗、双肩僵硬或摸脸等行为表现时，代表旅客可能在担心什么事情。在这种情况下，民航服务人员首先需要做的就是想办法让他们安下心来，甚至不用去问其原因。有时只需要问一下"我能帮你做什么"等暖人心的话，也许他们就会主动告诉民航服务人员自己所担心的问题，有时或许服务人员真能解决。只要给他把问题解决了，这种情绪自然就会慢慢消失。

（3）厌倦

无论是时间过长，还是由于疲倦，当民航服务人员表现出面无表情、揉眼睛、耸肩、叹气、目光迷离或轻轻跺脚等行为的时候，就代表旅客可能厌倦了。这时民航服务人员需要想办法转移他们的注意力，使他们摆脱这种不良情绪。或许送他们一本杂志或书籍就可能把问题给解决。

（4）愤怒

当民航旅客或货主愤怒时，其外在表现是眉头紧皱、表情严肃、攥紧拳头、牙关紧闭、摇头、双肩僵硬。愤怒的旅客往往可能还伴随着抱怨或投诉，民航服务人员需要认真对待。这种情绪无论是对其他旅客或货主，还是对民航服务人员都有很大的影响。此时民航服务人员应该认真对待，一开始先做一个好听众是一种比较明智的选择。也就是在旅客发牢骚的同时，民航服务人员频频点头表示理解，并认真地看着旅客，这有时可以缓解旅客的愤怒情绪。

（三）民航服务人员利用身体语言与旅客或货主沟通

由上可以看出，好的身体语言会带给别人愉快的感觉，但有时却会在不自觉中引起别人的反感，因此民航服务人员在与服务对象沟通时要风度翩翩，富有魅力，这需要注意以下4个问题。

1. 眼睛要与对方眼光接触

这就是所谓的"眉目传情"的意思。眉目可以传达喜、怒、哀、乐等各种不同情绪，双方眼光的接触，能够促成情感的交流，表示尊重、谅解、关怀等意义。双方可以借着眼神交会的一刹那，迸发出温暖人心的火花。

2. 脸上要有表情

脸上的肌肉要放松、自然。这样平日就会养成唇角、眉梢微微上扬的微笑表情，散发出亲切、温馨的魅力,脸色千万不可僵直、冷漠,让人退避三舍。静听别人说话时,表情要配合对方话语的内容,作出恰当的反应。

3. 注意身体的姿势

民航服务人员与旅客或货主说话时,身体的方向要正面对着对方,上身微微向对方倾斜,以显示对方的吸引力。在同他们交谈中,如果把身体的侧面或背面对着对方,只把脸转过去,那是一种不尊重对方的肢体语言,千万要注意避免,否则就容易被旅客或货主误解为傲慢无礼。

4. 指人或示物时要掌心朝上

用手指人或示物时,不要用食指指示,因为那样会使人觉得你轻率,对他们不尊重,从而产生反感。指人或示物,掌心朝上要用整只手掌,以请的方式来表示,才会使旅客或货主有被尊重的感觉。

(四)民航服务人员身体语言的塑造

既然在一举手、一投足之间人们就可以发送或接受各种信息,那么民航服务人员完全可以利用不同的身体语言与旅客或货主进行卓有成效的沟通。通常,民航服务人员可以通过以下 3 种方式来培养自己的各种身体语言。

1. 以热情的眼神感染旅客或货主

在用眼神与旅客或货主交流时,民航服务人员要力求使自己的目光表现得更真诚、更热情。这需要注意以下 4 点。

(1)视线停留的位置

民航服务人员与旅客或货主对视时,最好勇敢地迎接旅客或货主的目光,不论这种目光表达的信息是肯定、赞许,还是疑惑和不满。通常认为,旅客或货主双眼与嘴部之间的三角部位是民航服务人员停留视线的最佳位置,这样可以向旅客或货主传达出礼貌和友好的信息。

(2)注视旅客或货主的时间

勇敢地与旅客或货主对视,这固然可以体现你的自信和热情,但是也需要掌握一定的度,这里主要是指注视的时间要保持一定的度:时间太短,旅客或货主会认为民航服务人员对这次谈话没有太大兴趣;时间太长,旅客或货主又会感到不自在。

(3)要避免两眼空洞无神

炯炯有神的双眼可以向旅客或货主传递你的热情和执著,如果民航服务人员两眼空洞无神的话,那么就会给旅客或货主留下心不在焉的印象,旅客或货主就会认为你不值得信赖。

(4)目光集中,不要游移不定

目光游移不定常常是为人轻浮或不诚实的表现,游移不定的目光显然会拉大彼此间的心理距离,为良好的沟通设置难以跨越的障碍。

2. 以真诚的微笑打动旅客或货主

微笑几乎已经成了民航服务人员与旅客或货主沟通时的必需品质。微笑同样有讲究,并不是所有人的微微一笑都能轻易地打动旅客或货主。首先,民航服务人员应该注意的是，微笑并不是简单的脸部表情，它应该体现整个人的精神面貌。所以，民航服务人员必须要发自内心地微笑，不要空有一副"职业性微笑"的表情，而内心却厌恶和排斥旅客或货主。其次，微笑的同时要注意自己内在涵养和素质的表现，既要让旅客或货主在彬彬有礼的微笑服务中感受被尊重和关爱，又不至于使旅客或货主感到过分客气和生疏。另外，在微笑时尽量不要发出太大的声音，也不要表现得过于夸张，否则旅客或货主会觉得不舒服。

  3. 以得体的动作增加旅客或货主的好感

无论是一次轻轻的点头、还是一声"您好"，都可以达到营造与旅客或货主友好沟通的气氛。同样，如果民航服务人员的动作不够礼貌和得体，同样会使旅客或货主感到不悦。为了防止无意间做出某种使旅客或货主感到不快的动作，民航服务人员需要在平时就养成行、走、坐、立都得体到位的良好习惯，就像人们经常说的"站有站相，坐有坐相"。

四、民航服务中的沟通阻碍和沟通技巧

（一）有效沟通的阻碍

1. 双方的不信任

沟通并不仅仅是信息的传递，它更需要双方持相互信任的态度。如果这方面出了问题，人们对信息本身的理解就会发生歪曲。例如，当飞机航班因天气等客观因素延误起飞时，如果航空公司和民航服务人员没有及时、准确、清楚地给予解释，并采取相应措施安置和安抚旅客；这样会很容易产生一种不信任的氛围，而不信任则会引起旅客对民航服务人员和航空公司极度的不满。如果出现这样的情况，再解释多少都不会产生什么好结果，因为双方已经在信任上出现了问题。

2. 知觉选择的偏差

由于各人特点的不一样等种种原因，人们总是习惯接收部分信息，而摒弃另一部分信息，把它们当作背景，这就是知觉的选择性。知觉选择性所造成的沟通障碍既有客观方面的因素，又有主观方面的因素。客观因素如组成信息的各个部分的强度不同，对听者的价值大小不相同，都会致使一部分信息容易引人注意而为人接受，另一部分则被忽视当作背景。比如，下面同一句话，有3种不同的说法，由于说话人强调的重点不一样（句子中的黑体字词为强调的重点），导致人们对这句话的理解完全不同。

这不完全是我的错(可能有其他的事是我的错)；

这不**完全**是我的错(只有部分是我的错)；

这不完全是**我**的错(我没有过错，该怪罪的是别人)。

主观因素也会影响知觉的选择，这些因素主要是指个人的心理品质。在接受或转述一个信息时，符合自己需要的、与自己有切身利害关系的，很容易听进去，而对自己不利的、有可能损害自身利益的，则不容易听进去。这些原因，都会导致信息歪曲，影响信息沟通的顺利进行。

3. 不良情绪

同样一个信息由于接收者情绪的不同会对信息有不同的解释。当旅客高兴的时候，对民航服务人员一句脱口而出的话不在意；但是，当旅客本身就情绪不好，民航服务人员一句不在意的话会引起旅客强烈的反感，甚至引发冲突。所以，民航服务人员在与旅客或货主沟通的时候，一定要注意及时把握对方的情绪状态，然后再灵活地与其进行沟通。否则，即使民航服务人员说者无意，而旅客或货主会听者有心。

4. 国家文化的不同

民航服务人员与不同国家旅客或货主的沟通更为困难一些。由于文化、语言、礼仪等的差异，不同国家的人对同一个词汇、同一个身体姿势会有不同的理解。这需要民航服务人员具备深厚的文化基础，对不同国家文化的差异、语言的差异乃至行为的差异有比较清楚的把握。例如，许多西方国家常把黑色与死亡联系，而在远东国家则用白色表示哀悼。

(二) 民航服务人员的沟通技巧

1. 尊重和理解旅客或货主

对旅客或货主的尊重和理解是民航服务沟通中的基本原则。只有这样，才可以谈得上沟通的技巧和方法问题。当然在尊重和理解顾客的过程中，也需要民航服务人员以适当的表达方式和技巧来保证沟通的顺利进行。对于旅客或货主的失误、疏忽、甚至是过失，只要不是故意的，民航服务人员都要给予理解，并给予帮助，而不要责怪顾客，甚至给顾客以脸色。同时对于旅客或货主提出的要求，只要是能做到的，要给予尊重并尽量给予满足。

2. 换位思考

在民航服务过程中，民航服务人员的换位思考意识和能力非常重要。无论是常规的服务内容，还是遇到问题需要解决，多从旅客或货主的角度想问题，很多沟通会很顺利地进行下去。诸多社会知觉偏见都告诉我们，人际沟通中的很多障碍来自于沟通双方从自己角度来看问题，导致双方的理解出现很多不同，导致沟通无法进行下去。这需要民航服务人员在面对时间紧急、事务繁多的情况下，要快速地进行反应，对旅客或货主的角度和理解迅速把握，才能找到与对方进行顺利沟通的策略和方法。

3. 做一个优秀的倾听者

沟通过程中对倾听提出很高的要求，倾听能力是沟通能力中的重要组成部分。一个只会表达但倾听能力弱的人，其沟通能力不会很强。只有倾听能力强再加上善于表达的能力，才会成为一名真正的沟通能力强者。对于民航服务人员来讲，首先要有倾听的意识，要理解在服务过程中，只要倾听做好了，沟通就成功了一半。其次，民航服务人员要培养自己的倾听能力。具体体现在以下 8 个方面。

(1) 沟通过程中使用目光接触；

(2) 表现出赞许性的点头和适当的面部表情；

(3) 在沟通过程中避免分心的举动或手势；

(4) 进行适当的、及时的提问；

(5) 可以复述对方说的内容，以验证自己的理解；
(6) 在对方讲的过程中避免中间打断；
(7) 沟通过程中不要过多地说话；
(8) 要迅速地在听者与说者间顺利地进行转换。

4. 迅速地解决问题

民航服务过程中会临时出现诸如航班延误、旅客投诉等很多问题，这时必须迅速解决。否则，就会使事态迅速扩大或升级，造成不好的影响。很多航空公司就是由于不能及时、迅速地把临时问题给予妥善解决，从而造成旅客或货主的投诉，引起旅客极大的不满，造成严重的不良影响。

5. 正确使用沟通语言

沟通的重要通道就是语言，民航服务人员在整个服务过程中能否正确地使用语言，往往对沟通效果起到重要影响。首先，要掌握运用语言的规律，例如，讲话有逻辑、语言活泼生动，这样才有感染力；其次，要做到纯化语言，也就是尽量用普通话和人们所熟悉的概念、词语，以免发生误解；再次，要尽量发挥语言的综合优势，如声音和体态语言紧密配合，词语、语音、语调等结合起来，这样才能给旅客或货主以深刻印象，增加沟通的效果。

第六节　民航服务人员与旅客或货主的人际关系

民航服务就是服务人员与民航旅客和货主的互动过程，这个过程可以看作是一个人际交往过程，因为其本质是人与人之间的人际关系。所以需要从人际关系角度对服务人员与旅客或货主间的关系进行分析，从而把握其中的规律，提高民航服务人员的人际关系技能，提高服务质量。

一、人际关系概述

（一）人际关系的概念

广义的人际关系是指社会上人与他人之间的相互联系、相互影响和相互作用的人际交往过程。民航服务心理学中的人际关系是其中的一种具体表现形式，它指的是民航服务人员与旅客或货主之间，以及服务人员之间在信息和心理上的互动过程。其中，服务人员与服务对象之间的人际关系是重点，也是本节所要讨论的内容。

人际关系的一般理论认为，人际关系的密切程度取决于交往双方距离的远近程度、交往的频率、态度的相似性和需要的互补性。而民航服务心理学中关于民航服务人员与旅客或货主的人际关系在距离上相对较远，频率高，态度的相似性也比较低，在需要的互补性上偏重于单向的需要，因此它属于公共的人际交往范畴。

（二）人际关系的平衡理论和相互作用分析理论

心理学对人际关系的研究解释了人际关系的基本规律，其中人际关系的平衡理论探讨了人际关系是如何发展和改变的，而人际关系的相互作用分析理论则解释了人际关系中双方互动的状态。下面对这两个理论分别加以讨论。

1. 人际关系的平衡理论

美国社会心理学家纽科姆(Newcomb)于1953年在借鉴和修正海德的平衡理论基础上提出人际关系发展的"A-B-X"模式。它由3种要素、4种关系构成。3种要素是：认知者A，对方B，认知对象X。4种关系是：A-B感情关系，A-X认知关系，B-A感情反馈（B对A-B感情关系的认知），B-X认知反馈（B对A-X认知关系的认知）。纽科姆认为，A与B之间是否会形成和谐的人际关系，与他们对X的态度是否一致有密切联系。如果A与B对X的态度一致，他们之间的关系是和谐的、平衡的；如果A与B对X的态度有分歧，他们之间的关系就会紧张，不协调。为了消除彼此之间关系的不协调，双方会加强彼此之间的沟通，改变态度，使紧张得以消除，恢复平衡。

人际关系中双方如何改变双方之间的紧张关系呢？图4.3可以说明这个过程。图中1显示，A喜欢B（用+表示），A认为X很重要（用+表示），而B认为X无关紧要（用-表示）。所以说，这时处于不平衡状态。通过交换意见，会发生以下三种变化（图中2、3、4所示），才能取得二人人际关系的平衡与和谐。

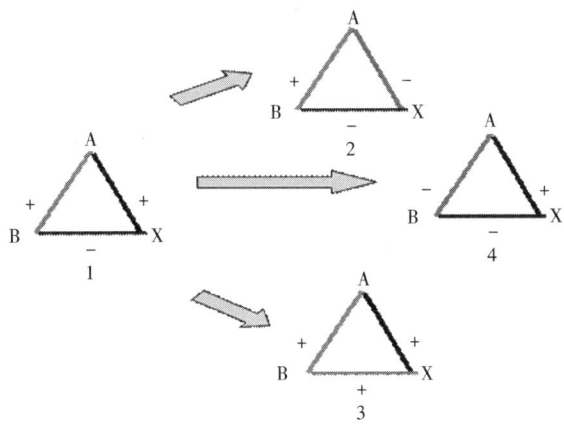

图4.3 纽科姆的人际关系平衡理论

（1）A改变对X的态度，使自己的态度与B对X态度一致，从而消除紧张状态，恢复平衡（图中2）。

（2）B改变对X的态度，使自己的态度与A对X态度一致（图中3）。

（3）A改变对B的态度，这样也会达到一种特殊的平衡状态（图中4）。

总之，如同态度改变的平衡理论类似，有两个"+"号一个"-"号、两个"-"号一个"+"号，或者三个"+"号，才会消除紧张，达到平衡状态。从认知平衡这个角度看，纽科姆的模型与海德的模型十分接近。但是，海德的模型是关于认知主体自身的认知平衡，纽科姆的模型则是把认知平衡扩大到人际互动过程和群体关系，是人际关系的平衡。纽科姆对人认知理论的基本观点是，人们相互之间的感情、态度、信念有一定的联系和相互作用，因此人们的认知系统有趋向于达到某种一致性的倾向。这种理论观点可以用于分析人际关系的改变，对人际关系的发展方向作出可能的预测。

2. 人际关系的相互作用分析理论

相互作用分析(Transactional Analysis，简称 TA)是美国心理学家艾瑞克·柏恩(Eric Berne)于 1957 年创建的人格理论，它能帮助把握个性与人际关系的核心。该理论认为，自我状态(ego-state)是能直接从个体外显行为和内心活动分析把握的、一套相对稳定的认知行为模式和情感体系。每个人的个性、自我都由"父母"（Parent，简称 P)、"成人"（Adult，简称 A）、"儿童"（Child，简称 C）3 种自我状态构成。每个人 P、A、C3 成分的内容和表现，都是独特的遗传与环境因素相互作用的结果。

"父母"状态以权威和优越感为标志，通常表现为统治、训斥、责骂等家长制作风。当一个人的人格结构中 P 成分占优势时，这种人的行为表现为凭主观印象办事，独断独行，滥用权威，这种人讲起话来总是"你应该……"、"你不能……"，"你必须……"。

"成人"状态表现为注重事实根据和善于进行客观理智的分析。这种人能从过去存储的经验中，估计各种可能性，然后作出决策。当一个人的人格结构中 A 成分占优势时，这种人的行为表现为：待人接物冷静，慎思明断，尊重别人。这种人讲起话来总是："我个人的想法是……"。

"儿童"状态象婴幼儿的冲动，表现为服从和任人摆布。一会儿逗人可爱，一会儿乱发脾气。当一个人的人格结构中 C 成分占优势时，其行为表现为遇事畏缩，感情用事，喜怒无常，不加考虑。这种人讲起话来总是"我猜想……"，"我不知道……"。

根据 PAC 相互作用分析，人与人相互作用时的心理状态有 2 种。一是平行的相互作用，如父母—父母，在这种情况下，对话会无限制地继续下去，这种交往是互补的。二是交叉的相互作用，如父母—成人，这种交往是非互补而有伤害性的，就会发生人际关系的障碍而破裂中断。最理想的相互作用是成人刺激—成人反应。

根据 PAC 相互作用分析理论，人际交往存在着以下 10 种类型。其中前 6 种是平行的相互作用，后四种是交叉的相互作用。

（1）PP 对 PP 型：在这种类型中，甲乙双方都表现出一种颐指气使的武断，如甲方说："你把这任务完成一下。"乙方却说："你不见我正忙着吗？找别人干去吧！"

（2）AA 对 AA 型：在这种交流类型中，双方都能以理智的态度对待对方，如甲问"你能把这项任务完成吗？"乙说："如果没有什么干扰，我想是能够的。

（3）CC 对 CC 型：在这种类型中，甲乙双方都易诉之于感情。比如甲说："过不到一起干脆离婚。"乙答："离就离，谁离不开谁呢！"

（4）PC 对 CP 型：在这种交流类型中，甲乙双方表现出权威和服从的行为，即甲方以长者自居对待乙方，乙方亦能服服帖帖不以为然。如甲作为上级对乙说："这件事完不成要受批评。"乙作为下级回答："真完不成，我甘愿接受批评。"

（5）CA 对 AC 型：在这种交流类型中，一方表现为小孩子脾气，而另一方则表现为有理智的行为，这在同事之间、夫妻之间经常会发生。

（6）PA 对 AP 型：在这种交流类型中，甲方表现为有理智，但又担心自己控制不住自己。为此，甲方经常要求乙方担作 P 的角色，起到对甲方的监督和防范作用。这在上下级、同事、夫妻之间经常会发生这种类型的相互作用。

（7）PC 对 AA 型：在这种交流类型中，甲方要求乙方以理智对待他，但乙方则以高压方式对待甲方，这在上下级、同事之间经常发生。

（8）CP 对 AA 型：在这种交流类型中，甲方讲理智，而乙方却易感情用事，这种现象也经常发生在不同人之间的交流中。

（9）PC 对 PC 型：在这种交流类型中，一方采取命令式而另一方不服，也采取同样方式回敬。这种交流方式必然会引起矛盾冲突。这经常表现在上下级、家长和子女之间。

（10）CP 对 CP 型：在这种交流型中，甲乙双方都把对方作为权威看待而表现出一种服从的意向，这在同事和朋友之间经常发生。

理解 PAC 相互作用分析理论，有助于我们在交往中有意识地觉察自己和对方的心理状态，作出互补性或平行性反应，使信息得到畅通。倘能在交往中把自己的情感、思想、举止控制在成人状态，以成人的语调、姿态对待别人，给对方以成人刺激；同时引导对方也进入成人状态，作出成人反应，那就有利于建立互信、互助关系，保持交往关系的持续进行。国外对工作人员进行 PAC 分析理论教育，帮助他们了解人们在相互接触中的心理状态，取得了良好的效果。例如，美国航空公司曾经用影片作教材进行相互作用分析教育。影片放映出一位女售货员接待两位男旅客，为他们安排旅行日程计划。后面一位女旅客等得不耐烦了，就破口大骂这个女售货员说："你在跟男人谈情说爱吗？没完没了的。让人家久等。"尽管实际上并非如此，但是这位女旅客的行为发自"儿童"的心理状态，并以一种恼火的"父母"姿态出现。但售票员的反应不是反唇相讥，而是把局面转到成人—成人的模式。她说："非常抱歉，让你久等了，你需要什么？"事情就这样顺利的过去了。

二、民航服务人员与旅客或货主人际关系的特点

（一）交往的短暂性

民航服务从购票到达到目的地所需要的时间一般不长，所以民航服务交往频率高、时间短。虽然在候机室等环节等得时间较长，但民航服务人员与服务对象间接触的时间短，相互沟通交流得也不多。

（二）交往的服务性

民航服务中服务人员与旅客或货主的人际关系是一种纯粹的为旅客或货主提供服务的人际交往。双方在人际交往中是不对等的，只有旅客或货主对服务人员提出要求，而服务人员最多只能给旅客或货主进行引导，不可能提出需求。在这方面，我国由于传统文化的影响，有的服务人员服务意识不强，或因这种不对等的关系陷入自卑的心理状态，这两种不好的心态都会给民航服务带来不良影响。

(三) 交往的公务性

民航服务只限于在固定的地点和固定的时间内，否则民航服务人员不能打扰旅客或货主。这种服务关系只局限于公务上的需要，不能延伸到个人兴趣、爱好方面，也不会延续到个人间的、持续很长时间的私人关系。所以其公务性非常强，这与短暂性是联系在一起的，也就是民航服务人员与旅客或货主的人际交往是短暂的工作关系。

三、民航服务交往中的相互作用分析

按照相互作用分析理论，在民航服务人员与旅客或货主的人际交往中，可以做以下两方面的工作。

(一) 努力进行平行相互作用的交往

民航服务人员在整个服务过程中，要始终把握一个原则：不管旅客有什么样的要求或心理需要，都必须保持双方的平行的相互作用。只有做到这个状态，双方的交往关系才会顺利进行，服务对象才会感到满意。

(二) 尽力引导服务对象进行成人型交往

根据相互作用分析理论，旅客或货主如果以父母的斥责或批评的心态进行沟通和交流，甚至采取命令的方式，这都会使民航服务人员感到非常为难。同样，如果旅客或货主以儿童的心态进行交往，凭感情和兴趣用事，民航服务也会陷入无原则状态而难以顺利进行。所以，民航服务人员要注意通过各种方法和技巧，引导对方进行成人心态下的交往，这样的服务才能顺利进行下去。

四、民航服务交往中的印象管理策略

印象管理可以促进人际交往，尤其对于时间短的民航服务过程来讲，有更大的促进作用。印象管理是指人们试图控制他人对自己形成的印象的过程；即个人在人际互动中，透过语言或非语言信息，企图操纵或引导他人对自我形成某种良好印象或有利归因的过程。印象管理的目的在于创造良好的人际关系或产生某种影响力。民航服务人员要时刻注意到自己是民航企业的代表，自己在服务对象面前的一言一行都会影响到企业与服务对象的关系。所以要时刻维护自己的形象，从而维护组织的形象，做到良好的印象管理。

在民航服务过程中，印象管理的策略主要有以下 4 个方面。

1. 理想化

也就是说，民航服务人员要掩饰那些与民航企业的价值观念、制度规范、行为标准不一致的行为，而努力表现出与其相一致的行为。因此，理想化本身，就意味着一定程度的掩饰。

2. 建立良好的第一印象

社会心理学家艾根（G. Egan，1997）根据研究发现，在同陌生人相遇的起初，按照 SOLER 模式来表现自己，可以明显增加别人对自己的接纳性，使自己在别人心目中建立起良好的第一印象。SOLER 是由五个英文单词的词头字母拼起来的专用术语。其

中：S（sit）表示"坐或站要面对别人"；O（open）表示"姿势要自然开放"；L（lean）表示"身体微微前倾"；E（eye）表示"目光接触"；R（relax）表示"放松"。所以，当我们按照SOLER方法来表现自己时，会给人一个"我很尊重你；我对你很有兴趣；我内心是接纳你的；请随便"的轻松、良好的印象。心理学家戴尔·卡耐基也根据大量来自实际生活的成功经验，总结出给人留下良好第一印象的六种方法：（1）真诚地对别人感兴趣；（2）微笑；（3）多提别人的名字；（4）做一个耐心的听者，鼓励别人谈他们自己；（5）交谈符合别人兴趣的话题；（6）以真诚的方式让别人感觉到他自己很重要。

3. 自我表现

使自我表现达到良好效果的第一个条件是，尽力使自己的行为符合别人的期望。在民航服务的交往过程中，如果旅客或货主的期望得到了实现，情感上就会有愉快的感受，并自然地产生对民航服务人员悦纳的情感反应。反之，则会有厌恶感。交往过程中使自我表现达到良好效果的第2个条件是，民航服务人员的自我表现必须不侵犯民航旅客或货主的尊严。在他们尊严面临威胁的时候给予他们以有力支持，则可以有效地将双方的交往推向一个更高水平。

4. 特殊的自我表现策略

在某些特定情境中，民航服务人员还可以经常有意识地使用一些特殊方法向服务对象表现自己，借以给他们留下各种不同的印象（未必符合社会期望）。根据社会心理学家琼斯（Jones，1982）等人总结的特殊自我表现策略，民航服务人员在服务过程中可以运用其中的逢迎、显示、恳求3种策略。

（1）逢迎。它是民航服务人员用一定的策略性行为（抬高别人、遵从别人的观点等）来影响别人，以增加自己个性品质的吸引力，使自己看起来值得喜欢。逢迎有两种常用方法，一是赞美旅客或货主；另一个是赞同旅客或货主的观点。大量研究揭示，赞美只是在别人看来是可信和真诚的时候才起作用。同样，表示赞同别人的观点、态度或行为也必须是由衷的，否则反而会增加他人的反感，弄巧成拙。

（2）显示。显示的目的是给民航旅客或货主以正直和品行高尚的印象，并由此使他们感到其中的差距，引起他们某种程度的内疚。

（3）恳求。这一策略是民航服务人员向服务对象表白自己的弱点，其目的不是像显示那样旨在赢得尊重，而是旨在引起旅客或货主的同情。这是在其他策略都无法使用时的最后一种被动的印象控制方法。

总之，民航服务人员在工作中可以适当地运用印象管理来给服务对象留下好的印象，从而在一定程度上也提高了民航企业在旅客或货主心目中的地位，赢得他们的信任。

五、民航服务中与旅客或货主的冲突

民航服务过程中，民航服务人员追求的是高质量的服务。但由于旅客货主的特点不同，民航服务人员所在的航空公司的管理制度不同，民航服务人员与旅客或货主产生这样那样的冲突也是在所难免的。这也是民航服务人员需要应付的一种特殊情况，如何更好地处理与旅客或货主的冲突也是民航服务人员需要不断提高的一种技能。下面对与旅客货主冲突产生的原因和处理原则进行讨论。

（一）人际冲突的概念

人际冲突是指人与人在相互交往和互动过程中，因种种原因产生意见分歧、争论、对抗，使得彼此关系出现不同程度的紧张状态，并为双方所感觉到的一种现象。在民航服务过程中，由于各种原因，特别是在航班延误时，民航服务人员有时会与旅客或货主产生程度或大或小的冲突。民航服务人员应该直面服务过程中的冲突，主动寻找冲突的原因，及时解决问题，以便事态扩大。

（二）与旅客或货主冲突的主要原因

从心理学来看，民航服务人员与旅客或货主冲突的主要原因是旅客或货主的需要没有得到满足，从而产生了对民航服务的不满，导致冲突的产生。具体来看主要有以下几个方面的原因。

1. 航班延误或取消

冲突出现最通常的情况就是当航班延误或取消的时候，当然，并不是说航班一延误或一取消就会产生冲突。其实，引起冲突的往往是由航班延误或取消所带来的其他问题，例如航班延误或取消后，服务人员的服务没有跟上；或者航班延误或取消给旅客造成了重大损失，引起旅客情绪的激动而导致冲突的产生。但毫无疑问的是，这些导火线都是由航班延误或取消带来的。所以每当航班延误或取消时，民航服务人员就要加强警惕，避免事态发展到冲突的产生。

2. 民航服务人员的服务不周

很多时候，引起冲突的原因主要是民航服务人员服务不周到。当然上面谈到航班延误或取消时会涉及到这个问题。但服务人员的服务不周到很多时候并不是服务人员故意服务不好，而是由于民航服务人员没有意识到旅客或货主的新需求，没有给他们提供及时的服务引起的。有时即使意识到旅客的需要了，但服务不及时也会引起旅客的不满，引发冲突。因此，无论民航服务人员意识到没有，最终都落脚到服务人员服务不周到、不细致、不及时引起冲突。这往往是诸多民航服务冲突产生的根本原因，经常听旅客在冲突时抱怨服务人员的服务如何如何，也许其中有其片面性，但从某些程度上来讲，也代表了服务还是没有做到毫无挑剔的优异程度。

3. 情绪的激动

以上 2 个方面是民航企业和民航服务人员方面的原因，旅客或货主本身有时也是导致冲突的直接原因。这里的情绪激动包括两个方面，一是指民航旅客或货主的情绪激动，二是指民航服务人员的情绪激动。由于各航空公司都对民航服务人员的行为有着严格要求，所以仅从外部制度来讲，因民航服务人员情绪激动所引发的冲突是不多的，虽然有，但也是属于极少数，个别情况。所以主要还是民航旅客或货主的情绪激动引起冲突的频率更高一些。其实很多民航服务过程中的冲突也不算是真正的冲突，有时只是旅客或货主在大声吵闹，民航服务人员没有在吵，但这证明冲突已经产生了。对于旅客或货主的情绪激动，民航服务人员惟有通过更加优质的服务措施来缓解其激动的情绪，或采取一些冷处理的方式让旅客的情绪自己减弱。但这个时候尤其需要民航服务人员具有很强的容忍力，能容忍别人对自己的吵骂。

4. 行李或货物出现问题

在旅行中，行李对旅客来讲非常重要，很多物品都放到行李里面，一旦丢失或出现问题，就给旅客的旅行带来极大的不便。就是因为行李对旅客特别重要，所以一旦听说行李出了问题，旅客的心理就出现不平衡，情绪就很容易激动，语言和行为也会因此而激烈，容易导致冲突。同样道理，对于货主来讲，他们目的就是让民航企业安全、快速地把货物运到目的地。如果连这个基本目标和承诺都出现了问题，货主的心理就更不平衡，冲突一触即发。所以这时也特别需要民航服务人员的良好服务来减弱他们的激动情绪。

（三）处理与旅客或货主冲突的原则和方法

在民航服务人员与旅客或货主发生冲突时，或者发生冲突以后，都要坚持"服务至上"的宗旨，坚持根据下面原则来解决冲突。

1. 耐心倾听

在冲突中，耐心是一个融化剂，它客观上有缓和冲突的作用。如果民航服务人员在冲突时能先耐心地听对方说完，不打断他的话。也许旅客或货主没有什么理由，甚至是无理取闹，但必须让他们先说完。但这时往往会发现，他说完本身就有降低情绪的作用，也许把心头的话讲出后，事情就平息了。这对民航服务人员的素质要求比较高，需要一定的容忍度。

2. 不要立即解释

当旅客或货主在激动地诉说时，民航服务人员先不要着急解释，如果在此时解释甚至进行争论，就会进一步激起对方的消极情绪，使争吵更激烈。

3. 表示歉意

服务人员要主动表示歉意，即使是旅客或货主错了。歉意不仅仅表现在语言上，更重要的是要体现在行动上。民航服务人员一句"是我们工作不够，请您原谅"就能化解服务对象心中的怒气。等到问题解决了以后，旅客再也不会使冲突的事态加大，加速问题的解决。

4. 确保兑现承诺

在冲突中，民航服务人员一定要针对问题，确保对承诺的兑现，把问题先解决，其他的事情后谈。所以会经常发现，往往问题解决了冲突也就自然而然解决了，因为这时吵闹的问题已经没有了。

5. 多从服务对象角度思考问题

民航服务过程中出现冲突后，民航服务人员需要设身处地地多为旅客着想，一定不要只站在自己的角度，用自己的价值观和处事态度来看待问题。这样，只会使冲突加剧，使冲突越来越难以解决。

对于国内航空公司来讲，在民航服务过程中，冲突的问题是一个越来越多也越来越难以处理的行业难题（如案例4-6所描绘的）。相信随着我国民航的进一步繁荣，各种法律和规章制度的进一步完善，民航服务中冲突的问题肯定会得到越来越好的妥善解决。但无论怎样，从民航服务人员这个角度来看，是可以在这个问题上做出应有贡献的，那就是提供优异的民航服务。

案例4-6：

延误冲突——没有赢家的"战争"

6月29日至30日，全国多处地区由于雷雨天气使得大量航班延误。仅6月29日首都机场就约有200架次航班延误。航班延误造成众多乘客滞留机场；7月5日有近600架航班延误，占当天航班总数一半以上。两周内，首都机场有2000多架航班延误，众多旅客滞留，对航空公司的投诉也陡增……

资料显示，目前我国国内每年约有1000万人次以上的旅客遭遇航班延误，因航班延误造成旅客与航空公司冲突的事件呈激增趋势。尽管民航总局已于几年前颁布了《航班延误经济补偿指导意见》，正如造成航班延误原因非常复杂一样，这类纠纷的善后工作也是剪不断，理还乱，从中折射出的政策、体制、经营理念、消费心态等方面的问题，更是耐人寻味。

航空公司：航班延误，难以承受之"重"

航班延误是目前航空公司最感头疼的事。去年，有家大型航空公司因航班延误赔偿花费达上亿元。就目前航空公司的盈利水平而言，这样一笔庞大的支出实在难以承受。据民航部门统计，造成航班不正常的原因大致有20多种，其中5类比较常见，即天气变化、流量控制、航空公司调配、飞机机械故障、旅客晚到。天气原因导致航班不正常最多，约占7成左右。尽管按照国际惯例，因天气等非航空公司因素造成的延误，航空公司可以不予赔偿，然而要解决纠纷却不是一纸规定那么简单。在前一时期国航举办的新闻通气会上，国航的一位负责人介绍说：根据国外的统计，一架波音747航班，延误一分钟耗费167美元，波音737则为130多美元，因此航空公司也不愿意发生延误。但是，航空运行是一个很庞大的系统，影响航班正点的因素也是多种多样。此外，目前保障航班正点率的一些基础设施不足，满足不了民航业增长的需求。但旅客对于支撑航空公司运营的后台情况不甚了解，也使得一旦发生航班延误，航空公司与乘客的沟通比较困难，甚至发生较为严重的冲突。

据了解，今年早些时候，几大航空集团曾开会研讨航班延误问题，与会者希望对于航班延误中航空公司的责任能有较明确的界定。

乘客：罢乘、占机，越权的维权

2004年7月1日，民航总局出台了《航班延误经济补偿指导意见》，规定航空公司因自身原因造成航班延误标准分为两个，一个是延误4小时以上、8小时以内；另一个是延误超过8小时以上。这两种情况，航空公司要对旅客进行经济补偿。补偿方式可以通过现金、购票折扣和返还里程等方式予以兑现。具体补偿办法由各航空公司自定；在要求航空公司对延误进行补偿的同时，民航总局还将航空公司的航班正常率与其航线（航班）经营权挂钩。对航空公司因主观原因或客观原因延误后不作有效处理、造成航班延误 12 小时以上的，视情节，暂停或撤销该航班或航线的经营许可。

令人始料不及的是，《航班延误经济补偿指导意见》发布一个月内，全国发生了 300 起消费者占机、罢乘事件。尽管根据民航已出台相关法律，强占航空器属违法行为，却未能完全遏制这种现象。今年由于天气原因造成多起航班延误，乘客占机事件时有发生，6 月 28 日下午 3 时，从广州飞往北京的国航 CA1302 次班机降落首都机场，机上 34 名乘客由于飞机延误而拒绝下机；6 月 29 日凌晨，因天气原因中国东方航空公司 MU5196 航班 27 名滞留机场的乘客拒绝登机。频频发生的占机事件背后，是航空公司和乘客的补偿之争。由于没有可信任的第三方的界定，处于相对弱势的乘客往往对于航空公司给出的航班延误原因半信半疑，怕航空公司将自身的责任归咎于天气等不可抗力因素，借以推诿责任，如若航空公司在处理问题时不够及时、妥善，冲突是在所难免的，而罢乘和占机就是最后的"杀手锏"。对于乘客的不信任，航空公司也很无奈，一位民航地面服务人员告诉记者，就以天气原因造成的延误而论，有时尽管出发地、目的地天气晴好，但飞行航路的气象状况不宜飞越。有的乘客用手机联络目的地亲友，得知当地天气状况良好，就认为是航空公司欺骗乘客。不过，他也承认航空公司在说明情况时有时过于笼统，造成乘客误解。

根据民航相关法律，强占航空器属违法行为，其后果是人为造成更多的航班延误，导致更多旅客的合法权益受到损害。对此。有关专家指出，航班延误时消费者享有 3 项权利，即知情权、选择权、索赔权，航空公司应充分保障乘客的权益，而乘客亦应理性维权。

在日前北京首都国际机场举行的大面积航班延误沟通研讨会上，国航宣传部部长王永生介绍说，这种冲突主要是由民航发展速度与旅客日益增长的需求不相符以及旅客的理性及非理性要求与民航行业特性要求之间存在矛盾的原因引起的。未来十几年是中国民航发展的黄金期，也是民航与旅客的矛盾多发期，要解决这一问题还需要一定的时间。

（来源：李玲．中国旅游报，2006-7-26）

第七节　民航服务人员的群体心理

民航服务人员作为民航服务过程的主体，他的素质和行为直接影响到服务的质量。从民航服务人员的行为这个方面来看，他们的服务行为不仅仅取决于其自身和服务对象，其行为还受到其所在岗位周围同事和领导的影响。同样道理，要提高和完善民航服务人员的素质，自身努力是一个方面，民航服务人员素质的提高需要一个好的周围环境。这些问题就是民航服务人员的群体行为及其心理。本节将对民航服务人员的群体心理进行讨论，这包括民航服务中的社会影响、团体影响和团体凝聚力。

一、民航服务过程中的社会影响

在民航服务过程中，民航服务人员的行为会受到周围人其他人的影响。在社会心理学中，由于社会压力而发生的个人行为与态度向社会占优势的方向变化的过程，称为社会影响(social influence)。民航服务人员由一个民航外部的人转化为真正的民航企业的一员，正是在社会影响的作用下实现的。社会影响表现为从众、服从和顺从3种方式。

（一）从众

1. 从众的概念和实验研究

个体由于真实的或想像的群体压力(group pressure)而不由自主地在认知或行为倾向上同群体内的多数人保持一致，这种现象称为从众(conformity)。在日常用语中，"从众"这个词含有贬义，意味着妥协和让步。但在社会心理学中，"从众"是指社会或团体对个人态度和行为的影响，它既有积极的一面，也有消极的一面，这取决于从众行为的性质。

社会心理学家对从众行为做了大量的实验研究，其中被广为引用和具有权威性的是美国心理学家阿希(Asch)设计的实验。这一实验是主试者要求大学生(7人~9人)判定出示给他们的线段长度。在实验的第一阶段，每次向被试者出示2张卡片，其中一张上有一条标准线（如图4.4中A），另一张上有三条长短不等的垂直线（如图4.4中B），其中只有一条与标准线长度相等，主试者要求从3条线中选出一条与标准线长度相等的垂直线。在单独测验时，大家都做对了，因为这些线段的长度相差很明显。

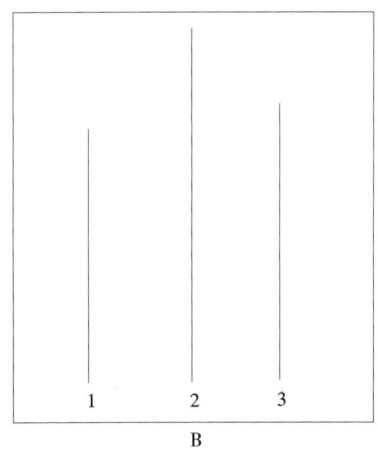

图4.4 阿希的实验材料

在实验的第二阶段，每次都加进5个假被试和1个不了解内情的真被试一起进行。实验时，真假被试围一张圆桌而坐，并有意把真被试安排在最后发言。主试者出示卡片后，5个假被试按照原来的安排，故意一致把明显不相等的两条线说成是相等的，看真被试是坚持原来的看法，还是服从团体压力改变自己的看法。在123名被试中，有37%的人作了错误的回答，表现出从众行为。后来了解到这些被试的感受，他们都觉得多数人的意见"压力"很大。有不少被试虽然意识到两条线不相等，但却相信多数人总要比自己正确些。

2. 从众的原因

引起从众的原因有很多,其中主要原因有以下 3 个。

(1) 行为参照。人们倾向于相信多数,认为他们是信息的来源而怀疑自己的判断,因为人们觉得,多数人正确的可能性大。在模棱两可的情况下,尤其如此。所以,人们越相信群体,自己的信心也就越弱,也就越有可能从众。

(2) 对偏离的恐惧。俗话说:"木秀于林,风必摧之",谁都不愿意被称为越轨者和"不合群的人",他害怕面临群体的强大压力甚至严厉制裁,而保持与群体同样的看法。另一个极端是,个人可能因为不愿意惹人注目或丢面子,而与群体规范一致。从文化特征上说,我国的文化更倾向于鼓励人们的从众行为,因而也更容易产生偏离的恐惧。

(3) 群体的凝聚力。群体的凝聚力(cohesiveness)指群体对其成员的吸引力水平。高凝聚力群体的成员,对自己所属群体有强烈的认同感。个人在许多时候需要通过维护群体的形象来维持自我的价值。群体凝聚力越大,与个人的关系越密切,个人也就越愿意采取与群体相一致的行为。

从众程度有深浅之别。仅是表面上做出让步,口服心不服,仍保留自己的态度和观点,这是浅度从众;如果不仅在表面,而且内心也发生改变,就是深度从众。

3. 民航服务人员和民航服务中的从众行为

对于民航服务人员来讲,步入民航企业一开始可以通过从众达到学习、模仿企业行为规范、遵守企业规章制度的目的。在民航服务过程中,民航服务人员很多的工作标准和行为习惯也是从众的结果,因为自己周围的同事都这么做。同样道理,在民航服务过程中,民航服务人员需要注重民航旅客群体中的从众行为,尤其是在发生问题或产生争论的时候,很多旅客也许就会发生从众行为,跟着其他旅客一起起哄或吵闹。

(二) 服从

1. 服从的概念和实验研究

服从(submission)是在他人的直接命令下作出某种行为的倾向。服从与从众相似,都是在群体压力下采取与群体规范相一致的行为,但从众是自愿按他人的做法去做,而服从是毫无选择地按别人的要求去做,有时内心有不情愿的体验。

米尔格兰姆(Milgram)曾做过一个有名的实验对服从进行了实验研究。他登报招聘了 40 名有偿的男性被试,其职业身份是工人、商人、管理者、推销人员和专家学者,年龄在 20~50 岁之间。主试告诉被试,实验是为了研究惩罚对记忆的影响。实验时,实验者与其他被试一起,两人一组,一人当"老师",一人当"学生",师生角色由抽签决定。"老师"的任务是朗读配对的人名单词让"学生"记忆。"学生"的任务是在需要回答时,对备选答案作四择一的选择。如果选错,"老师"就按电钮以电击惩罚"学生"。电击强度从 15 伏到 450 伏,共分 30 个档次,电钮下方对应地标明"弱电击"、"中等电击"、"强电击"、"剧烈电击"、"极剧烈电击"、"危险电击"等,以区分电击的严重程度。

实验时,"老师"与"学生"是用墙隔开的,相互之间看不见,只能用对讲机联系。"学生"被拴在椅子上,手腕上绑着电极,答案选错了就会感受电击。每错一次,电击强度增加15伏。实验开始时,实验主持者还向"老师"作了一次电击示范,让其了解电击的感受。他告诉"老师",遭受这种电击有痛苦,但无生命危险。在实验中出现了以下情况:"学生"因选错答案而遭到电击。当电压升至75伏时,有人开始呻吟;升至150伏时,有人要求退出实验;升至180伏时,有人喊叫忍受不了;升至300伏时,有人拒绝回答任何问题,并坚持要退出实验。面对"学生"的痛苦和反抗,"老师"不忍心继续做下去,问主持怎么办?主持严厉督促"老师"坚持做下去,并且保证一切后果由自己负责,他们不负任何责任。这样,充当"老师"的被试既要执行主试的命令,又要承受被惩罚者的反抗压力,内心冲突很厉害,出现了出汗、颤抖等现象。但即使如此,仍有65%以上的"老师"服从了命令,直到给予答错者高达450伏的电击。

在这个实验中,所谓"学生",其实都是实验者的助手,即假被试。由于某种安排,抽签的结果,真被试总是当"老师",而电击时实际上并不通电,"学生"遭电击时发出的呻吟、怒骂等也只是放录音而已。实验结束后,主持公开了事实真相,以消除"老师"的紧张、内疚情绪。这个实验说明服从行为的存在。

2. 服从的原因

导致服从的原因主要有以下2个方面。

(1)合法权力。合法权力指社会赋予卷入社会角色关系的一方以法定的影响力,从而使另一方认为自己有服从的义务。不仅稳定的社会角色关系赋予某些人合法权力,临时性的社会角色关系,也会使某些人获得指挥别人的权力。临时性的合法权力是同特定的情境相联系的,一旦脱离开特定的情境条件,临时性合法权力就不复存在。

(2)责任转移。在实验中,人们明知自己的行为对别人有伤害性后果,也仍然倾向于服从权威的命令。出现这种结果,是被试在行为归因上,将行为的责任归于实验者。他们更关心的是如何忠实地履行自己的义务,而不关心行为的后果。

3. 民航服务人员和民航服务中的服从行为

在民航服务过程中,首先,民航服务人员必须服从领导的指示,做好民航服务工作。其次,在与旅客或货主的交往过程中,民航服务人员一定要注意不要试图让服务对象服从你的指示,这会损害服务人员对整个民航企业的印象。再次,对于个别旅客出现的命令口气,民航服务人员一方面不要与之产生冲突,另一方面采用灵活的方式进行应对,如冷处理等方法。

(三)顺从

1. 顺从的概念

顺从(compliance)是指在他人的直接请求下按照他人要求做的倾向。在做出顺从行为的时候,人们可能私下同意他人的请求,也可能私下不同意他人的请求,或者没有自己的主意。在现实生活中,我们经常向他人提出这样那样的要求,希望他人能顺从我们的观点与行为。

要想使一个人顺从别人的请求,创建良好的顺从环境非常重要,其中有3个因素有助于建立一个使人们感到愉快的顺从气氛。

（1）好的情绪。情绪好的时候人们顺从的可能性更大，尤其是要求他人帮助时。其中的原因有两个：一是因为人们心情好时更愿意也更可能参与各种活动。二是因为好心情会激发愉快的联想，而这些联想使得人们喜欢提要求的人。所以，人们经常会在向他人提要求之前先给他人一点好处，预先的讨好和奉承对增加顺从十分有效。

（2）行为的互惠性。互惠性对顺从有很大的影响。互惠性强调一个人必须对他人给予自己的恩惠给予回报。这种规范使得双方在社会交换中的公平性得以保持，但同时也变成了影响他人的一种手段。机票销售人员在旅客购买了他们的机票之后，给你送一些礼物，他们这样做无非是为了增加旅客的顺从愿望，以便增加你购买其机票的可能性。

（3）合理原因。对他人的顺从需要合理的原因，当他人能给自己的请求一个合理解释的时候，顺从的可能性也越大。Langer 等（1977）对给出理由对增加顺从的影响进行了研究，在研究中她让助手去"加塞"复印一些文件。在第一种情况下助手说"我可以先印这 5 页文件吗？"，结果 60% 的排队的人顺从了助手的要求；而在另外一种情况下，助手给了一个简单的理由："我时间紧张，可以先印这 5 页文件吗？"，结果 94% 的排队的人顺从了助手的要求。仅仅给出一个简单的理由就可以增加他人的顺从，是因为人们习惯于对他人的行为寻找原因，并且我们也相信他人不会提出不当的要求。

2. 促进顺从的技巧

促进他人顺从的技巧主要有以下 4 个方法。

（1）"脚在门槛内技巧"（Foot-in-the-door technique）

它分两步实施，第一步先向他人提出一个小的要求，等他人满足该要求之后，再向其提出一个较大的要求，此时对方满足较大要求的可能性也增加。心理学家弗里德曼（1966）对家庭主妇交通安全问题的研究发现：曾经在请愿书上签名的妇女，对随后在自己家草坪上树牌子的要求满足的比例远远高于一般人（55%，17%）。"脚在门槛内技巧"能增加人们顺从的倾向与个体自我知觉的改变有关。如在弗里德曼的研究中，家庭主妇原先可能认为自己是不参加社会活动的人，一旦她们同意了实验者小的要求（即使是难以拒绝才答应的），她们的自我形象可能会发生变化，既然签了名，那么她就应该属于参加此类活动的人。因此随后出现一个大的要求的时候，她们会比以前更愿意顺从。也就是说，接受小的要求改变了个体对自己的态度，这种改变减少了她对以后类似行为的拒抗。

（2）"门前技巧"（Door-in-the-face technique）

它与"脚在门槛内技巧"正好相反，这种方法是先向他人提出一个很大的要求，在对方拒绝之后，紧跟着提出一个小的要求，这时候小要求被满足的可能性增加。Cialdini 等（1975）对此进行了研究，他们先要求参加实验的大学生在下一年度内每周抽出 2 小时的时间参加一些青少年的活动，以便为他们提供"大哥哥"或"大姐姐"的榜样。毫无疑问，由于大学生没有那么多的时间，所以没有人会同意这样的要求。随后，研究者又提出了第二个要求，问他们是否愿意参加"一次"这样的活动，结果 50% 的大学生同意后一种要求；而没有大请求的控制组只有不到17%的人同意随后的小请求。但是，"门前技巧"必须满足3个前提。第一，最初的要求必须很高，从而当人们拒绝该要求时不会对自己产生消极的解释（如我不是一个慷慨大方的人等）。第二，两个要求之间的时间间隔不能过长，过长的话义务感就会消失。这一点与"脚在门槛内技巧"不同，后者具有长期性。第三，较小的请求必须由同样的人提出，如果换了他人，该效应就不会出现。

（3）"折扣技巧"（that's-not-all）

这种技巧的第一步是先提出一个很大的要求，在对方回应之前赶紧打些折扣或给对方其他好处。与门前技巧相比，在这种技巧中不给对方拒绝初始大要求的机会。Burger等（1986）研究了销售面包时这种技巧的效果，发现当顾客询问没有标明价格的面包时，如果开始时要价很高，并且在顾客回应之前告诉他们这个价格里面还包含着一份礼物，此时会有73%的人会购买面包；而在控制组中，当顾客问完价格以后马上给他们看同样的礼物并且说面包价格里已经包括了礼物，这时有40%的人会购买。

（4）"滚雪球技巧"（low-balling）

也就是在最初的要求被他人接受之后，又告诉他人由于自己的要求被低估，又提出了新的较高要求或价码。如在某些商品的以旧换新中，销售人员开始给你的旧电视机估价400元，但当你真正购买的时候，销售人员说这笔买卖还要经过销售经理认可。在假装问了经理之后，他会很沮丧地告诉你：经理认为旧的电视机只值200元。这时他又面带微笑地对你说："你只要多掏200元钱就可以把新电视机搬回家。"在这种情况下，销售人员的策略就是"滚雪球"，慢慢地增加砝码。

3. 民航服务人员和民航服务中的顺从行为

对于民航服务人员来讲，民航服务的过程更多是顺从旅客的要求，为旅客提供各种服务的过程。同时，当需要民航服务人员对旅客或货主进行引导时，一定要借鉴顺从的行为规律，按照顺从的恳求态度，尽可能使服务对象在顺从的状态下，按要求遵守相关的规定，按照要求参与诸如安检、换登机牌、寄安全带、关闭自己的电子设备等整个民航服务各环节。再有，在民航服务过程中，民航服务人员之间也可以遵循顺从的规律，加强同事之间的合作，营造温和的合作气氛。

二、民航服务过程中的团体影响

从心理学的角度看，团体对个体行为有多方面的影响。因此，在民航服务过程中民航服务人员的行为也会由于团体的不同而表现出很大的差别，这主要体现在以下3个方面。

（一）社会促进

1. 社会促进的概念

社会促进（social facilitation）是指人们在有他人旁观的情况下工作表现比自己单独进行时更好的现象。最早对此问题进行研究的是Triplett（1898），他对社会促进的证明也是最早的社会心理学实验。Triplett注意到在有竞争时人们骑车的速度比单独骑的时候快,因此设计了一项实验,探讨儿童在有他人存在时是否会工作得更勤快。结果证明了他的预期,儿童在拉钓鱼线的实验中,当有他人存在时个体工作更卖力。在民航服务过程中,有时服务人员的工作效率也会因他人(如男乘务员在女乘务员面前)在场而工作效果好。这正是社会促进在其中产生的作用。

2. 社会促进的原因

(1) 他人的存在。当他人出现的时候,会使人们的激情增强,而这种激情会进一步强化人们的表现。但是,这种激情对工作成绩起什么作用与工作性质有关,当所完成的任务是人们已经掌握的行为反应时,他人存在对工作成绩起促进作用;而当所从事的工作是新任务,人们还没有学会时,他人的存在对工作成绩起阻碍作用。也就是说,他人的出现对完成简单工作起促进作用,而对完成复杂工作起阻碍作用,两方面都统称为社会促进。

(2) 评价的恐惧。在有他人存在的环境中,人们由于担心他人对自己的评价而引发了激情,并进而对工作成绩产生影响。在 Cottrell(1972)的一项研究中,他设置了三种情境并把被试分为3组:一是让被试单独从事一项工作;二是在被试完成工作时实验助手出现,并与被试做同样的工作;三是双盲实验,被试和助手做同样的工作,但他们均不知道实验的目的,实验者告诉他们正在进行一项知觉实验。结果第二组表现出了社会促进作用,他人存在和评价恐惧两者均能对此加以解释。然而双盲这一组没有发现社会促进作用出现,被试的反应与第一组没有差异。由于双盲组中的他人只是生理上的出现,没有对被试的绩效进行评价,所以这一结果支持评价恐惧理论。因此,按照评价恐惧的理论观点,如果他人只是出现了,而没有对工作表现加以注意,他们的出现不会产生社会促进的效果。

(3) 分心的冲突。在社会促进方面,Baron(1986)提出了分心冲突理论(distraction-conflict theory)并认为,当一个人在从事一项工作时,他人或新奇刺激的出现会使他分心,这种分心使得个体在注意任务和注意新奇刺激之间产生了一种冲突,这种冲突使得激情增强,从而导致社会促进效果。

2. 民航服务人员的社会促进行为

在民航服务工作中,程序化的工作较多,当一名服务人员对业务熟练后,不可避免的会产生厌烦等情绪。这时在服务人员安排和搭配等方面,可以根据社会促进的行为规律对民航服务人员进行人员重新调整,组成新的团队,以便营造社会促进的条件,产生社会促进的效果。但这时要注意其中的一个条件是,服务人员对业务很熟练,否则也许会因为不熟悉业务起到相反效果。同时,有时为了调动民航服务人员更加主动的服务意识,可以借鉴社会促进的行为规律,使同事在场起到一定的监督和督促作用,产生社会促进的效果。

(二) 社会惰化

1. 社会惰化的概念与实验研究

社会惰化(social loafing)是指在团体中由于个体成绩没有被单独加以评价,而是被看作一个总体时所引发的个体努力水平下降的现象。

心理学家黎格曼（Ringelman，1880）最早发现了社会惰化现象，他发现当人们一起拉绳子的时候，平均拉力要比一个人单独拉时的平均拉力小。在研究中他让参加实验的工人用力拉绳子并测试拉力，实验包括 3 种情境：有时工人单独拉，有时 3 人一组，有时 8 人一组。按照社会促进的观点，人们会认为这些工人在团体情境中会更卖力。但事实恰恰相反：独自拉时，人均拉力 63 公斤；3 人一起拉时总拉力 160 公斤，人均 53 公斤；8 个人一起拉时，总拉力 248 公斤，人均只有 31 公斤，不到单独时的一半。但心理学研究显示需要注意的问题是，在集体主义国家中，社会惰化没有个体主义国家强。

2. 社会惰化的原因

产生社会惰化的一个重要原因是责任分散。在团体中，由于个体认识到自己的努力会埋没在人群中，所以对自己行为的责任感降低，从而努力程度不够，致使作业水平下降。

在团体情境中，为什么有时候对个体起促进作用，而有时候却引发社会惰化呢？拉塔纳认为社会促进和社会惰化产生于不同的情境，在社会促进情境中，个体是他人影响的惟一目标，所有的社会影响均指向该个体，当在场的他人增加时，社会影响也增加。社会惰化现象则发生在团体成员完成团体外他人指定的作业时，每一个人仅仅是外人影响的目标之一，外人的社会影响会分散到每一个人的身上，随着团体规模增加，每一个人感受到的压力随之降低。

社会惰化现象对团体工作是有害的，消除它的最好方式是让被试感受到更多的参与及责任。拉塔纳认为，个体可能相信团体当中其他人并不像自己那样卖力，而且个体也可能会觉得在团体活动中自己的贡献会被忽略，产生责任分散。

3. 民航服务人员的社会惰化行为

对于民航服务人员来讲，社会惰化行为规律的启发是，在考核民航服务人员的工作成绩时，尽量避免完全以小组的形式进行工作考核，应综合个人考核与团体考核两种方法对民航服务人员进行工作考核。比如，机舱服务班组，虽然说整个服务班组总体的服务质量才是真正的服务质量体现，但服务班组中的每个成员都要被关注和考核，如果仅仅注重整个班组的工作结果，会使有的服务人员产生责任分散，引发服务人员社会惰化行为的产生。

（三）去个体化

1. 去个体化的概念

去个体化（Deindividuation）现象也是团体对个人行为影响的一种现象，它是指个体丧失了抵制从事与自己内在准则相矛盾行为的自我认同，从而做出了一些平常自己不会做出的反社会行为。去个体化现象是个体的自我认同被团体认同所取代的直接结果。工作中常见的去个体化现象并不多，但它的危害却十分严重，比如当某一个旅行团因为航班延误而聚集在一起闹事的时候，他们往往做出自己平时不会做的事情，如砸商店、砸候机楼设施等。

对去个体化现象的研究最早源于法国社会学家 Le Bon（1896），他发现激动的群众倾向于有相同的感受和行为，因为个体的情绪可以传染给群体。这时，即使一个成员做了一件大部分人反对的事情，其他人也会倾向于仿效它。Le Bon 认为其原因是正常控制机制的崩溃，即道德意识、价值系统以及社会规范不再能够约束人们的行为，自私、侵犯等冲动随便发泄，从而导致暴力与反道德行为。社会心理学家费斯廷格等认为在某些情境中，个体的自我认同被团体认同所取代，个体越来越难以意识到自己的价值与行为，而是集中注意力于团体情境之上。去个体化包括个体责任感的丧失，以及对团体行为的敏感度增加。这种现象是民航服务人员在服务过程中时时要注意警惕的，因为很多民航服务问题如果处理不好，长久下去可能出现集体情绪反应，极端发展会导致去个体化现象。

案例 4-7：

集体歇斯底里

生理疾病有时候也会发生社会传染。Stahl（1982）在一份报告中提到，某一年的春天，35 名在一个电脑中心工作的人大部分突然病了，他们所报告的症状几乎相似：头痛、恶心、呼吸困难以及泪流不止，同时这些人都抱怨说工作环境中有一种奇特及烧焦的味道。有人怀疑是一种神秘的气体引起了这起突发事件。为此他们请来了医生与环境专家进行调查，却没有发现任何可导致这场灾难的因素。为了消除人们的疑虑，专家向工人解释说附近发电厂的浓烟是事件的罪魁祸首，结果这场传染病很快就被控制下来了。

1983 年，在以色列占领的约旦西方银行区，正面临军事冲突之时，当地的阿拉伯人突然得了一场集体疾病。在一天之内有 300 多个女学生被送到医院，这件事很快就引发了以色列士兵与阿拉伯人之间的冲突。这些病人大部分是十来岁的女学生，她们诉说的症状包括：头昏、反胃、胃痛、眼花等。当地人指责以色列士兵对她们下毒，但以色列官方的报告则断然否决了这种指责。

这两件真实的故事实际上描述了一种被称为"集体歇斯底里症"的现象，这种病在病理学上被称为"集体心因性疾病"。Golligan、Pennebaker 和 Murphy（1982）认为这种疾病的产生与团体运做有关，而非生理病因。"集体歇斯底里症"的发生通常是个体对严重压力情境的反应。比如在第一个案例中，工作人员面对单调、低薪及过重的工作压力，再加上附近工地的噪音的干扰，使得他们整天生活在无法预期的混乱环境中。而在第二个例子中，压力则来自最近的紧张气氛以及长久以来的敌对行动。

"集体歇斯底里症"经常发生在同事或同班同学间，受害人通常是年轻人、低收入者及女性。第一个受害者通常是严格社会隔离者，没有朋友，并且可能有连续性昏厥的病历。这种病很快地就会经沟通网络散布到团体的其他成员。在此需要强调的是，这些个案所经历的症状都是真实且痛苦的，没有任何捏造的病症。

（来源：侯玉波. 社会心理学. 北京：北京大学出版社）

2. 去个体化行为产生的原因

去个体化现象对理解集体性的反社会行为有很大的帮助。心理学家通过研究认为去个体化的原因主要来自 2 个方面。

一是匿名性。匿名性是引起此现象的关键,团体成员越隐匿,他们就越会觉得不需要对自我认同与行为负责。在一群暴民中,大部分人觉得他们不代表自己,而是混杂于群众中,也就是说没有自我认同。相反,如果他们具有某种程度的自我认同,并且保持着个体存在的感觉,就不会出现不负责任的行为。

二是个体自我意识功能的下降。人们的行为通常受道德意识、价值系统以及所习得的社会规范的控制。但在某些情境中,个体的自我意识会失去这些控制功能。比如在群体中个体认为自己的行为是群体的一部分,这使得人们觉得没有必要对自己的行为负责,也不顾及行为的严重后果,从而做出不道德与反社会的行为。实际上,人们大多数的去个体化行为都是因为自我意识的能动作用丧失而引起的。

3. 民航服务中的去个体化行为

在民航服务过程中,由于民航服务人员特殊的工作环境和特殊的工作性质,有时是因为业务日益加重,以及工作熟练后的枯燥感,需要注意他们有可能产生的去个体化行为。如,民航服务中的空中管制人员就是一个需要注意的群体。再有,在民航服务过程中出现某些问题时,民航服务人员需要特别注意旅客的情绪,绝对要尽量采取一切措施避免旅客的集体不满行为,因为这样容易引发旅客的去个体化行为,而一旦发生,对民航服务质量的影响将是不可估量的。特别是在高空飞行过程中,如果出现一些天气或机械问题,飞机出现比较剧烈的震动时,旅客就很容易情绪激动,容易发生这种去个体化行为,因为这时的情况特别紧急,可能危及到每个人的生命。这时,民航服务人员要特别注意。

三、民航服务人员的团体凝聚力

(一)团体凝聚力概述

所谓团体凝聚力是指团体成员之间互相吸引并愿意留在团体中的程度。它反映了团体成员之间的相互作用和感情,它对团体工作有很大的影响。

团结凝聚力对于团体行为和团体效能的发挥有着重要作用。管理实践表明:有的团体关系融洽、凝聚力强,意见一致,团结合作,能顺利完成组织任务;有的团体成员之间意见分歧,关系紧张,相互摩擦,凝聚力差,个人顾个人,一盘散沙,不利于任务的完成。团体凝聚力是衡量一个团体是否有战斗力,是否成功的重要标志。

高凝聚力的团体有以下特征:①有良好的团体气氛,其成员间意见沟通快,信息交流较为频繁,互相了解较为深刻,民主气氛好,关系和谐;②有较强的吸引力、向心力,其成员愿意参加团体活动,无论是生产或其他活动的出席率较高;③团体成员有较强的集体主义精神与责任意识,愿意承担团体的任务,关心、维护团体的利益和荣誉;④团体成员有强烈的归属感、自豪感等集体主义的情感。

如何衡量一个团体的凝聚力?一般来讲,有3种方式。一是每个成员评定自己对他人情感的相加,把这些结果加在一起;二是群体成员评定他们的归属感;三是社会测量法。社会测量法是测量内聚力的一个重要手段之一,其公式如图4.5。比如,一个班级有3名成员,团体成员之间可能成对数是3,团体成员之间相互对偶选择的数目2,那么该团体的团体凝聚力是0.67，可以说团体凝聚力较高。

$$团体凝聚力指数 = \frac{团体成员之间相互对偶选择数}{团体成员之间可能成对数}$$

图4.5　团体凝聚力的测量公式

（二）影响民航服务人员团体凝聚力的因素

民航服务人员，尤其是机舱的服务班组，它们凝聚力的水平对其服务质量有着很大影响。那么对于服务人员团体来讲，什么因素能决定团体成员之间是否会相互吸引呢？它主要受以下七个因素的影响。

1. 团体成员在一起的时间

如果人很少有机会看见别人，或没有机会与别人交往，那么他多半就不会被别人所吸引。因此，民航服务人员在一起的时间长短，影响相互之间的凝聚力。如果民航服务人员可以在工作甚至工作之余经常相互交流，这通常又会使他们发现大家共同的兴趣，增强相互之间的吸引力。团体成员在一起的机会取决于他们之间的物理距离。

2. 加入团体的难度

加入一个团体越困难，这个团体的凝聚力就可能越强。要进入一个好的民航服务航线或服务班组，就要经过激烈的竞争，这种竞争就促进团体成员的凝聚力比较强。如果为了进入这个团队，他们要经过一些共同的经历：申请、书面考试、面试、等待最后的结果。正是这些共同经历增强了他们之间的凝聚力。

3. 团体规模

团体凝聚力随着团体成员在一起时间的增多而增强，而团体规模与团体凝聚力之间的关系就复杂一些。一般来讲，往往小团体比大团体凝聚力更强，更趋向一致性；但团体的人数过多，规模过大，容易造成意见分歧，信息交流与信息沟通受阻，从而降低团体的凝聚力；另外团体规模太小，又会失去平衡力量，矛盾难以调解与解决，也会降低凝聚力，影响工作任务的完成。适度规模的团体可以增强凝聚力。

4. 团体成员的性别构成

研究发现，女性的凝聚力高于男性。也许与男性相比，女性与自己的朋友、同事、伙伴竞争较少，而合作较多，这样就有助于增强女性群体的凝聚力。在民航服务过程中现实情况是女性占主导，从人员组成的性别比例来看可以使民航服务团体的凝聚力相对较好。

5. 外部威胁

大多数研究结果认为，如果团体受到外部攻击，团体的凝聚力会增强。但这并不是无条件的，如果团体成员认为他们的团体无力应付外部攻击，团体作为安全之源的重要性就会下降，团体凝聚力就很难提高。另外，如果团体成员认为外部攻击仅仅是因为团体的存在引起的，只要团体放弃或解体就能终止外部攻击，团体凝聚力就可能降低。在民航服务中，适当的进行班组比较和竞赛，也可以在一定程度上提高民航服务人员团体的凝聚力。

6. 以前的成功经验

如果团体一贯有成功的表现，它就容易建立起团队合作精神来吸引和团结群体成员。一般来说，优秀的班组与不成功的班组相比，更容易吸引和招聘到新成员。这都说明以前成功的经验越多，团体的凝聚力越强。所以，如果一个民航服务人员团队工作成绩很好，也有很多成功的工作经验，那么她们的团队凝聚力就比较强，有利于更好地提高服务质量。

7. 领导

领导因素对团体凝聚力有很大影响。领导者是团体的核心，实践表明：领导班子自身闹不团结，互相扯皮、拆台，团体便失去核心，因而凝聚力将受到很大的障碍。如果领导班子是团结、协调一致的，而主要的领导者有较强的权力性和非权力性影响力，众望所归，那么团体成员就会紧密地团结在他们的周围，使团体产生较强的凝聚力。不同的领导方式对团体凝聚力影响也不同。Lewin 的实验研究发现，在民主、专制、放任三种领导方式中，民主型领导方式能使成员有充分表达自己意见的机会，成员有较强的参政意识，成员之间团结协作、互相友爱，因而有较高的凝聚力；而专制型和放任型领导方式则往往在一定程度上降低凝聚力。

（三）民航服务人员团体凝聚力与民航服务绩效

民航服务人员的凝聚力与服务绩效之间的关系比较复杂。一般都会认为团体凝聚力高会提高团体的工作绩效，这种朴素观点是片面的。团体凝聚力高可能提高劳动生产效率，也可能降低劳动生产效率。这是因为生产效率并非由凝聚力单一因素决定，团体目标与组织目标的一致性也是一个重要因素。如果个人目标与团体目标一致，则凝聚力与生产效率之间成正相关，凝聚力高，生产效率也高；反之，如果个人目标与团体目标不一致，凝聚力高，反而团体成员会抱团来抵制团体目标或组织目标，其服务工作效率反而更低。这需要民航企业密切关注个人工作目标、团体目标与企业目标之间的关系，做好目标管理。

第八节　民航服务组织的企业文化

一、企业文化概述及民航服务组织的企业文化

企业文化是在一定历史条件下，某一组织在其发展中形成的、组织成员共同认同和拥有的一组管理理念、价值观取向、行为准则，以及其在规章制度、行为方式、物质设施中的外在表现。

企业文化包括 4 个层面。一是企业的核心价值观，它包括企业价值观、企业愿景、企业使命等，这是企业文化的核心内容，是企业文化最本质的表现。二是制度层面，有企业的规章制度、企业的工作流程等，它是企业核心价值观在企业整体的制度层面的表现，是保障企业核心价值观贯彻下去的制度保障。三是行为层面，它包括企业员工的日常行为，企业仪式、典礼等方面，它是企业核心价值观在人们行为上的具体体现。四是

物质层面，它包括企业形象、企业历史故事、企业的物理环境等，它是企业核心价值观在企业物质标识、企业历史的体现，是最为外显的企业文化。无论企业文化怎样复杂，怎样改变，其中的企业核心价值观是核心，其他层面都是这个核心内容的体现和外化（企业文化结构图如图 4.6）。海尔的企业文化建设是国内比较成功的，其飞速发展和竞争力很多也都来自于海尔独特的企业文化，其核心理念就体现在张瑞敏写的《海尔是海》这篇文章当中（如案例 4-8）。

作为民航企业来讲，其企业文化也包括这四个层面，各大航空公司都给出了自己的企业理念和企业愿景。如，国航核心价值观是"服务至高境界、公众普遍认同"，国航的服务理念是放心、顺心、舒心、动心"四心"；东航的核心价值观是"精、诚、共、进"；南航的核心价值观是"南航人、客户至上、安全、诚信、行动、和谐"，南航的公司使命是"让南航成为客户的首选，成为沟通中国与世界的捷径"。这体现了各航空公司的企业文化。

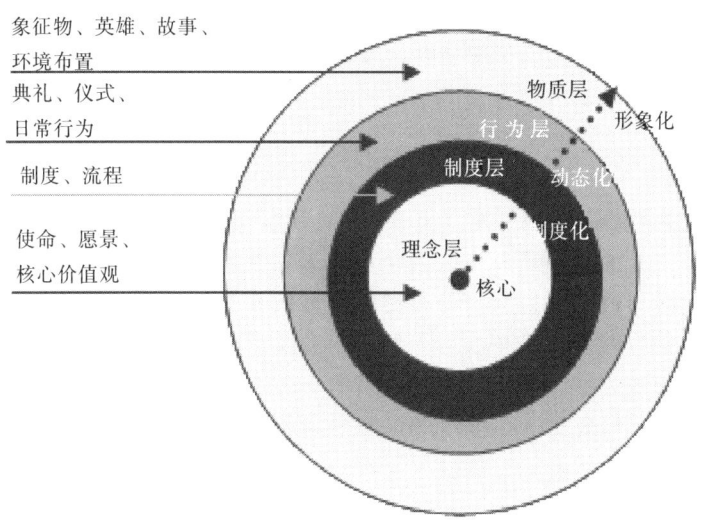

图 4.6　企业文化结构图

案例 4-8：

海尔的企业文化
——海尔是海
张瑞敏

海尔应像海。惟有海能以博大的胸怀纳百川而不嫌弃细流；容污浊而能净化为碧水。正因如此，才有滚滚长江、浊浊黄河、涓涓细流，不惜百折千回，争先恐后，投奔而来，汇成碧波浩渺、万世不竭、无与伦比的壮观景象。

一旦汇入海的大家庭中，每一分子便紧紧地凝聚在一起，不分彼此形成一个团结的整体，随着海的号令执着而又坚定不移地冲向同一个目标，即使粉身碎骨也在所不辞。因此，才有了大海摧枯拉朽的神奇。

而大海最被人类称道的是年复一年默默地做着无尽的奉献，袒露无私的胸怀。正因其"生而不有，为而不恃"，不求索取，其自身也得到了永恒的存在。这种存在又为海中的一切提供了生生不息赖以生存的环境和条件。

海尔应像海。因为海尔确立了海一样宏伟的目标，就应敞开海一样的胸怀，不仅要广揽五湖四海有用之才，而且应具备海那样的自净能力，使这种氛围里的每一个人的素质都得到提高和升华。海尔人都应是能者，而不应有冗者、庸者。因为海尔的发展需要各种各样的人才来支撑和保证。

要把所有的海尔人凝聚在一起才能迸发出海一样的力量，这就要有一种精神，一种我们一贯倡导的无私奉献、追求卓越的企业精神。同心干，不分你我；比贡献，不帷文凭。把许许多多不可思议和不可能都在我们手中变为现实和可能，那么海尔巨浪就能冲过一切障碍，滚滚向前！

我们还应像大海，为社会、为人类做出应有的贡献。只要我们对社会和人类的爱真诚到永远，社会也会承认我们到永远，海尔将像海一样得到永恒的存在，而生活于其间的每一个海尔人都将在为企业创一流效益，为社会做卓越奉献的同时得到丰厚的回报。海尔人将和整个社会融为一个整体。

二、民航服务组织企业文化对民航服务人员的影响

企业文化在核心价值观基础上包括4个层面，其中员工的行为作为企业文化的直接体现，是企业文化的集中表现，因为企业的诸多管理工作最后都要落脚于员工的行为。所以说企业文化对员工的行为有着直接影响。作为服务主导的民航企业来讲，企业文化在塑造和影响民航服务人员行为方面的作用，就显得更为重要，因为民航企业的服务集中体现在民航服务人员以什么样的行为对待服务对象的。所以说企业文化就是民航服务企业的生命线，民航服务人员的行为就是民航服务的核心内容。具体来看，民航服务组织的企业文化对民航服务人员有以下6个方面的影响。

（一）民航企业的价值观念对员工的价值取向和工作热情的影响

民航企业价值观念对员工的影响是最深远的，从思想上、行动上都十分明显。这种影响可分为不自觉和自觉两种情况。在不自觉影响方面，民航企业的价值观念与民航企业的社会功能密不可分，只要民航企业的存在能推动社会的发展，使全社会都切实感到需要这个企业，企业的价值也就得到了实现。如果民航服务人员理解自己企业的这个特点和优点，认识到自己工作的价值和意义，那么就会产生热爱本企业的荣誉感和自豪感，激发巨大的工作热情。在自觉影响方面，民航服务人员自身价值的实现主要就是为实现企业目标而奋斗，否则的话，企业价值不能实现，企业自身难以生存，员工的物质来源就失去了保障。所以，从民航服务人员自身需要出发，他们会自觉地调整自身价值观念中与企业价值观念相悖的地方，使自身价值取向与企业价值观念合拍。这样就形成了企业价值观念对民航服务人员的自觉影响，使服务人员自觉以主人翁的姿态积极工作，即便是企业暂时走入低谷，也能齐心协力共渡难关，走出低谷，从而增强了企业的凝聚力和后劲。正是企业价值观念对员工不自觉和自觉影响的相互补充，相互交错，才使企业员工的价值取向与企业价值观念不断磨合，从思想到行动上最大限度地为企业发展做到心往一处想、劲往一处使。

（二）民航企业的规章制度对服务人员工作行为的规范作用

民航服务作为特殊的行业，潜在危险性是它的一个特点。这就决定了企业很多操作流程必须是非常严格的。同时，服务质量要求高也是其行业的一个特点，这就决定了很多服务工作需要标准化。这两方面都需要民航企业建立很多的规章制度。这种在企业核心价值观和企业理念基础上建立的各种规章制度，其本身就是对服务人员工作行为上的一种导向、约束和规定。很多技术服务和支持人员在操作上是绝对不能有什么失误的。服务人员的工作行为有时也许没有这么严格，但为了达到高的服务质量，其在服务工作中也需要严格按工作规范做事，只有规范化和标准化了，才能谈得上服务质量的逐步提高；否则，服务人员的行为永远停留在无法控制的状态，服务质量永远上不去。

（三）民航企业模范人物对员工近期目标的影响

榜样的力量是无穷的，民航企业树立的本企业的模范人物，对服务人员来说更是看得见摸得着的。模范人物的言行员工一清二楚，模范人物的事迹员工非常了解，模范人物得到的荣誉员工明明白白，由于模范人物生活在员工身边，服务人员会比较自然的以身边模范人物的人生道路来校正自己的人生轨迹，而企业模范人物的人生道路，一般来说就是通过自己的十分敬业和无私奉献为企业作出重大贡献的道路。所以服务人员在这种校正中，会有比较明确的近期目标——向本企业的模范人物那样工作，做出类似的业绩。从而自觉的为企业多做贡献，促进企业发展长远目标，形成一种推动企业发展的无形动力。

（四）民航企业的典礼和礼仪对服务人员职责意识的影响

民航企业的典礼及礼仪活动，目的就是树立企业形象，展示企业风采。所以企业在这类活动中就必须突出企业与众不同的特点，围绕本企业的主要社会功能来进行。民航企业的典礼及礼仪活动，必然离不开民航服务这个主题，展示的是先进的飞机机型、不断完善的服务网络、不断推出的新服务项目、"用户至上，用心服务"的服务理念等等。参与企业典礼及礼仪活动的民航服务人员，必然要在活动中通过自己的努力，采取自己的方式把活动要展示的东西介绍给社会，使社会对自己的企业留下美好的记忆、根深蒂固的印象，这就要求民航服务人员自己首先对本公司有一个正确全面的理解，否则就无法完成你的介绍任务。所以民航服务人员通过亲身参与这类活动，对自己的航空公司是一个什么样的企业，在理解程度上必然会不断深化。从而使员工在潜意识中突出自己航空公司的功能，牢记自己的职责，牢固树立职责意识，明白自己该做什么，不该做什么和怎么做。

（五）文化网络和人际关系对服务人员亲和力的影响

企业文化网络和人际关系密切联系，文化网络指的是传播企业信息的非官方渠道，它主要是通过特定员工来传播企业信息。只有人际关系融洽，服务人员工作起来才能一心一意，心情舒畅，人与人交流时才能坦诚相待，这样企业文化网络传播的信息才能成为官方传播信息的必要补充，使服务人员通过这些信息了解企业为员工做了什么，了解其他服务人员是怎么做的，形成了一种相对透明的人际关系状态，在这种状态中就会自然产生一种对航空公司、对服务人员的亲和力。人际关系不好，勾心斗角，传播的必定是一些不负责任的相互攻击的信息，或是搬弄是非的流言蜚语，这样必然使服务人员之间相互设置防线，在心理上拉大距离，其结果就是增加企业内耗，削弱企业的战斗力。所以只有正常的文化网络和良好的人际关系，才能使服务人员产生亲和力，减少内耗，增强战斗力。

（六）企业物质文化环境对员工形象的影响

自古以来荀子就用"木受绳则直、金就砺则利"来说明环境对事物有不可低估的影响，而人最容易受环境的影响。比如各航空公司非常注重企业形象的营造和宣传，如企业标识、飞机型号、工作服装等。如果民航服务人员对企业形象认同感强，那么在工作中就会努力维护企业形象，对服务工作充满高度的热情。良好的企业物质文化环境对员工影响的结果，必然是企业更兴旺，社会形象更美好，形成良性循环。

在民航服务组织中，企业文化各构成部分对民航服务人员作用的时效、强度、范围大小有所不同。表层物质文化和中间层的制度文化、行为文化会随着企业结构和环境的变化而调整，尤其是表层的物质文化变化较快，而深层的核心价值观则相对比较稳定。因此，深层的核心价值观的影响保持时间较长、效果明显、范围更大；而表层的物质文化所持续的时间最短、强度最弱、范围小，中间层的制度文化和行为文化的作用强度和时间介于二者之间。但无论怎样，这四个层面作为统一体对民航服务人员产生巨大影响。

第五章　民航服务中的特殊心理学问题

在民航服务过程中，民航旅客和货主有一些普遍的心理特点。但因在民航服务过程中经常有一些特殊情况和特殊问题发生，这时旅客或货主会出现一些特殊的心理需要，这要求民航服务人员提供相应的特殊服务。本章将讨论在这些特殊情况下的民航服务问题，包括：航班延误与取消、旅客的投诉、民航服务中的突发事件、民航服务整个过程中的心理服务。

第一节　航班延误与取消时旅客的心理及服务

民航服务具有安全和迅速的特点，民航服务所采用交通工具——飞机，会很容易受到天气因素和技术因素的影响。所以，航班的延误和取消是在所难免的。当前，航班延误和取消时的服务问题成为民航服务中的难点，如果处理这种问题欠妥当，对民航企业将有重大的负面影响。

一、航班延误与取消的概念和影响因素

所谓航班延误就是指按照航班时刻表规定的时间推迟起飞；航班取消是指按照航班日程某航班停飞。

民航是一个特殊的运输行业，许多因素都会制约航班的正常起飞。从大的方面来看，主要有以下 6 个方面。

一是天气原因。如机场大雾、暴雨、大雪、风沙等，能见度达不到标准，看不清跑道，飞机无法起飞降落；机场跑道积雪或结冰未清除，飞机不能起降；有时在航路上有大的雷雨或冰雹等影响飞行安全的天气，同样不能飞行。

二是飞机原因。飞机故障如果不能及时排除，航班只得延误或取消；有时飞机周转不过来，也会影响航班的正常运行。

三是设备条件限制。在相同天气条件下，有的机场或飞机因设备先进可以飞行，而有的机场或飞机由于缺少先进设备就不能飞行。

四是保障工作。如航行管制、通信导航、商务配载、安全检查、气象保证等，不论哪一个环节上的工作未及时做好，都会影响航班的正常运行。

五是旅客原因。如有的旅客未按时登机，又托运了行李，为安全负责要取下此件行李才能飞行；另外，有的旅客临时出现问题要处理，也常会造成航班不正常。

六是国家命令、战争、动乱、自然灾害等特殊情况，都会造成航班延误或取消。

分析上述原因，有些是民航企业的问题，应努力创造条件做好工作；有些是旅客造成的，民航服务人员应予以协助；有些则是难以避免的不可抗力造成。

二、航班延误与取消时旅客的心理

一旦旅客听到航班延误或取消时，其心理需求与客观现实出现矛盾，旅客的心理立即失去平衡，接着就是情绪波动，波动的大小与延误的时间长短和取消航班有关，延误的时间越长，旅客情绪波动越大。在航班延误或取消的情况下，旅客的心态主要有以下4种表现。

（一）焦虑

旅客乘坐飞机主要有公务、探亲访友、旅游或洽谈商务，而之所以选择飞机就是为了省时、安全和舒适。由于航班延误，不能够按时到达目的地，所有的事情和计划都会延误，公务安排需要调整、亲友接不到人而着急、旅游计划取消、商务谈判告吹。而且，飞机什么时间才能够起飞，需要等待多少时间也都不确定。同时通知或不通知家人、朋友等问题困扰着旅客，焦虑的情绪随着航班延误的继续在逐渐上升。

（二）抱怨

当航班延误或取消时，旅客会由于以下原因产生对民航企业和服务的抱怨。首先，如果随着飞机起飞时间的推迟，旅客不能准确及时地了解航班延误的信息，或者航空公司不能说明航班推迟的原因，旅客必然要抱怨；其次，如果航班延误或取消后，民航服务人员以简单的"不知道"来答复旅客，或态度不好，会使本来就不愉快的旅客的心态更加消极，产生抱怨。此时，民航服务人员需要警惕的是旅客的这种抱怨情绪是有扩散性的，会引起周围人的情绪激动。如果民航服务人员服务不到位的话，很容易产生强烈的情绪爆发，导致旅客非理智的群体行为。

（三）愤怒

随着延误时间的加长，旅客的情绪会继续增强。如果旅客感到极度失望、加上候机的疲劳，会使旅客产生愤怒情绪。如果延误时间继续加长甚至航班被取消，以至超过旅客的容忍度，旅客的情绪就会爆发。表现为破口大骂、与服务人员争吵，甚至是要投诉、要求赔偿损失，还有的会破坏机场设施。这时，更需要民航服务企业和服务人员的服务工作。

（四）怀疑

由于旅客自己的计划被打破，而被破坏的原因对旅客而言是那么的不确切，旅客可能会对航空公司告知的延误理由持怀疑态度。"天气原因是可以理解的，但是我们怀疑航空公司没有给我们提供真实的信息。"这是许多旅客在遭遇航班延误时经常说的一句话。这就产生了旅客的怀疑情绪，这种情绪是接下来诸多服务工作效果不明显的直接原因，也是引发旅客情绪特别激动的因素。

如果旅客能够保持冷静，他们通常能够理解航班延误并且能够接受这一事实，可以很冷静地对待延误。但是，如果长时间地冷落他们或者是粗鲁地对待他们，他们也会选择事后投诉的方式表达自己的不满。

三、航班延误与取消时服务人员的应对策略

航班延误或取消时,服务人员可以通过提供相应的服务或信息,或者通过一些心理措施缓解旅客的情绪和过激行为。

（一）提供相关信息和知识

在多数的航班延误或取消纠纷中,信息不畅是许多旅客投诉或状告航空公司的原因。经常听到愤怒的旅客这样说,航空公司事先和事中既无任何通知、告知或说明,在事后也无任何道歉、赔礼。在这方面需要做好两方面工作:一是要及时告诉旅客航班延误和取消的原因,而且在告知后还需要民航服务人员深入地与旅客做当面的耐心说服、解释工作,减轻旅客的焦虑;二是要尽可能准确地告知旅客航班起飞的时间,这里强调的是要尽可能准确,只有准确的信息才能更好地安抚旅客的焦虑情绪。

（二）提供相应的服务措施

在遇到航班不正常的情况下,首先地面服务代理单位就要启动紧急预案,各部门、各人员各司其职,积极应对。其次,有关各单位要严格执行民航总局的相关规定,航空公司和机场应严格按照服务标准为旅客提供服务。再次,如果因天气或机械故障等原因一时不能调度的,就要及时采取补救措施,补飞或转航班都可以。

（三）以诚恳的态度理解旅客

在以上两个措施的基础上,更为重要的是需要服务人员的高质量服务。这时的首要要求是民航服务人员要以诚恳的态度理解旅客。在事件发生之后,不论是什么原因导致的航班延误或取消,不论航空公司有没有直接责任,民航服务人员都应代表航空公司向旅客表示歉意,并妥善安排旅客。如果这时对旅客的行为和情绪不理解,与旅客进行争论,都不是明智的选择。如果民航服务人员同案例 5-1 中的服务人员一样,只能给旅客留下非常不好的印象,这说明在航班延误或取消时民航服务人员的服务态度是多么重要。

案例 5-1:

傲慢的服务人员

一班原定于下午 4 时整离港的客机,因故障在昆明机场滞留了 9 个多小时,尽管航空公司按照相关规定为旅客安排了晚餐、提供了休息点,并给予每人 200 元的滞留赔偿,但由于具体负责人员"高高在上"的态度,38 位滞留乘客纷纷对航空公司的服务提出质疑。"那些地勤人员一问三不知,说明对业务不太熟悉,培训太少,普通话差,还一股傲气。"这是旅客的抱怨,但这却是个别航空公司服务的真实写照。一般傲气的服务能够让旅客感受到什么,这是可想而知的。

（来源:陈淑君. 中国民航报. 2005-11-15）

（四）以人性化的服务缓解旅客的情绪

当航班延误或取消后,旅客肯定是处于情绪比较激动的状态,这时对他们讲道理是无效的。此时更需要民航服务人员"动之以情"的人性化服务,而把"晓之以理"的解释说明工作放在旅客情绪平息之后。首先,民航服务人员要做一个好的倾听者,倾听旅

客发牢骚本身就是一种对旅客的同情和理解,是对他们的一种安慰。其次,表明自己理解了旅客抱怨的内容。再次,适当地与对方进行沟通,在取得谅解的基础上,诚恳地与旅客探讨解决问题的途径,请他们提出合理化的建议。

在缓解旅客情绪方面,国外很多航空公司处理问题的办法很巧妙,重视"心理安抚",真正做到人性化服务。例如,在延误发生后,向客人发放免费电话卡,提供高质量食品,安排档次较高的饭店。延误航班到达目的地后,当地机场专门有一组人员接待旅客,并帮助旅客换乘飞机。延误处理完毕后,对旅客进行抽样调查,内容包括旅客对延误的处理,对航空公司服务人员的态度、效率和食宿质量各方面服务是否满意等。一张调查表就拉近了航空公司与旅客间的距离,表明航空公司对延误的重视,让旅客感觉到自己受到了尊重,在某种程度上也为旅客提供了延误后的一个宣泄渠道。实践表明,大多数旅客会积极参与,或表示不满或提出表扬。这样,航空公司最终赢得的是旅客的理解和回头率。

第二节 旅客的投诉心理及服务

一、旅客投诉的原因

(一) 客观原因

引起旅客投诉的客观原因有:航班或座位有限,旅客买不到机票;天气、机械故障等原因导致航班延误或取消,引起旅客的不满。

(二) 主观原因

作为一种交通运输工具来讲,由客观因素所引起的许多问题,旅客是比较容易理解的,而由这些问题所带来的服务问题往往是投诉的直接导火索。这主要体现在主观原因方面,引起旅客投诉的主观原因主要是在民航服务人员方面。这主要体现在如下4个方面。

1. 服务态度不热情

在民航服务过程中,如果服务人员态度不积极、主动,等旅客来到面前时,不能热情地去接待,甚至有的在开小差,或做其他事情,这些都是民航旅客比较反感的问题。更有难以让旅客忍受的是有的民航服务人员"看碟下菜",往往根据旅客的外表和形象,对不同的旅客会有悬殊很大的服务态度。很多旅客选择民航运输服务就是因为服务质量,可以说从费用方面来说也是较高的。因此,在旅客看来,其付出较大成本却得到这样的服务,这本身就能导致旅客的心理不平衡。这种心理不平衡直接会使旅客愤怒进而投诉。

2. 语言不专业

在服务人员与旅客面对面的交流中,语言的专业性显得异常重要,服务人员要用规范、艺术化的语言与旅客沟通。而不能过于直接,采用不礼貌的语言冲撞旅客。如有的旅客需要某种食物时,如果恰好没有了,民航服务人员需要用委婉的语言进行解释,而不能简单地说"没有XX了,你吃别的吧",更不能不客气地说"你爱吃不吃,XX就是没有了"之类的不专业语言。这样双方势必会发生争执,再继续发展可能就会引起旅客的极度不满而投诉。

3. 服务不周到

民航服务的确需要做到细致、周到,因为旅客对民航服务的质量要求是比较高的。无论是服务的程序过于烦琐,或是服务硬件设施不完备,还是候机厅的各种标识不明显,使旅客感到不方便。这些问题有的也许是小事,但都有可能导致旅客不满,引起投诉。

4. 清洁卫生不好

清洁卫生这个方面在民航服务中也很重要,因为不仅服务对象,乃至社会对民航服务质量的期望都很高。餐厅中的食品不新鲜,饭菜中甚至有头发等东西,以及赠送饭菜不干净这些问题,都会使旅客对民航企业有不良的印象,都有可能引起旅客的强烈不满,进行投诉。

下面的材料(材料5-1)总结了民航服务中近年投诉的七大热点。总之,在民航服务的整个过程中,需要民航企业和服务人员遵循以人为本的理念,每时每刻为旅客着想,满足他们的各种需求,这样才不至于引起旅客非常极端的投诉行为。

材料5-1:

民航投诉七大热点

在强势的航空公司面前,民航乘客无一例外地沦为欲诉无门的弱势群体,日复一日,年复一年地承受着种种苦痛……近年来,因航空公司服务问题频频引发群体性冲突事件。有资料显示,目前我国国内每年约有1000万人次以上旅客遭遇航班延误,每年因航空服务问题的投诉激增。笔者通过"315投诉网"了解到,目前航空服务问题仍然是一个不小的隐患,几个典型的投诉问题仍在继续。

热点投诉一:飞机晚点

2006年6月30日,钱先生搭乘某航空公司航班由上海飞往北京。但该航班在延误了7个多小时的情况下突然宣布取消,并被迫换乘次日早晨8:15的另一航空公司的另外一个航班,而次日的航班再次无故延误1个多小时。

近年来,笔者每次在机场时,几乎总能听到乘客抱着手机满脸焦虑地对电话另一端解释"飞机晚点"。国内某大型网站曾经关于"你曾经有过航班延误的经历吗?"为主题做过一次问卷调查,有高达99.24%的被调查者选择了"有",其中82.05%的人选择了"经常有"。

热点投诉二:赔偿太难

在上述提到的调查中,"遭遇航班延误后,您有没有获得过赔偿?"87.13%选择了"从来没有"。在投诉网上,北京的文松先生说:"去年某日,某公司原定凌晨12点起飞的从广州到海口的航班晚点,0点时,文先生购买了该航班机票,此后此班飞机继续晚点,直到次日凌晨5点多飞机才正式起飞。"

在此期间,这家航空公司航班不正常处理室的工作人员给每位乘客发了一张盖有该部门公章的"致歉信",信上表明:在到达目的地开始的15天内将他们的身份证复印件、机票复印件和登机牌复印件寄往广州南航,将会得到100元的赔偿。

航空界人士表示,100种航班延误就有100种不同的情况,但自2004年民航总局出台《航班延误经济补偿指导意见》已经过去两年多,具体细则和量化的标准依然遥遥无期。

热点投诉三:服务生硬

关于航空公司的服务态度生硬、甚至野蛮的报道,多年来一直不绝于耳。

在315投诉网的投诉中心,笔者发现一位署名LIYUAN的乘客于2006年7月的投诉。LIYUAN乘坐从海口到北京的6365次航班,因机票问题请前台的工作人员帮忙查询,遭拒绝后询问原因,服务人员不理不睬。几经追问下,服务人员竟拍案大声说道:"再问送你去派出所。"吓得和LIYUAN随同的表妹直哭,回京后打该公司的投诉电话,但至今仍未给任何回复。LIYUAN在留言中写到:"本人从现在开始绝对不再乘坐该公司的飞机,并且也不会让家人和周围的朋友乘坐,以免被送往派出所。"

热点投诉四:退票繁琐

蒋先生在2006年11月初就向某民营航空公司预定了2张同年11月28日早晨6点多从上海飞往南昌的机票。11月27日下午2时许,该航空公司发短信通知蒋先生该航班取消。客服人员提供了两个解决方案:要么退票、要么改航班。蒋先生要在11月28日早上到达南昌召开一个重要的会议,只能做出退票处理。对方答复30天内退票款将到账,然而直到12月26日退票款还迟迟没有到账。蒋先生打电话咨询,得到的答复竟然是他们没有这2张票的处理记录。

中消协民航消费体察活动结果表明,多数消费者认为机票退票麻烦、手续费收取比例过高,个别航空公司做出的"特价机票不得签转、不得变更、不得退票"的规定,限制了消费者的权利,是不平等格式条款,对于航空公司规定的退票要到原售票处,很多乘客对此也有些不解。

热点投诉五:消遣单一

远距离飞行,有限的空间,很快会使乘客产生烦躁情绪,这样,机上的时间就显得比较重要。但就目前情况来看,多数航班上的阅读材料很少——基本就是民航类杂志,数量十分有限,不能够满足多层次人群的需要。

于是很多的乘客选择了自己带书,但这样显然很不方便。因此,丰富乘客的阅读材料和机上的娱乐生活是航空公司必须予以重视和改善的问题。

热点投诉六:行李丢失延误

如果你还有行李要托运,那烦恼又多了一个。缪女士于2007年3月8日乘坐某航空公司航班由杭州飞往兰州,中转经过西安。后来到达兰州之后,机场的工作人员说把她的行李票贴成别人的了,因此造成了行李丢失,缪女士的行李里面的东西价值大概8000元左右。

据中消协的统计数据显示,14%的消费者反映在消费体察中行李出现延误,11%的消费者反映行李有损坏,近2%的消费者出现行李丢失。值得注意的是,近三成的消费者反映机场出口处没有提供行李小票查验服务，给行李的安全留下了隐患。

多数消费者还认为，国内航班行李丢失的赔偿标准每公斤100元限额低于国际航班每公斤20美元的赔偿标准，这种内外有别的做法有失公平。

热点投诉七：积分好处难享

国内的航空公司都在搞优惠卡促销活动。而一些看似优惠的优惠卡，并没有合理地让办卡人得到实惠，其内容规定实在令人匪夷所思。买了往返飞机票，因故未坐返程，结果不能退也不能累计积分，消费者朱女士就碰到了这样的烦心事。朱女士购买了某航空公司从上海至纽约的往返机票，因突发事件，提前返回上海。航空公司不予退票，朱女士提出累积里程的要求，也被该航空公司拒绝了。

工商所执法人员在随后的调查中得知，朱女士为这家航空公司的会员，会员章程规定：会员乘坐该航空公司及其伙伴航空公司的航班时，可根据乘坐的航空公司、区间、舱位及运价的不同累积相应的里程数。照此规定，朱女士仅是购买机票而未乘坐航班，因此无法累积里程。这样的结果，朱女士显然难以接受。往往这样的优惠条款最后解释权都在航空公司，旅客处于明显的弱势。

（来源：高淑芳. 华东旅游报. 2007-3-27(007)）

二、旅客投诉的一般心理

任何旅客都带着某种需求选择民航服务，他们对民航的服务态度和服务效率要求较高。一般来讲，旅客在投诉时有以下3种不同的心理需要。

1. 求尊重的心理需要

民航旅客在投诉时，都会需要有关部门、领导或民航企业对其意见重视，承认自己的意见是对的，也需要他们采取相关措施进行解决。这时，旅客往往是超越事件本身，要求的是一种答复和尊重。

2. 求发泄的心理需要

如果旅客的利益确实受到了伤害，而此时服务人员又对其服务态度不好，旅客感觉受到了讽刺、挖苦和嘲笑，甚至被辱骂，旅客就会充满怨气与怒火。这时旅客会想到用投诉的方式来发泄内心的愤怒，以维持其心理的平衡。当然，从工作角度来讲，旅客投诉可以避免面对面的直接冲突，比起当面闹事是一种相对更好一点的方式。

3. 求补偿的心理需要

民航旅客如果在经济上受到一定的损失，会向有关部门和单位投诉以取得经济补偿，这也是一种普遍心理。当然，旅客的投诉并不是仅仅物质上的原因，很多旅客是为通过投诉来补偿精神和心理上的平衡。

三、旅客投诉的应对措施

面对旅客的投诉，民航服务人员不用惊惶失措，而要保持冷静，沉着应对。按照企业规定的投诉程序（材料5-2），灵活地进行人性化的服务，有条不紊地把旅客的愤怒情绪化解掉。

（一）要树立正确的观念

这是应对投诉的首要准则。

一是要明确来投诉的旅客比不来投诉的旅客要好。很多不来投诉的旅客，他们心目中航空公司的印象是不好的，如果他们到处宣传他对航空公司的不良印象，对航空公司来说是非常不利的。反之，如果航空公司把投诉的旅客的问题解决，使旅客满意了，这在一定程度上可以弥补一开始的不良印象。况且，旅客的投诉有的也的确可以反映一些工作问题。

二是来投诉的旅客是相信航空公司能够处理好这些事情的。无论旅客投诉的动机是什么，客观上讲，这是给航空公司一次改正错误的机会，也是一次提高服务质量的机会，如果没有旅客投诉，也许有的问题始终不会被发现，这对未来的民航服务是极为不利的。

三是相信公司的能力，能把坏事变成好事。服务人员在与投诉旅客交谈时要表现出这种自信，这也会有利于修正旅客心目中的航空公司的形象。

（二）根据旅客投诉的不同方式采取不同应对措施

旅客投诉主要有 4 种方式：一是书信投诉；二是当面对话；三是诉诸法律；四是网络公开指责。针对这 4 种投诉方式，民航企业和服务人员可以采取相应的措施。

1. 书信投诉

书信投诉是一种比较正式的投诉，有的甚至在报刊上刊登投诉信，这时需要立即进行调查，了解事实真相。如果的确是民航方面的失误，应该公开道歉，并说明问题解决的程序和结果，以取得旅客的谅解。但是，在今天这个信息非常发达的形势下，如果需要，也可以由事件的直接领导出面公开解释和道歉。当然，对于不是由于民航方面过失的投诉信，也应该给予积极回应，对问题进行详细的解释，消除可能造成的负面影响。

2. 当面对话

对于当面的对话投诉，则需要民航服务人员灵活而职业化地对投诉进行处理。这时接待的民航服务人员需要做到以下两点：一是以诚恳的态度倾听旅客的诉说，同时表示同情和理解，在感情上和心理上安慰愤怒的旅客；二是在向旅客道歉的基础上，有针对性地给予不同的处理。对于一些明显的工作失误，在征求旅客的意见后，应马上给予补偿处理；对于一些较为复杂的问题，在调查清楚事实真相之前，不应急于表态或做出处理。这时需要做到有礼、有理。首先要有礼貌，不能对旅客失礼；其次是清楚明白地列出充分的理由来说服旅客，以等待随后的处理。

3. 诉诸法律

随着我国经济社会的发展，很多旅客越来越懂得用法律武器维护自己的权益，民航投诉采用法律途径的也越来越多。对于诉诸法律的投诉，民航企业也要积极应对，积极到法院应诉，或成立专门小组负责法律投诉。通过法院把事实进行客观的澄清。

4. 网络公开指责

这是一种不太正式的投诉方式。随着网络的飞速发展和我国网民数量的扩大，网络在信息传递方面起到了越来越重要的作用。对于选择乘坐飞机的旅客这个群体来讲，很多人都会经常上网。如果旅客因愤怒把投诉内容写到网络的博客或以帖子的方式散布在论坛上，这种信息的传递速度是非常快的。如果旅客反映的问题特别严重，且处理不当，就有可能对整个航空公司的声誉产生较大影响。对于这种投诉，首先是比较难于在第一时间就发现，其次是现在一些航空公司对这种投诉并没有引起足够的重视。因此，第一，航空公司应该对网络信息要敏感，可以动员公司全体员工时刻注意类似的信息；第二，公司也可以就网络上的一些公开指责设计解决预案系统，一旦出现立即启动预案；第三，一旦发现这种公开指责，也需要立即反应，进行调查，并给予积极响应。当然，对于那些并没有什么影响的随便乱写的内容，航空公司也可以采取冷处理的办法，但需要时刻保持对此指责的敏感性。

材料 5-2：

公共航空运输服务消费者投诉管理办法

第一章 总 则

第一条 为了维护公共航空运输服务消费者的合法权益，促进公共航空运输服务质量的提高，依据《中华人民共和国消费者权益保护法》和《中华人民共和国民用航空法》，制定本办法。

第二条 本办法所称公共航空运输服务消费者投诉（以下简称投诉）是指旅客、托运人和收货人为了维护自身的合法权益，以书面、电子邮件或口头等形式针对公共航空运输企业及其代理人损害其合法权益的事件提出处理要求的行为。

第三条 处理投诉应当遵循合法、公正、高效、便民的原则，以事实为根据，以法律为依据，参照有关行业标准、惯例。

第二章 投诉处理单位及其职责

第四条 中国民用航空总局（以下简称民航总局）负责全国范围内公共航空运输服务消费者投诉的管理工作，其消费者事务管理方面的主要职责是：

（一）制定公共航空运输消费者权益保护的相关规章和标准；

（二）监督检查公共航空运输企业对消费者投诉的处理工作，调查处理重大公共航空运输服务质量事件；

（三）定期向社会公布消费者的投诉情况；

（四）监督管理民航总局消费者事务中心的工作；

（五）组织公共航空运输投诉处理工作经验、信息交流；

（六）受理对投诉处理决定不服的申诉；

（七）监督管理有关投诉的其他事项。

第五条 中国民用航空地区管理局（以下简称民航地区管理局）负责本地区的投诉管理工作，其消费者事务管理方面的主要职责是：

（一）贯彻、执行公共航空运输消费者权益保护的规章、标准；

（二）监督、检查本辖区内公共航空运输企业对消费者投诉的处理工作；

（三）建立、健全本辖区内投诉管理制度；

（四）受理消费者对本辖区内公共航空运输企业的投诉；

(五)承办民航总局或其授权的机构转来的投诉;
(六)每月定期汇总所处理的投诉情况,并及时报民航总局消费者事务中心;
(七)组织本辖区内投诉处理工作经验、信息交流;
(八)监督管理本辖区内有关投诉管理方面的其他事项。

第六条 中国民用航空总局消费者事务中心(以下简称消费者事务中心)根据民航总局授权负责投诉的日常受理工作,其消费者事务管理方面的主要职责是:
(一)负责受理消费者对公共航空运输企业的投诉,将情况及时反馈给相关公共航空运输企业,监督检查被投诉单位对消费者投诉的处理情况;
(二)接受民航总局委托,负责调查处理重大消费者投诉案件;
(三)负责对投诉情况汇总和整理,定期报民航总局;
(四)负责对投诉意见进行分析研究,向民航总局提出建议。

第七条 中国航空运输协会消费者事务管理方面的主要职责是:
(一)负责受理消费者对客货销售代理人的投诉,及时将投诉反馈给被投诉的销售代理人,监督检查销售代理人对消费者投诉的处理情况;
(二)每月定期汇总所处理的投诉情况,并及时报民航总局消费者事务中心。

第八条 公共航空运输企业处理投诉工作的主要职责及要求:
(一)设立投诉处理部门,选派业务素质高、责任心强、具有一定法律知识的工作人员负责具体投诉处理工作;
(二)制定投诉处理工作的职责和程序,报民航总局、民航地区管理局和消费者事务中心备案;
(三)公布投诉受理电话并保证24小时值守;
(四)及时公正地处理投诉,对民航总局、民航地区管理局和消费者事务中心转来的投诉及时调查处理并将处理结果按时上报上述有关部门;
(五)做好投诉案卷归档工作,投诉案卷至少保留两年;
(六)公共航空运输企业要建立、健全与各类代理人的协议,明确双方的权利义务,督促、协助代理人对涉及本企业投诉的处理。

第三章 投诉条件、内容及要求

第九条 投诉受理条件:
(一)投诉人与投诉事件有直接的利害关系(当事人委托他人投诉,应当出示书面委托证明);
(二)有明确的被投诉对象;
(三)有具体的投诉事实和理由;
(四)属于本办法的投诉范围。

第十条 下列投诉可以不予受理:
(一)无具体的投诉事实;
(二)匿名或者无确切的联系方式;
(三)法院、仲裁机构正在进行审理、仲裁或者判决、仲裁已经发生法律效力的;其他有关行政机关正在处理的；

(四)纠纷双方曾达成协议并已执行，无新的投诉理由的；

(五)不符合国家法律、法规有关规定及本办法投诉的。

对于不予受理的投诉，有确切联系方式和投诉人姓名的应在15个工作日内告知投诉人，同时向投诉人说明理由。

第十一条 投诉人向投诉受理单位投诉，应提交书面材料，在特殊情况下可采用口头方式投诉。对于口头投诉，投诉受理部门的工作人员应当制作记录，并要求投诉人提供有关证据。

第十二条 投诉应当包括下列内容：

(一)投诉人的姓名或名称、联系人及联系方式；

(二)被投诉单位名称和当事人姓名或工作牌号；

(三)投诉事实的具体情况(包括时间、地点、经过等)；

(四)投诉请求；

(五)有关证据。

第十三条 投诉可首先向公共航空运输企业或其代理人提出，投诉人认为受理单位逾期不处理或对处理结果有异议的，可向民航总局、民航地区管理局、消费者事务中心或中国航空运输协会提出申诉。

第十四条 投诉人应当对投诉的真实性和合法性负责。

第四章 投诉处理程序

第十五条 被投诉单位接到投诉后，在15个工作日内答复投诉人；对民航总局、民航地区管理局、消费者事务中心或中国航空运输协会转处的投诉还应对投诉的调查结果及处理情况书面报告民航总局、民航地区管理局、消费者事务中心或中国航空运输协会。书面报告应载明下列内容：

(一)投诉事由；

(二)调查核实过程；

(三)确定的基本事实与证据；

(四)明确责任及处理意见。

第十六条 公共航空运输企业及其代理人处理投诉时，可以根据事实和有关规定解释、申辩，也可以与投诉人自行和解。

第十七条 对民航总局、民航地区管理局、消费者事务中心或中国航空运输协会转处的投诉，经调查被投诉单位无责任或者不能与投诉人和解的，被投诉单位应当报告民航总局、民航地区管理局、消费者事务中心或中国航空运输协会。

第十八条 民航总局、民航地区管理局、消费者事务中心或中国航空运输协会处理投诉可以根据当事人双方自愿进行调解，调解达不成协议，上述单位可以根据不同情况分别作出以下调解决定：

(一)投诉人自身的过错。可记为无效投诉并通知投诉人；

(二)双方都有过错的，由双方各自承担责任；

(三)属于被投诉单位的过错,由被投诉单位承担责任。

双方对投诉案件的调解有异议的,可依法提请仲裁或向人民法院提起诉讼。

第十九条 对查证属实的投诉,责任确属公共航空运输企业或其代理人,民航总局或民航地区管理局可以按照投诉的性质和影响,依据有关法律、法规、规章对其进行处罚。

经过调查确定为无效投诉,有确切联系方式及投诉人姓名的应予以回复,但不列入有效投诉统计。

第二十条 被投诉单位对民航总局或民航地区管理局的处罚决定不服的,可以依法申请行政复议或者提起行政诉讼。

第五章 附 则

第二十一条 本办法自公布之日起30日后实施。

第二十二条 1998年4月10日民航总局运输司印发的《航空运输投诉管理规定》同时废止。

(来源:中国民航报.2007-2-2-(2))

第三节 民航服务中的突发事件及处理

一、财物丢失及其处理

机场和飞机是公共场所,人多而复杂,对于旅客的财务,无论是由于一时难以找到,还是偶尔发生丢窃现象,都是有可能的。这时旅客会有一定的情绪反应,民航服务人员应该有针对性地应对这种情况,把问题解决。

(一)丢失财物后旅客的心理反应

当旅客发生财务丢失现象时,旅客心理上的反应有以下3个方面。

一是着急。在旅行中丢失财务是令人非常苦恼的事情,这势必会影响到达目的地后的原定计划的顺利实施,如由于文件的丢失,谈判就无法进行了;甚至影响到旅客到达目的地的生活,如钱包如果也在丢失之列,那就比较尴尬了。

二是需要帮助。当财务发生丢失后,旅客的第一反应肯定是需要民航服务人员的帮助,看是否能有办法进行弥补,如果不能弥补的,则要看是否可以取得临时的财务帮助。

三是对民航服务不满。由于财务是在民航旅行过程中丢失的,很多旅客都会把责任首先归于民航企业,所以往往会产生对民航企业的不满情绪,这也是普遍的心理。

(二)旅客丢失财物方面民航服务人员的应对措施

在旅客丢失财务方面,作为服务人员需要做到以下4个方面的工作。

第一,提醒旅客看管自己的财务。在整个旅行过程中,从登机开始,到飞机落地、领取行李为止的整个过程中,无论是机舱服务人员,还是地勤服务人员,都需要时时提醒旅客要注意看管好自己的行李物品。

第二，丢失财物后，服务人员要表现出同情和关心。在发生丢失财物的事情后，服务人员一定要真诚地表示出同情和关心，并竭尽全力地帮助旅客寻找失物。

第三，给出解决问题的办法。首先，服务人员需要询问清楚旅客当时把财物存放的具体位置等有关情况；其次，当面登记旅客的各种信息；再次，通知有关部门帮助协助查找；最后，如果实在一时无法找到，则可以留下旅客的联系方式和地址、电话等，便于有消息时可以及时联系。

第四，在整个处理问题过程中，对于旅客的负面情绪和过激的语言，服务人员要给予充分理解，多听少说，这样会使旅客在一定程度上缓解当时的焦虑情绪。

二、物品损坏及其处理

在民航服务过程中，旅客物品损坏后旅客会产生一定的情绪反应，一是可能会归于航空公司的责任，二是对自己损坏的物品感到可惜。如果物品损坏不是故意破坏，而是不小心所导致，这时作为民航服务人员可以做下面 4 个方面的工作，并根据情况灵活处理。

一是服务人员收拾破损物品；

二是服务人员对旅客表示同情；

三是根据具体情况和民航有关财产赔偿的具体规定和工作流程，决定是否需要赔偿和怎样进行赔偿；

四是如果是因为旅客饮酒过量失态而造成物品损坏，不仅要求醉酒者赔偿，还要进行警告。

三、突然生病及其处理

在旅行过程中，由于各种原因，旅客突然生病也是时有发生的。遇到这种情况时，民航服务人员需要做到以下 3 个方面工作。

第一，保持镇定，通知相关部门和人员。此时，服务人员千万不能慌乱，第一反应是马上紧急通知相关部门和人员，采取紧急救护措施。

第二，起用紧急救护预案。让专业服务人员先做全面检查，再采取临时措施。

第三，民航服务人员如果不是专业人员，不要随意判断，也不要随便下结论，更不能自作主张随便给病人吃药。

总之，对待突然生病的旅客应该给予及时的个性化服务。从案例 5-2 可以看出，在遇到旅客生病时，民航服务人员比较专业的服务精神和服务措施。

案例 5-2：

南航紧急救助肺气肿旅客——长沙、桂林、深圳空中一路绿灯放行

2007 年 2 月 2 日，南航深圳公司从西安返回深圳的 CZ3216 航班刚刚抵达长沙上空时，年约 50 岁的旅客石先生突发肺病，后背疼痛难忍，大汗淋漓，呼吸困难。该航班乘务长给石先生吸氧急救，机长与长沙区域调度取得联系，做好了备降救人的准备。后来因石先生坚持去深圳降落，于是长沙、桂林至深圳途中一路绿灯放行，使飞机在最短的时间内降落在深圳机场。由于空中救治得当,当飞机抵达深圳时,石先生的病情已无大碍。

当天下午13时05分,南航CZ3216从西安机场起飞。15分钟后,乘务长看到中年旅客石先生站在第17排座位旁的过道上,表情非常痛苦,满头大汗,于是连忙走过去询问他有什么不适。

石先生说他后背疼得厉害,无法坐下,坐下更疼。根据空中急救知识,乘务长担心他是出现了心绞痛,但他又说没有心脏病史,只是肺有问题,左肺有两个很大的气泡,平时在家里偶尔也要吸氧,但从没有像今天这样发展到背部的剧烈疼痛,而且不能躺,坐也不舒服。乘务长为其擦了擦汗,并关闭了通风口,让他多喝温开水注意保暖。而此时石先生已经站立不住了,呼吸急促且困难。

石先生此次是和老伴带着孙女来深圳的女儿家过年的,身上也没有带药品。乘务长通过空中广播寻找医生,但是机上没有医生。于是乘务长决定开展机上急救程序,并将情况通报机长,要求就近寻找机场备降。

后舱空乘赶来帮忙,拿来枕头和毛毯,腾出一排座位,打算让他躺下。但石先生说他无法躺下,只能靠着座位站立。空乘一边给他擦汗,一边拿来机上氧气瓶让他吸氧。氧气开始时采用高流量,在给他吃了一片止痛片后,石先生感觉好了一些。于是氧气改用低流量。此时机长已经与长沙区域调度取得联系,通知机场救护中心做好了接诊准备。在征询石先生的意见是否备降长沙救治时,石先生说在长沙人生地不熟,不同意备降。乘务长告诉他南航地面工作人员将安排好一切,保证照顾好他,不用担心。石先生稍微宽了些心,但看到飞机上150多名旅客座无虚席,他又觉得过意不去,说总不能让大家都跟着自己折腾、耽误大家时间。

随后,机长与长沙、桂林和深圳三地的区域调度中心确立了应急方案,如果情况紧急,则备降长沙或桂林;如果病情稳定,则让飞机选择最快捷的航道,优先降落深圳。

在南航乘务组的精心照顾下,让人庆幸的是在下降前的30分钟,病人的情况慢慢好转,终于让飞机上的所有旅客都松了口气。飞机降落深圳机场后,老人在空乘的搀扶下慢慢走下飞机,他表示已经无大碍了,并对南航乘务组的救助表示衷心的感谢,还留下了乘务长的电话,并嘱咐其孙女回西安还要乘坐南航的航班,让乘务长继续关照,乘务长答应了老人的要求,并嘱咐老人要去医院治疗。

(来源:湛广,耿显燕,谭颖.中国民航报.2007-2-7(3))

第四节 民航服务过程中的心理服务

一、旅客购买机票时的心理需求及服务

(一)旅客购买机票的心理变化

现在,随着电子客票的逐渐发展,民航旅客购票的方式有3种:网上购票、电话定票、民航售票处购票。旅客无论通过什么方式购票,在心理上都会经历以下3个阶段。

第一阶段，关心有没有到达目的地的机票。一开始，旅客最关心的问题是到目的地还有没有飞机票。此时，旅客还没有关注其他信息，只要有票就行。

第二阶段，关心是否有满意的飞机票。当最为重要的问题——是否有票，得到肯定的答案后，旅客就关心这些机票是否能令自己满意。例如，旅客会关注是哪家航空公司，起飞时间，机票有没有折扣，有多大的折扣等等。此时旅客想从现有的飞机票中选择令自己最为满意的。

第三阶段，关心民航售票员的服务怎样。在机票本身是否满意方面基本上有了方向后，旅客随后就会关注民航服务员的服务问题，诸如服务态度怎样、说话语气如何、是否热情、是否可以送票等等。这时，特别需要服务人员的优质服务。

（二）旅客购买机票时的民航服务

在整个旅客购票的过程中，民航企业和民航服务人员需要做以下5个方面的工作。

一是要按民航企业要求，配备完善的硬件设备，例如先进的电脑和快速的网络、清晰的电话线路、方便快捷的飞机票查询系统，以满足旅客的询问、比较、选择等需求。如果是网上定票，一定要配备较好的服务器和速度快的网络，以避网站登陆不上，或定票无法发送请求等令旅客着急的事情。

二是严格按照出票程序和规定进行操作，这时要做到细心、认真，以免发生错误。

三是民航服务人员要态度热情、礼貌、周到，一定要有耐心，保持微笑服务，对于旅客提出的相关问题的回答要细致而合理。

四是民航服务人员要尽量多地从旅客的角度着想，千万不要为了卖票而卖票，从旅客的需求和特点出发，满足旅客需求，增加旅客满意度。

五是民航服务人员无论通过哪种方式售票，都需要了解各航空公司和各航线的总体情况，以方便旅客询问；也需要具备熟练的电脑操作和操作机票查询设备的能力；同时，还应注意把握购票者购买心理的变化，为旅客提供出乎他们意料的优质服务。

二、值机处旅客的心理需求及服务

值机处的工作范围较广，它包括办理旅客登记手续、交运行李、制作飞机配载平衡表等。在此过程中，民航旅客和服务人员的接触也较多，旅客的心理需要也有多种表现，这就需要服务人员做好各个环节的工作，让旅客能顺利进入候机室。

（一）值机处旅客的心理需求

值机处的旅客在办理值机手续前和办理值机手续过程中的心理需求是不同的。下面分两方面对旅客在值机处的心理需求进行分析。

1. 没有办理值机手续时旅客的心理需求

旅客在还未办理值机手续之前的心理需求是求快、求顺利、求尊重。所谓求快是旅客想早点办完登机手续，这主要是旅客带着行李，怕排队等候；所谓求顺利是指旅客需要顺顺利利地通过办理登机手续，或许是因为行李较多，也可能因为行李超重或行李太大，担心不符合民航相关规定；所谓求尊重是指旅客需要民航服务人员尊重他们，即使他们不知道有关规定或做错了什么事情，服务人员也不要指责或嘲笑他们。

2. 办理值机手续过程中旅客的心理需要

在办理值机手续时,旅客的心理需求就发生了转变。这时旅客主要的心理需求有:想问的问题多、办理手续时的要求多、需要提供的方便多。

问题多。值机柜台的工作人员是旅客来到机场后最先接触到的服务人员,所以旅客的大量问题都会向值机柜台的服务人员进行询问。如果旅客经常乘坐飞机,航班正常,旅客只需要换上登机牌、把自己的行李交运就可以了。但是毕竟不是每个人都经常乘坐飞机,很多旅客在此过程中会有大量的问题需要问。有的问题与值机有关,而大量的问题与值机无关。因此,值机柜台的服务人员也充当了咨询者的角色。这个过程对值机柜台民航服务人员的要求比较高。

要求多。每位旅客的情况都不一样,他们的需要也不同。比如换登机牌时,有的旅客愿意坐在靠窗的座位,有的旅客愿意坐前面的座位;还有在办托运行李时,有的旅客要求把物品放在一个包装箱,有的要求用几个包装箱。这时需要民航服务人员把工作做到前面,比如把电子客票和身份证接过来的同时,就马上问旅客愿意坐什么方位的座位。只有这样才会避免很多事情,做到周到的服务。

需要提供的方便多。旅客都会带或多或少的行李,如果行李大小不符合标准,或重量超重等,这时他们往往都会需要服务人员帮助自己,把行李托运;或者不收行李超重费,或者少收行李超重费。对于旅客的这种心理需要值机服务人员提前了解,并做好准备。

(二) 值机处民航服务人员的服务

针对值机处民航旅客的多种不断变化的需求,值机处的民航服务人员需要提供个性化的、人本主义的服务来满足旅客的这种需要。

1. 要有高度的服务意识和责任心

由于值机处的工作繁多而复杂,这就非常需要值机服务人员有强烈的服务意识和高度的责任心,因为每个环节都不能出任何差错,一旦发生差错,就有可能产生各种各样的问题,甚至会威胁到飞机的安全。这不仅仅会影响航班的正常运行,还会影响民航企业的形象,甚至是国家的声誉。

2. 要有足够的耐心和较强的情绪控制能力

从值机处服务人员的工作性质来看,他们的工作压力是比较大的。一般来讲,一个100~200人的航班需要在半个小时内完成工作,时间非常紧张。而且,服务人员需要在几十秒内完成旅客登机手续,其中包括撕下乘机票联、发登机牌、捡挂行李牌、计算超重行李费用等环节。这一连串的工作很容易使值机处服务人员产生紧张和焦虑的情绪。但是,从旅客方面来看,他们并不了解值机工作的特点,而他们也往往从自己的角度来看待这个问题。即使服务人员忙得不可开交,旅客也会提出一些与值机没有关系的问题,如"这个航班的机型是什么?"。所以,值机处的服务人员与旅客在值机处的工作过程中会产生很多冲突,这就要求值机处的工作人员一定要有耐心,对旅客提出的问题尽量给予细心的回答,且不可嘲笑旅客,甚至指责旅客。同时,旅客总是比较集中地办理值机手续,这要求服务人员精神要集中,对于旅客表现出来的急躁情绪要采取适当措施进行缓解。

3. 要足够的仔细

值机处是地面服务中重要的一环，因为它是避免客票差错的最后一关，而且值机处的人比较多，也比较嘈杂，工作紧张。所以，非常需要值机工作人员要仔细，无论登记牌的发放、行李的托运，以及回答旅客的问题，都需要服务人员非常仔细。因为一旦发生小的失误，工作就会出现问题，就会给旅客带来不便，造成经济上的损失，影响旅客对民航企业的印象。

4. 要注意把握旅客需要的变化

值机处的民航服务人员在整个服务过程中要做到主动、热情、周到。办理值机手续的过程中，对于旅客问题多这种需求，服务人员要耐心地给予细致的回答；对于旅客要求多的需要，服务人员要在现有规定和范围之内尽量满足其需求；对旅客需要提供的方便多这个需要，服务人员应给予旅客详细、清晰的解释，说明相关规定并请旅客协助工作。

三、候机室旅客的心理需求及服务

候机室是地面服务的最后一道程序。它与值机处等比较起来，时间长一些，服务的难度也大一些。特别是在航班不正常的情况下，候机室的服务也是最难做的。

（一）候机室旅客的心理需求

候机室旅客的心理需求可以分为两部分，一是在航班不正常情况下旅客的心理需求，二是在航班正常情况下旅客的心理需求。旅客在这两种情况下的心理需求有很大的不同，需要分别给予不同的服务。

1. 航班不正常情况下旅客的心理需求

航班不正常有两种情况，一是出发航班的延误或取消，二是到达航班的延误。相比较而言，出发航班的延误或取消服务起来难度更大，也是民航服务的重点内容。

（1）出发航班延误或取消时旅客的心理需求

当出发航班延误或取消时，旅客的心理会发生巨大的变化，旅客的情绪也会发生很多变化。具体来看，此情况下旅客的心理需求有如下4种表现。

一是旅客的情绪波动大。当航班延误时，首先反映出来的是旅客的情绪波动会非常大。一般来讲，航班延误的时间越长，旅客的需求越强烈，航班延误时旅客的情绪波动就越大。当延误的时间非常长，而旅客去目的地又非常重要时，旅客可能会表现出愤怒甚至会去投诉。旅客的这种情绪变化由急、烦、火，到最后采取过激行为。在航班延误或取消后，旅客会感到自己当时最大的需要没有得到满足，就会产生急躁的情绪。急躁后的旅客接着就感到烦躁，对民航企业甚至是服务人员的行为举止都会感到厌烦，对民航企业和服务人员持一种消极的对立和抵制情绪。而这种情绪延续下去，往往会因一点小问题就会导致情绪的爆发，产生过激行为。

二是旅客会感到时间过得特别慢。在航班延误或取消的情况下，旅客对时间就特别敏感，往往会感到时间过得特别慢，这种错觉会导致旅客产生不耐烦的情绪。

三是旅客产生了一些新的需要。航班延误或取消，一时旅客的原有计划被打乱。这时旅客就会产生一些新的需要。例如会需要立即给接机的亲友打电话说明情况。这时特别需要服务人员能有所预见，有准备性地为旅客提供服务。

四是旅客中会出现"非正式领导者"。航班不正常所引起的旅客情绪波动，很容易使旅客成为一个临时团体。在此种情况下，如果某位旅客心理上的要求特别强烈，会站出来作为旅客的代表维护所谓的大家利益。这个人就是非正式领导者，这种领导的出现往往会给民航服务带来麻烦，因为这个非正式领导会煽动旅客的情绪，极端的还可能发生集体骚乱。

（2）到达航班延误时旅客的心理需要

由于各种主客观原因，飞机没有定时起飞，导致航班到达延误。虽然航班的延误是在别处的出发点发生的，但即使到达目的地，旅客还会有一种潜在的不满情绪。如果民航服务人员的服务不好，这种潜在的不良情绪可能就会表现出来。

2. 航班正常情况下旅客的心理需求

航班正常时，旅客在候机厅等待的时间就不会太长，这时主要表现为一般的舒适需要，购物方便的需要和服务周到的需要。这时民航服务人员只要提供正常的服务就可以。

（二）候机室民航服务人员的服务

在航班正常的情况下，服务人员按照自己的本职工作和服务流程提供正常服务就可以。在航班不正常情况下，服务人员要做好服务工作，是整个民航服务的难点。要做好这个工作，针对此时的旅客需要，民航服务人员需要做好以下几个方面的工作。

1. 出发航班延误或取消时的服务

当出发航班延误或取消时，候机室是整个民航服务的工作重点，也是工作难点。这时民航服务人员首先应该明确候机室服务工作的重要性。服务人员要认识到无论是从服务时间，还是从服务难点上看，候机室都很重要。这要求民航服务人员要针对旅客的具体需要，充分运用自己的服务技巧做好航班出发延误或取消时的服务工作，以民航服务弥补航班不正常带来的负面效应。具体来看要做到以下4点。

（1）理解旅客因需要未得到满足而引起的情绪波动

当出发航班延误或取消时，旅客情绪波动很大。关于这一点，民航服务人员一定要明确，并给予充分理解。这时最需要的是民航服务人员一定要充分理解旅客的情绪是自然的事情，要客观面对；也需要民航服务人员设身处地地为旅客着想，及时将航班有关信息通知旅客，安抚旅客的情绪。紧接着给予旅客以耐心细致的服务，使旅客感到虽然航班延误或取消，但服务仍然非常好，从而安抚和减弱旅客的情绪波动，这是此时的首要工作。

（2）注意以优质高效的服务弥补航班的延误或取消

一般来讲，绝大多数旅客还是能够理解航班的延误或取消的。很多时候旅客在航班延误或取消后，并不是就要吵着向航空公司索赔。其实旅客往往不满意的是随后的服务不到位或解释安抚工作未做好，也就是常常因为服务不到位而导致旅客的愤怒。这就要求民航服务人员在航班延误或取消时要做到以下 5 个方面，以提供优质的服务：一是要尽快对航班的延误或取消给予充分的解释；二是要尽快安排旅客等候的地点和时间；三是要尽量满足旅客由于航班延误或取消而产生的很多新的需要和要求；四是要耐心诚恳地回答所有旅客的问题；五是要尽快给旅客答复航班何时起飞或如何改签等问题。此时，民航服务人员也可以采取一些小的技巧来转移旅客注意力，缓和旅客情绪。比如可以在通知航班延误或取消的同时，打开候机室里面的电视或录像，播放一些有吸引力的影片，这样有利于转移旅客的注意力，稳定旅客的情绪。

（3）正确处理好旅客的过激言行

在宣布航班延误或取消后，旅客肯定会出现一些激动的情绪，有时这种情绪会演变为过激的言行。面对这种情况，首先，民航服务人员要提前做好准备，争取把这种可能的过激行为消灭在萌芽之中。因为旅客的情绪由激动到言行的过激是有一个发展和积累的过程的，这时要求民航服务人员一定要注意观察和理解旅客即时的情绪变化，根据其情绪和心理变化提供有针对性的服务内容。其次，所有的民航服务人员要活动在旅客中间，随时了解旅客的情绪变化情况，随时解决旅客提出的要求。再次，当旅客出现过激行为时，民航服务人员也要学会用法律武器维护自己的权益，明确告诉旅客：你是旅客，我们可以毫无怨言地提供服务，但一旦触犯法律，就不存在服务的问题，就要用法律来解决问题。

（4）处理好个别的所谓"非正式领导者"

对于可能出现的所谓"非正式领导者"，民航服务人员首先要给予充分的重视，要注意根据其心理特点进行有针对性的应对措施。具体包括以下 4 个方面。

一是要注意以柔克刚，以温和的态度感化他。在公众场合下，也许周围旅客都会有或多或少的愤怒情绪存在。但只要民航服务人员不为这种情绪所影响，对他们的粗暴甚至是过激言行不予计较，对"非正式领导者"的反应给以冷处理。同时，民航服务人员应尽一切可能不要激怒他们，以温和的态度去感化他们。一般来讲，都不会引起对方愤怒的加剧。如果这样，对方还给予不冷静的反应，公共场所的氛围会给对方以压力。

二是要注意把握他需要周围旅客的支持这个弱点。在这种氛围中，"非正式领导者"的一个脆弱的地方是他非常需要周围其他旅客的支持和响应，所以这时民航服务人员不要被他外表的气势所吓倒，要抓住他这个心理弱点，采取各种办法把他与周围旅客隔离，或者请他到办公室谈，或者把他叫到一边。这样，让他冷静或缓冲一下，以免让他影响周围群众的情绪。

三是要冷静面对所谓"非正式领导者"的激动行为。如果"非正式领导者"真的出现了过激行为，那么就要采取一些办法把他的这种过激行为融化掉，而不要再用语言劝说"请不要指手画脚"，因为这时这种劝说已经无济于事了。具体技巧有，一是可以想尽办法请他坐下，这样可以缓和一下他的情绪；二是可以给他倒一杯水，因为对方在接水时会主动把情绪压下来。

四是要注意群体情绪的变化。民航服务人员在面对这种情况时，要注意旅客团体的动向，注意把握群体的心理变化。因为如果一旦处理不到位，使旅客形成一个团体，那么工作的难度就更大了。这时需要民航服务人员做到以下两点：一是要了解每位旅客的情绪；二是对个别旅客提出的要求给予马上解决。这样就可以做到"各个击破"，避免愤怒旅客团体的形成。

2. 到达航班延误时的服务

当到达航班延误时，由于旅客的主要需要满足了，虽然是推迟满足的，所以这时的民航服务工作要相对容易一些。这时要求民航服务人员要做到以下3点。

（1）**注意关注旅客延续下来的波动情绪**。虽然旅客到达了目的地，但由于误点引起的旅客情绪的波动还会延续下来，这时民航服务人员要注意这种不理性行为的产生。

（2）**注意提醒旅客**。因为航班延误了时间，旅客下机后肯定很匆忙，这样就容易产生差错。这时民航服务人员一定要注意提前提醒他们要做好哪些事情，减少可能出现的失误。

（3）**民航服务人员注意自己调节好情绪**。航班到达延误也把民航服务人员的计划打破，没有按时下班。所以这时民航服务人员一定要注意调节好自己的情绪，把精力投入到民航服务工作中。要做到，一是要克服自己的厌烦情绪；二是要积极、迅速、耐心地为旅客提供各种服务。

四、空中飞行中旅客的心理需求及服务

民航空中飞行中的服务是民航服务整体中的主要内容，这个环节最能体现航空公司的服务水平和服务质量，是体现航空公司形象的窗口，它关系到旅客对民航的整体印象。

（一）空中飞行中旅客的心理需求

旅客从候机室来到飞机上，他们的需要也随着发生变化。民航服务人员要做好空中飞行阶段的服务工作，需要敏锐地把握旅客这种需要的变化，以敏锐的观察能力洞悉旅客的具体需要。一般来讲，旅客在空中飞行中有以下4个方面的需要。

1. 安全的需要

旅客在空中飞行中的安全需要主要体现在两个方面：一是对飞行安全的关注，对于这种安全需要，旅客寄托于飞行员和飞机本身；二是对自己财产安全的关注，这种需要旅客要求直接满足。在长途旅行中，无论是用餐，还是睡眠等，旅客都会首先想到自己财产的安全。

2. 舒适的需要

在空中飞行中，旅客的舒适需要包括物质和精神两个方面。在物质方面，旅客要求用餐质量和品种要多样，要求座位要舒适，要求空间要足够大等等。在精神方面的需要主要体现在，旅客需要民航服务人员的服务态度要好，各个环节要更顺利一些。这对民航服务人员的服务技巧和能力提出了很高的要求。

3. 受尊重的需要

在空中飞行中，旅客普遍需要自己的言行得到服务人员的关注，需要在服务过程中服务人员要以赞赏的态度对待自己，而不能挖苦或责怪自己。这方面需要民航服务人员

要大胆适当地赞扬和肯定旅客，在一定程度上满足他们的虚荣心。例如，有的旅客本来经济不富裕，但在购买商品时却冠以"不喜欢"等理由，这时民航服务人员千万不能以"买不起"、"这个更便宜"等来揭穿对方所要掩饰的方面，避免旅客不满意。另一方面要求民航服务人员千万不能责怪旅客，尤其是对于初次乘机的旅客所问的问题要耐心回答，对于旅客由于不熟悉而出现的诸如把沙拉倒进米饭的行为，可以采取冷处理，避免引起旅客不悦。

4. 优质服务的高期待需要

一般来讲，民航旅客都认为机票价格很高，在乘坐飞机过程中应该给予相应较高的服务，应该得到服务人员的热情接待。因此这就决定了旅客从登机一直到下飞机的整个过程中，对民航服务人员的服务报以很高的心理期待。而这时，非常需要民航服务人员通过热情、周到、主动的服务来满足旅客的这种高期待。因为如果一旦没有满足旅客的这种需要，所提供的服务低于旅客的这种高期待，旅客就会产生不满情绪，带来服务中的难题。

（二）空中飞行中民航服务人员的服务

作为民航服务的窗口，作为旅客评价民航服务的重要环节，针对旅客的各种各样的需要，民航服务人员需要以优质的服务来满足旅客在空中飞行中的各种心理需要。具体来讲需要做到以下4点。

1. 树立强烈的责任感

在空中飞行过程中，民航服务人员要明确自己的一言一行都代表着航空公司，甚至在国际航线上代表着中国，民航服务人员的言行对旅客有着直接的影响。所以民航服务人员为了民航企业，为了祖国，要树立强烈的责任感，意识到自己工作的重要性。这样才能以主动、热情、微笑的服务对待旅客，才能满足旅客的各种需要。

2. 关注旅客的安全需要

对于空中飞行中旅客的安全需要，一方面民航服务人员可以通过介绍机长和机型，在一定程度上使旅客放心，对飞行安全树立更强的信心；另一方面，要热情主动地介绍飞机上的设备，引导旅客正确地使用各种设备，以确保飞行安全；第三是要提醒旅客注意保管好自己的物品，万一发现有旅客遗失物品，应马上协助旅客寻找。

3. 满足旅客物质和精神舒适的需要

对于旅客物质和精神方面要求舒适的需要，除了飞机的硬件设施要配备好之外，民航服务人员要重点关注和尽量满足旅客的精神舒适的需要。在这个方面，服务人员的服务态度、服务技巧显得尤其重要。具体体现在，一是民航服务人员要以微笑服务对待旅客；二是要注意倾听旅客的心声和要求；三是注意主动热情地关心旅客，询问旅客有什么需求；四是主动帮助旅客；五是注意少说多做，以真诚的行动对待旅客。

4. 丰富和完善服务技能

既然旅客对飞行过程中的期待很高，也存在各种各样的需要，那么就需要民航服务人员要不断地丰富和完善自己的服务技能，提高自己的服务素质。在技能方面，民航服务人员需要具备较强的处理突发事件的能力。因为飞机在高空飞行，一旦出现情况，就会有很大的危险。这时需要民航服务人员要妥善处理,反应敏捷,冷静对待,注意安抚旅客的恐惧情绪,从而确保旅客的生命和国家财产的安全。这方面需要民航服务人员在日常的练习和培训中提高,既可以通过模拟的方法来学习,也可以通过学习别人介绍经历过的案例的方法来逐步提高。在这个方面,服务人员需要在以下 3 个方面不断地锻炼自己:一是要沉着冷静。当遇到突发事件时,要注意自己首先要保持冷静,沉着应对,不惊惶失措;二是思维要敏捷。遇到事情要迅速地想出解决问题的办法,要主动,要根据事件的特点和趋势,迅速找到解决问题的办法,化险为夷;三是耐力要强。遇到突发事件旅客肯定感觉受到委屈,这时,民航服务人员不能急躁,要克制自己,做好耐心的说服和解释工作,以便把危机事件处理妥当。

五、行李查询处旅客的心理需求及服务

作为民航客运的最后一个环节,行李查询处的完美服务可以给整个民航服务画上一个圆满的句号。此时,旅客的基本需要已经得到满足,但这时行李的安全需要是这个环节旅客的第一需求,旅客往往急于知道自己行李的下落。所以民航服务人员都应该围绕旅客安全的需求和急切的情绪开展工作。

(一)行李查询处旅客的心理需求

旅客刚下飞机后,都会带着一定的焦急情绪迫切想知道自己的行李到了没有,到什么地方领取行李。一般来讲,一旦旅客的行李在抵达或安全方面出现问题,围绕行李的安全问题,旅客会产生如下 3 个方面的心理变化。

1. 情绪变化大

一般来讲,当旅客刚下机时都带着相对比较放松的心情,一旦得知自己的行李没有到达,或出现破损等情况,旅客的心理落差将非常大。因此这时旅客的情绪变化非常激烈,甚至这种激动的情绪会导致旅客的过激行为。原因在于,一是这个问题来得比较突然,二是行李对出行的旅客来讲是很重要的,一旦找不到或破损,会对旅客的出行带来极大的不便。

2. 迫切找到行李

一旦知道行李出了问题,旅客的第一反应就是急切想看到行李,或者急切想知道行李在什么地方。如果有可能,旅客非常需要马上拿到行李。这种心理是非常强烈的。

3. 要求补偿的心理

行李出了问题,旅客一般会提出补偿的要求,这也是正常的。但需要注意的是,在行李补偿方面民航总局是有相关规定的,但往往旅客提出的要求超过相关规定的标准。所以这时民航服务人员要做好应对的准备,需要在沟通的技巧方面根据情况灵活处理。

(二)行李查询处民航服务人员的服务

1. 理解旅客的情绪变化

当旅客下机查询自己的行李时,言行都表现得很急,情绪容易激动,因此,民航服务人员首先要对这种情况有正确的认识,其次是对此做好准备。民航服务人员要认识到旅客的这种激动情绪甚至过激的行为是正常的,是人在此情景中一种常见的反应,因为

旅客此时的心理极不平衡，这就要求民航服务人员要培养自己宽容的胸怀。与此同时，要做好相应的民航服务工作。

2. 调节好自己的情绪

一般来讲，旅客的行李安全出了问题，不一定是到达机场的原因，但民航服务人员的情绪一定不要受旅客情绪的影响。本来旅客得知自己的行李安全出了问题后，就会特别激动，如果服务人员再以不好的情绪与旅客进行交流，那么就会出现冲突。况且一般旅客都不理解所谓的到达机场与出发机场的分工，尤其是国内航空，都认为民航是一家，对行李出的差错不理解。所以，这时民航服务人员自己应先调整好情绪，不能因为当前的结果不是自己造成的，就感到委屈，更不能把这种委屈的情绪带到工作中，给服务工作带来问题。

3. 以优质的服务感化旅客

无论是对于旅客的着急情绪，还是因行李出现问题而出现的激动心情，民航服务人员都应当给予充分的理解。在理解的基础上，通过自己最好、最优质的服务在情绪上感化旅客。这时，民航服务人员首先要积极想办法处理问题，马上联系出发站，查找行李下落。如觉恰当，可以在旅客面前通过发电报、打电话等方式联络对方，表示自己在积极为旅客的行李想办法。一旦有任何消息，都要及时通知旅客，使旅客的心理达到平衡。

4. 适当补偿

补偿是行李查询处的工作难点。在这个问题上，一般旅客都会提出高于民航总局规定的赔偿要求，而民航服务人员又没有权力突破规定，所以如何在双方之间达成共识是工作中的难点。这时更需要民航服务人员的服务技巧和服务能力，如果是航空公司的原因导致旅客的行李出现问题，那么航空公司要对旅客提供一笔生活费用。这时关键的是要与有关部门及时取得联系，安排行李如何寻找，把问题解决。

5. 仔细检查

在行李出口处，民航服务人员要仔细、认真地检查行李牌，千万不要因自己的一时疏忽而没有把行李牌看清楚，导致行李的错拿；同时对于拿错行李的旅客如果没有及时纠正，也会造成行李的混乱。所以，这都需要民航服务人员耐心仔细地进行检查工作。

附录 1

《民航服务心理学教程》考试大纲

第一部分　课程性质与设置目的

一、课程性质

《民航服务心理学教程》是"民航服务与管理"专业的专业课程，是为培养学生心理服务的理念、提高学生心理服务的能力而设置的一门专业基础课程。本课程属于应用心理学范畴，其内容既具有基础性和理论性，又具有个别性和实践性，在"民航服务与管理"专业课程中居于重要地位。

二、课程设置目的

通过学习民航服务心理学，使学生更为全面、深刻地把握民航服务过程中旅客心理、货主心理、自我心理、特殊服务心理等基本心理现象及其规律，提高学生心理服务的能力，体现"以人为本"的理念。

第二部分　课程内容与考核标准

第一章　民航服务心理学概论

一、学习目的和要求

本章对民航服务心理学进行了概述，这对把握整个学科的概况，整个学科的基本内容，以及理解民航服务心理学的学科性质有着重要的意义。学习本章，要求把握民航服务心理学的概念、研究对象、研究内容、研究原则、研究方法、学习的意义，重点把握民航服务心理学的研究内容。

二、课程内容

第一节 什么是民航服务心理学

（一）民航服务心理学的研究对象

民航服务心理学是研究民航服务过程中作为主客体的个体、群体和组织的心理现象及其变化规律的科学。民航服务心理学是应用心理学的一个重要组成部分，是为了提高民航服务的质量，把心理学规律在民航服务过程中加以应用的一门学科。

民航服务心理学研究的对象是民航服务过程中的心理现象。

（二）民航服务心理学研究的基本内容

民航服务心理学主要探讨民航服务过程中个体、群体、组织三个层面的心理规律。其基本内容包括民航旅客和货主的心理，民航服务人员自身的心理，民航服务特殊情况下的心理现象。

（三）民航服务心理学的学科特点

民航服务心理学是一门以人为中心的、应用性的新兴学科。

第二节 民航服务心理学的研究原则和方法、学科基础和学习意义

（一）民航服务心理学的研究原则

客观性原则、系统性原则、理论联系实际原则。

（二）民航服务心理学的研究方法

观察法、调查法、测验法、实验法的概念和优缺点。

（三）民航服务心理学与其他心理学科之间的关系

民航服务心理学是心理科学中的一个应用分支学科，它与普通心理学、管理心理学、社会心理学等心理学科之间有着密切联系。

（四）学习民航服务心理学的意义

学习民航服务心理学是民航企业生存和发展的需要。

学习民航服务心理学是民航服务工作的内在要求。

学习民航服务心理学是从根本上提高服务质量的关键。

学习民航服务心理学有助于民航服务人员了解自我、完善自我。

三、考核知识点

（一）民航服务心理学的研究对象
（二）民航服务心理学的基本内容
（三）民航服务心理学的主要特点
（四）民航服务心理学的研究原则
（五）民航服务心理学的研究方法
（六）民航服务心理学与其他心理学科之间的关系
（七）学习民航服务心理学的意义

四、考核要求

（一）民航服务心理学的研究对象
领会：民航服务心理学的研究对象。
（二）民航服务心理学的基本内容
领会：民航服务心理学的基本内容。个体心理包括的基本内容、群体和组织心理包括的基本内容。
（三）民航服务心理学的主要特点
识记：民航服务心理学的主要特点。
（四）民航服务心理学的研究原则
领会：客观性原则、系统性原则、理论联系实际原则。
（五）民航服务心理学的研究方法
领会：观察法、调查法、测验法、实验法。
（六）民航服务心理学与其他心理学科之间的关系
识记：民航服务心理学与普通心理学、管理心理学、社会心理学之间的关系。
（七）学习民航服务心理学的意义
识记：学习民航服务心理学的四个意义。

第二章 民航服务中的旅客心理

一、学习目的和要求

本章对民航服务过程中旅客的心理规律进行了系统的阐述。这是民航服务人员作好服务工作、提高服务质量的出发点，这对于民航服务人员调整和完善自己的行为，进一步提高服务水平有着非常重要的价值。学习本章，要求把握旅客的知觉、需要、个性特点、态度、情绪情感、特殊旅客和旅客团体的心理的具体规律及其对民航服务的意义，实现服务质量的提升。

二、课程内容

第一节　旅客的知觉

（一）知觉和社会知觉概述

知觉的概念；知觉具有选择性、整体性、理解性和恒常性四个特点。

社会知觉的概念；社会知觉的理论观点：凯利的归因模型，韦纳的成败归因模型。

（二）影响旅客知觉的因素

民航企业的因素；

民航服务人员的因素：服务态度、外在仪表仪态；

民航旅客自身的因素：兴趣、需要和动机、个性特征、过去的经验。

（三）旅客对民航企业和民航服务人员的知觉偏见

7个偏见：基本归因错误、自我服务偏见、行动者和观察者差别、晕轮效应、对比效应、投射作用、刻板印象。

第二节　旅客的需要

（一）需要概述

需要的概念。需要的分类：生理性需要和社会性需要。

马斯洛的需要理论的主要观点及评价。

（二）旅客的一般心理需要

安全需要、生理需要、归属需要、尊重需要、自我实现需要。

（三）旅客的特殊心理需要

旅客的特殊心理需要：信息需要，旅客获得信息的多种途径。

第三节　旅客的个性特征

（一）个性特征概述

个性特征的概念，包括内容：气质、性格、能力。

（二）旅客的气质差异与民航服务

气质的概念。

气质的4种类型及特点：胆汁质、多血质、粘液质、抑郁质。

4种典型气质类型旅客的服务措施。

（三）旅客的性格差异与民航服务

性格的概念。

性格的特征：静态特征和动态特征；静态特征包括对现实态度的特征、认知特征、情绪特征、意志特征；动态特征表现。

性格的类型：按心理机能划分为理智型、情绪型、意志型3种，按典型性格特征划分为A型性格和B型性格。

民航旅客9种性格类型及其服务措施。

（四）旅客的能力差异与民航服务

能力的概念。

能力的分类：一般能力和特殊能力；模仿能力和创造能力；认知能力和元认知能力；情绪智力的概念、包括的5方面内容。

旅客的能力差异与民航服务。

第四节　旅客的态度

（一）态度概述

态度的概念和3个成分。

态度改变的理论：平衡理论、认知失调理论、参与改变理论。

（二）民航旅客态度的特征

旅客态度的强度。

旅客态度的相对稳定性：态度结构的稳定性、态度因果关系的稳定性、态度社会的稳定性。

旅客态度的绝对不稳定性：态度的冲突、特殊的经历、情景的变化。

（三）培养旅客客观的态度，改变负面的态度

影响民航旅客态度的因素：旅客的需要；旅客所拥有的知识、信息和经验；旅客的个性；旅客所属的团体。

改变民航旅客的负面态度：改变民航服务、改变旅客的知觉、改变提供给旅客的知识和信息、改变旅客负面态度的民航服务人员的工作技巧。

第五节　旅客的情绪和情感

（一）情绪和情感概述

情绪和情感概述：情绪和情感的概念；情绪和情感的区别与联系。

情绪和情感的特征：情绪和情感的两极性；情绪和情感的扩散性。

情绪和情感的分类：情绪的分类（心境，激情，应激）；情感的分类（道德感，理智感，美感）。

（二）影响民航旅客情绪变化的因素

旅客的需要和身体状况；民航服务；旅途环境。

第六节　特殊旅客、团体旅客心理及其服务

（一）重要旅客的心理特点及服务

政府要员的心理特点及民航服务：安全需要，尊重需要；民航服务的五个方面。

工商界知名人士的心理特点及民航服务：自尊需要，舒适需要；服务的 4 个方面。

（二）老弱病残幼旅客的心理特点及服务

老弱和体弱旅客的心理特点及民航服务：很强的自尊感，很强的自卑感。

病残旅客的心理特点及民航服务：自尊心较强。

儿童旅客的心理特点及民航服务：安全需要，恐惧心理较强，好动与好奇心理比较强，独立性不足。

（三）国际旅客的心理特点及服务

服务措施：了解旅客的国籍和身份；尊重国际旅客本国的文化和行为习惯；最好能以他们国家的语言、态度和蔼热情、不卑不亢地进行周到的服务；尽量给予满足特殊需要。

（四）初次乘机旅客的心理特点及服务

强烈的好奇感，缺乏乘机知识，紧张感。

针对初次乘机旅客 3 种需要提供相应的服务。

（五）团体旅客的心理特点及服务

针对团体旅客对时间和服务质量要求高的心理特点提供相应的服务措施。

三、考核知识点

（一）旅客的知觉和社会知觉
（二）旅客的需要
（三）旅客的个性特征
（四）旅客的态度
（五）旅客的情绪和情感
（六）特殊旅客、团体旅客心理及服务

四、考核要求

（一）旅客的知觉和社会知觉

1. 领会：知觉的概念。知觉的特点。社会知觉的概念。凯利的归因模型。韦纳的成败归因模型。影响旅客知觉的因素。民航旅客的 7 种知觉偏见。

2. 应用：根据 7 种知觉偏见，分析和解决旅客服务中的交往问题。

（二）旅客的一般心理需要和特殊理需要

1. 识记：需要的概念。需要分类。
2. 领会：马斯洛的需要理论及评价。旅客的5种需要。旅客的信息需要。
3. 应用：根据旅客的需要，分析和解决旅客服务中的现实问题。

（三）旅客的个性特征

1. 识记：个性特征概念。气质的概念。性格的概念。性格的静态特征和动态特征。性格的类型。能力的概念。能力的分类。
2. 领会：气质的4种类型及特点。4种典型气质类型的服务措施。民航旅客9种性格类型及其服务措施。情绪智力的概念和包括的5方面内容。旅客的能力差异与民航服务。
3. 应用：根据旅客的气质、性格、能力类型及特点来分析和解决民航服务过程中的具体问题。

（四）旅客的态度

1. 识记：态度的概念和3个成分。旅客态度的强度。旅客态度的相对稳定性。旅客态度的绝对不稳定性。
2. 领会：态度的平衡理论。态度的认知失调理论。态度的参与改变理论。影响民航旅客态度的因素。改变民航旅客的负面态度的措施。
3. 应用：根据影响民航旅客态度的因素和改变负面态度的措施，分析和解决民航服务中的服务问题。

（五）旅客的情绪和情感

1. 识记：情绪和情感的概念。情绪和情感的区别与联系。情绪和情感的特征。情绪的分类。情感的分类。
2. 领会：影响民航旅客情绪变化的因素。
3. 应用：根据影响民航旅客情绪变化的因素来分析和解决民航服务中的问题。

（六）特殊旅客、团体旅客心理及服务

1. 领会：重要旅客的特点。老弱病残幼旅客的特点。国际旅客的特点。初次乘机旅客的特点。旅客团体的心理特点。
2. 应用：重要旅客的服务措施。老弱病残幼旅客的服务措施。国际旅客的服务措施。初次乘机旅客的服务。旅客团体的服务措施。

第三章 民航服务中的货主心理

一、学习目的和要求

本章主要阐述了民航服务过程中货主的一些基本心理学问题，学习本章，要求把握住民航货运的特点、货主的心理需要和决策心理、航空货运包装心理。

二、课程内容

第一节 民航货运服务概述

（一）民航货运服务的概念

民航货运服务的概念。

（二）民航货运服务的特点

民航货运服务货主的特点：服务内容要求的针对性；商业关系的相对持久性；非个人特征。

民航货运服务所运货物的特点：单位重量的价值高、密度高、容易破碎、容易腐蚀性、季节性强、市场紧缺。

第二节 民航货主的需要和决策心理

（一）民航货主的心理需要

及时性的需要，安全性的需要，经济性需要，尊重的需要，运价的心理需求，对承运人处理特殊问题能力的需要。

（二）民航货主选择航空运输的决策心理

决策的基本理论：最优化决策模型及其6个步骤；满意决策模型；隐含偏爱决策模型；启发式决策规律：回避损失、参照依赖、捐赠效应。

货主选择航空运输的理性决策过程：产生需要、形成动机、了解信息、选择、建立服务和评价6个步骤的过程。

货主选择航空运输的非理性决策心理规律。

（三）民航货主选择航空运输的决策风险和应对策略

决策风险：承运人的风险、货主自身的风险。

应对策略：货主获取信息和确定比较固定的承运人，民航货运服务人员提高服务水平。

第三节 民航货运中的货物包装服务心理

（一）货物包装的心理意义

货物包装在心理学上具有识别、便利、增值、引发联想和特殊心理效应的作用。

（二）满足民航货主心理需要的包装策略

满足货主的求实需要、求便需要、求安全需要和求利需要。

三、考核知识点

（一）民航货运服务的概念和特点
（二）货主的心理需要
（三）货主的决策需要
（四）民航货物包装服务心理

四、考核要求

（一）民航货运服务的特点
识记：民航货运服务的概念。货主的特点。民航货运所运货物的特点。
（二）民航货主的心理需要
领会：民航货主六方面的心理需要。
（三）民航货主选择航空运输的决策心理
1. 领会：最优化决策模型。满意决策模型。隐含偏爱决策模型。启发式决策规律：回避损失、参照依赖、捐赠效应。货主选择航空运输的理性决策6个步骤的过程。货主选择航空运输的非理性决策心理规律。民航货主选择航空运输的决策风险和应对策略。
2. 应用：根据决策的基本理论，分析和解决民航货运服务中货主的决策问题。
（四）民航货物包装服务心理
1. 识记：货物包装的心理意义。
2. 领会：货主的求实、求便、求安全和求利心理需要。

第四章　民航服务人员的心理

一、学习目的和要求

本章对民航服务过程中的主体——民航服务人员的心理品质及其培养问题进行了系统深入的阐述，对民航服务人员提高和完善自身的素质、提高服务质量，具有重要的指导价值。学习本章，要求把握民航服务人员的心理品质及其培养，包括民航服务人员的态度、情绪和意志品质、个性特征、压力管理、与旅客或货主的沟通和人际交往；同时，为了更好地理解民航服务人员的行为，为培养民航服务人员的心理品质和行为习惯创造良好的"生态环境"，本章也包括了民航服务人员的群体心理和民航组织的企业文化。

二、课程内容

第一节　民航服务人员的态度及培养

（一）民航服务人员的态度要求
以人为本。
职业态度要求：
主动：计划好、沉着应对、主人翁精神、持续改进、及时反思总结；
热情：注意外观形象、礼貌热情待客、正确使用身体语言、准确使用语言；
耐心：沉着冷静、虚怀若谷、勇于担责；
周到：时时处处为顾客着想、按规定做好全面的服务、把事情做在前面。
（二）民航服务人员良好服务态度的培养
职业培训，规章制度，自我监督。

第二节　民航服务人员的情绪和意志品质培养

（一）民航服务人员的情绪品质培养
保持良好的心境；
调节好个人的情绪的14种方法；
微笑服务的6方面要求。
（二）民航服务人员的意志品质培养
民航服务人员要不断培养自己的自觉性、果断性、自制力、坚定性品质。

第三节　民航服务人员的个性特征培养

（一）民航服务人员的气质培养
外倾性不能太低，感受性不要太高，耐受性不能太低，敏捷性不能太低，情绪兴奋性不能太低。
（二）民航服务人员的性格培养
在服务工作中深刻体验自我，准确评价自我性格；
要有意识地调整自我，积极塑造良好的性格；
要勇敢地面对自我，克服性格弱点。
（三）民航服务人员的能力品质及培养
情绪智力：情绪智力的5个方面的培养；根据 Gross 情绪调节模型的情绪智力培养。
观察能力的培养；

记忆能力培养的 4 个方面；
注意能力培养的 5 个方面；
表达能力培养包括表情和语言 2 个方面。

第四节 民航服务人员的压力及其调试

（一）压力概述
压力概念；压力的作用。
（二）民航服务人员的压力来源
工作：安全性和时效性要求高；工作时间较长；夜班时间较长；工作出错后的严厉处罚；工作中的突发事件。
自身的气质和性格、认知模式、角色认知；
家庭因素；
民航企业和社会因素。
（三）民航服务人员的压力调试
以积极的心态面对压力；增强业务能力；锻炼身体；放松；建立良好的人际关系；自我控制。

第五节 民航服务人员与旅客或货主的沟通

（一）沟通概述
沟通的概念。人际沟通的模型。
（二）民航旅客沟通的特点
沟通的及时性，沟通的目的性强，沟通方式的非言语性。
（三）民航服务中的身体语言沟通
身体语言的内容：目光和面部表情、身体动作和姿势、服饰、空间距离。
身体语言的理解：等待；旅客的求助；旅客的情绪：紧张、担心、厌倦、愤怒。
民航服务人员利用身体语言与旅客或货主沟通：眼睛要与对方眼光接触，脸上要有表情，注意身体的姿势，指人或示物时要掌心朝上。
民航服务人员身体语言的塑造：以热情的眼神感染旅客或货主；以真诚的微笑打动旅客或货主；以得体的动作增加旅客或货主的好感。
（四）民航服务中的沟通阻碍和沟通技巧
有效沟通的障碍：双方的不信任；知觉选择的偏差；不良情绪；国家文化的不同。
民航服务人员的沟通技巧：尊重和理解旅客或货主；换位思考；做一个优秀的倾听者；迅速地解决问题；正确使用沟通语言。

第六节　民航服务人员与旅客或货主的人际关系

（一）人际关系概述

人际关系的概念。

人际关系的理论观点：平衡理论的主要观点和取得平衡的3种方式；相互作用分析理论的主要观点：6种平行的相互作用，4种交叉的相互作用。

（二）民航服务人员与旅客或货主人际关系的特点

交往的短暂性、服务性、公务性。

（三）民航服务交往中的相互作用分析

努力进行平行相互作用的交往；尽力引导服务对象进行成人型交往。

（四）民航服务交往中的印象管理策略

理想化；建立良好的第一印象；自我表现；特殊的自我表现策略：逢迎、显示、恳求。

（五）民航服务中与旅客或货主的冲突

人际冲突的概念。

与旅客或货主冲突的主要原因：航班延误或取消，民航服务人员的服务不周，情绪的激动，行李或货物出现问题。

处理与旅客冲突的原则和方法：耐心倾听，不要立即解释，表示歉意，确保兑现承诺，多从服务对象角度思考问题。

第七节　民航服务人员的群体心理

（一）民航服务过程中的社会影响

从众：从众的概念和实验研究；从众的原因：行为参照、对偏离的恐惧、群体的凝聚力；民航服务人员和民航服务中的从众行为。

服从：服从的概念和实验研究；服从的原因：合法权力、责任转移；民航服务人员和民航服务中的服从行为。

顺从：顺从的概念和实验研究；顺从的促进因素：好的情绪、行为的互惠性、合理原因；促进顺从的技巧："脚在门槛内技巧"、"门前技巧"、"折扣技巧"、"滚雪球技巧"；民航服务人员和民航服务中的顺从行为。

（二）民航服务过程中的团体影响

社会促进：社会促进的概念；社会促进的原因：他人的存在、评价的恐惧、分心的冲突；民航服务人员的社会促进行为。

社会惰化：社会惰化的概念与实验研究；社会惰化的原因；民航服务人员的社会惰化行为。

去个体化：去个体化的概念；去个体化行为产生的原因：匿名性、个体自我意识功能的下降；民航服务中的去个体化行为。

民航服务人员的团体凝聚力：团体凝聚力的概念和测量；影响民航服务人员团体凝聚力的因素：团体成员在一起的时间、加入团体的难度、团体规模、团体成员的性别构成、外部威胁、以前的成功经验、领导；民航服务人员团体凝聚力与民航服务绩效。

第八节　民航服务组织的企业文化

（一）企业文化概述及民航服务组织的企业文化
企业文化的概念；
企业文化包括的四个层次。
（二）民航服务组织企业文化对民航服务人员的影响
民航企业的价值观念对员工的价值取向和工作热情的影响；
民航企业的规章制度对服务人员工作行为的规范作用；
民航企业模范人物对员工近期目标的影响；
民航企业的典礼和礼仪对服务人员职责意识的影响；
文化网络和人际关系对服务人员亲和力的影响；
企业物质文化环境对员工形象的影响。

三、考核知识点

（一）民航服务人员的态度要求及培养
（二）民航服务人员的情绪情感品质培养
（三）民航服务人员的意志品质培养
（四）民航服务人员的气质培养
（五）民航服务人员的性格培养
（六）民航服务人员的能力品质培养
（七）民航服务人员的压力来源及调试
（八）民航服务人员与旅客或货主的沟通
（九）民航服务人员与旅客或货主的人际关系
（十）民航服务人员的群体心理
（十）民航服务组织的企业文化

四、考核要求

（一）民航服务人员的态度要求及培养
1. 识记：民航服务人员良好服务态度培养的3个措施。

2. 领会：民航服务人员的态度要求。

3. 应用：根据民航服务人员的态度要求，分析和解决民航服务过程中服务人员态度方面的具体问题。

（二）民航服务人员的情绪情感品质培养

1. 领会：民航服务人员的情绪品质培养措施。保持良好心境的方法。调节好个人情绪的 14 种方法。微笑服务的 6 方面要求。

2. 应用：根据民航服务人员情绪情感的品质，分析和解决民航服务过程中服务人员情绪方面的具体问题。

（三）民航服务人员的意志品质培养

1. 领会：民航服务人员的意志品质。

2. 应用：根据民航服务人员的意志品质，分析和解决民航服务过程中服务人员意志方面的具体问题。

（四）民航服务人员的气质培养

1. 领会：民航服务人员的气质要求。

（五）民航服务人员的性格培养

1. 领会：民航服务人员的性格培养措施。

2. 应用：根据民航服务人员的性格品质，分析和解决民航服务过程中服务人员性格方面的具体问题。

（六）民航服务人员的能力品质培养

1. 识记：表达能力的培养。Gross 情绪调节模型的观点及启示。

2. 领会：民航服务人员的能力品质及其培养。民航服务人员的情绪智力培养。

3. 应用：根据民航服务人员的能力品质，分析和解决民航服务过程中服务人员能力方面的具体问题。

（七）民航服务人员的压力来源及调试

1. 识记：压力概念和作用。

2. 领会：民航服务人员的压力来源。民航服务人员的压力调试方法。

3. 应用：根据民航服务人员压力的来源和调试方法，分析和解决民航服务过程中服务人员工作压力方面的具体问题。

（八）民航服务人员与旅客或货主的沟通

1. 识记：沟通的概念。人际沟通的模型。民航旅客沟通的特点。

2. 领会：身体语言的内容。身体语言的理解。民航服务人员利用身体语言与旅客或货主的沟通。民航服务人员身体语言的塑造。有效沟通的障碍。民航服务人员的沟通技巧。

3. 应用：根据沟通的基本原理，分析和解决民航服务过程中服务人员与旅客或货主沟通方面的具体问题。

（九）民航服务人员与旅客或货主的人际关系

1. 识记：人际关系的概念。人际冲突的概念。民航服务人员与旅客或货主人际关系的特点。

2. 领会：人际关系的平衡理论。人际关系的相互作用分析理论。民航服务交往中的相互作用分析。民航服务交往中的印象管理策略。民航服务中与旅客或货主冲突的主要原因。处理与旅客或货主冲突的原则和方法。

3. 应用：根据人际关系的基本基本原理和印象管理策略，分析和解决民航服务过程中服务人员与旅客或货主人际交往方面的具体问题；

根据处理与旅客或货主冲突的原则和方法，分析和解决民航服务过程中冲突方面的具体问题。

（十）民航服务人员的群体心理

1. 识记：从众的概念和实验研究。服从的概念和实验研究。社会促进的概念。社会惰化的概念与实验研究。去个体化的概念。团体凝聚力的概念和测量。

2. 领会：从众的原因。服从的原因。顺从的概念和实验研究。顺从的促进因素。促进顺从的技巧。社会促进的原因。社会惰化的原因。去个体化行为产生的原因。影响民航服务人员团体凝聚力的因素。

3. 应用：根据从众、服从、顺从、社会促进、社会惰化的原理，分析和解决民航服务过程中这些方面的具体问题。

（十一）民航服务组织的企业文化

1. 识记：企业文化概念。企业文化包括的 4 个层次。

2. 领会：民航服务组织企业文化对民航服务人员的影响。

3. 应用：根据企业文化对民航服务人员影响的基本规律，分析和解决民航服务过程中民航服务人员行为的企业文化特色。

第五章　民航服务中的特殊心理学问题

一、学习目的和要求

本章对民航服务中的一些特殊情况进行了深入论述，学习本章，对于提高民航服务人员应对特殊情况、提高在这些特殊情况下的服务质量具有重要价值。学习本章，要求把握在以下情况下旅客的心理反应和采取的措施，包括：航班延误与取消、旅客的投诉、民航服务中的突发事件、民航服务整个过程中的心理服务。

二、课程内容

第一节　航班延误与取消时旅客的心理及服务

（一）航班延误与取消的概念和影响因素

航班延误和取消的概念。

导致航班延误和取消的六方面的因素。

（二）航班延误与取消时旅客的心理

当航班延误或取消时，旅客的焦虑、抱怨、愤怒、怀疑的消极情绪。

（三）航班延误与取消时服务人员的应对策略

提供相关信息和知识；提供相应的服务措施；以诚恳的态度理解旅客；以人性化的服务缓解旅客的情绪。

第二节　旅客的投诉心理及服务

（一）旅客投诉的原因

客观原因；

主观原因：服务态度不热情、语言不专业、服务不周到、清洁卫生不好、

（二）旅客投诉的一般心理

引起旅客投诉的心理：尊重、发泄、要求补偿的心理需要。

（三）旅客投诉的应对措施

要树立正确的观念：来投诉的旅客比不来投诉的旅客要好；投诉的旅客是相信航空公司能够处理好这些事情；相信公司的能力，能把坏事变成好事。

根据旅客投诉的不同的方式采取不同的应对措施：书信投诉、当面对话、诉诸法律、网络公开指责。

第三节　民航服务中的突发事件及其处理

（一）财务丢失及其处理

丢失财物后旅客的心理反应：着急、需要帮助、对民航服务不满。

民航服务人员的应对措施：提醒旅客看管好自己的财务；丢失财物后，服务人员要表现出同情和关心；给出解决问题的办法；对于旅客的负面情绪和过激的语言，服务人员要给予充分理解。

（二）物品损坏及其处理

旅客物品损坏后旅客会产生一定的情绪反应：可能会归于航空公司的责任，对自己损坏的物品感到可惜。

民航服务人员采取四方面工作。

（三）突然生病及其处理

旅客突然生病处理办法：保持镇定并通知相关部门和人员；起用紧急救护预案；不要随意判断。

第四节 民航服务过程中的心理服务

（一）旅客购买机票时的心理需求及服务

民航旅客购票心理需求三个阶段：关心有没有到达目的地的机票；关心是否有满意的飞机票；关心民航售票员的服务态度。

民航售票处的心理服务：配备完善的硬件设备；严格按照出票程序和规定进行操作；态度好；多为旅客着想；了解各航空公司和各航线的总体情况。

（二）值机处旅客心理需求及服务

值机处旅客的心理需求：未办理值机手续之前的心理需求是求快、求顺利、求尊重；办理值机手续时旅客主要的心理需求有：想问的问题多、办手续时的要求多、需要提供的方便多。

值机处的心理服务：要有高度的服务意识和责任心；要有足够的耐心和较强的情绪控制能力；要足够的仔细；要注意把握旅客需要的变化。

（三）候机室旅客的心理需求及服务

出发航班延误或取消时旅客的心理需求：情绪波动大、时间过得特别慢、产生一些新的需要、旅客中会出现"非正式领导者"。

到达航班延误时旅客的心理需要：不满情绪可能爆发。

航班正常情况下旅客的心理需求：舒适需要，购物方便需要，服务周到的需要。

出发航班延误或取消时的服务：理解旅客因需要未得到满足而引起的情绪波动；注意以优质高效的服务弥补航班的延误或取消；正确处理好旅客的过激言行；处理好个别的所谓"非正式领导者"。

到达航班延误时的服务：注意关注旅客延续下来的波动情绪；注意提醒旅客；民航服务人员自己调节好情绪。

（四）空中飞行中旅客心理需求及服务

空中飞行中旅客心理需求：安全的需要、舒适的需要、受尊重的需要、优质服务的高期待需要。

空中飞行中的心理服务：树立强烈的责任感、关注旅客的安全需要、满足旅客物质和精神舒适的需要、丰富和完善服务技能。

（五）行李查询处旅客的心理需求及服务

行李查询处旅客心理需求：情绪变化大、迫切找到行李、要求补偿的心理。

行李查询处的心理服务：理解旅客的情绪变化、调节好自己的情绪、以优质的服务感化旅客、适当补偿、仔细检查。

三、考核知识点

（一）航班延误与取消时旅客的心理及服务

（二）旅客的投诉心理及服务

（三）民航服务中突发事件及其处理

（四）民航服务过程中的心理服务

四、考核要求

（一）航班延误与取消时旅客的心理及服务

1. 识记：航班延误和取消的概念。导致航班延误和取消的因素。
2. 领会：航班延误与取消时旅客的心理反应。航班延误与取消时服务人员的应对策略。
3. 应用：根据航班延误与取消时旅客的心理反应和应对策略，分析和解决民航服务过程中航班延误与取消的问题。

（二）旅客的投诉心理及服务

1. 领会：旅客投诉的主客观原因。旅客投诉的一般心理需要。旅客投诉的应对措施。
2. 应用：根据旅客投诉的心理需要和应对措施，分析和解决民航服务过程中的旅客投诉的问题。

（三）民航服务中突发事件及其处理

1. 领会：丢失财物后旅客的心理反应。民航服务人员对旅客财务丢失的应对措施。旅客物品损坏后旅客的情绪反应。民航服务人员对旅客物品损坏的应对策略。旅客突然生病的处理办法。
2. 应用：根据财务丢失、物品损坏和突然生病旅客的心理反应和服务措施，分析和解决民航服务过程中这些突发事件问题。

（四）民航服务过程中的心理服务

1. 理解：民航旅客购票心理需求的三个阶段。民航售票处的心理服务。未办理值机手续之前的心理需求。办理值机手续时旅客的心理需求。值机处的心理服务。出发航班延误或取消时旅客的心理需求。出发航班延误或取消时的服务。到达航班延误时的服务。空中飞行中旅客的心理需求。空中飞行中的心理服务。行李查询处旅客心理需求。行李查询处的心理服务。
2. 应用：根据民航旅客整个过程中旅客的心理需求和心理服务内容，分析和解决民航服务过程中的心理服务问题。

第三部分 有关说明与实施要求

为了使本大纲的规定在个人自学、社会助学及考试命题中得到贯彻和落实，现对有关问题做出说明，并提出具体实施要求。

一、关于考核目标的说明

为了使考核内容具体化和考核要求标准化，本大纲列出了课程内容，对各章规定了考核的知识点和考核要求。这有利于使自学者更有目的性地学习教材，理解和把握基本内容。

本大纲的考核目标，按识记、领会和应用3个层次规定应该达到的能力层次要求。各层次的含义是：

识记：能了解有关的名词、概念和知识的含义，并能正确认识和表达。

领会：在识记的基础上，能全面把握基本原理和基本知识，掌握有关原理、概念的区别和联系。

应用：在领会的基础上，能运用基本原理、基本概念分析和解决有关的理论问题和实际问题。

二、关于自学教材

民航服务心理学自学考试统一命题现指定使用的教材是《民航服务心理学》（2007年版），于海波著，由中国民航出版社出版。

三、自学方法指导

1. 认真阅读和学习大纲与教材

自学应考者应该根据本大纲规定的课程内容和考核目标，认真学习《民航服务心理学》教材，全面系统地把握教材所论述的基本概念、基本原理和基本知识。本课程各章各有侧重点，各章都有着内在的联系。

2. 重视理论联系实际

本课程作为一门应用学科，是对民航服务过程中心理规律的概括，对在民航服务过程中服务质量的提高，具有重要的指导价值。在学习过程中，要求考生把课程所阐述的原理结合民航服务的实践过程进行理解，不断提高自己并把所学运用于实际中，提高自己的服务质量意识。

3. 保证必要的学习时间

自学者应根据本课程的特点和自身实际情况，合理安排好自学时间。

四、对社会助学者的要求

1. 社会助学者应把握本课程的性质与课程要求，根据本大纲规定的课程内容和考核目标，把握指定教材的基本内容，对自学应考者进行切实有效的辅导，引导他们掌握正确的学习方法，体现社会助学的正确导向。

2. 要正确处理基本概念、基本原理与应用之间的关系，努力引导学生将基本原理转化为自身的服务理念和服务态度，提高自身的服务素质。

3. 正确处理好重点和一般的关系。在全面辅导的基础上，要突出重点章节和重点问题，把重点辅导和一般讲解有机地结合起来。

五、关于命题考试的若干要求

1. 本课程的命题考试应根据本大纲规定的课程内容和考核目标，来确定考试范围和考核要求，不要任意扩大或缩小考试范围，提高或降低考核要求。考试命题要覆盖大纲的第一章到第五章内容，并适当突出重点章节。

2. 试题的能力层次要求要结构合理。对不同层次能力要求的分数比例，一般为：识记20%、领会35%，应用45%。

3. 合理安排试卷的难度结构。试题难度分为容易、较容易、较难、难4个等级。每份试卷中，4种难易度试题的分数比例一般为：2:3:3:2。

4. 本课程考试试卷的题型一般有：单项选择题、多项选择题、名词解释、简答题、论述题等。各种题型的具体样式可以参见本大纲附录。

5. 本课程的考试时间为120分种，试题量应以中等水平的自学应考者在规定时间全部答完为度。

附录 2

题型举例

一、**单项选择**（在每小题的四个备选答案中，选出一个正确的答案，并将其号码填在题干后的括号内。）

1. 活泼好动、反应灵敏、喜欢交际的旅客的性格属于（ ）
   A. 胆汁质　　　　　　B. 多血质
   C. 粘液质　　　　　　D. 抑郁质

2. 货物包装的心理功能是（ ）
   A. 识别、便利、增值、引发积极联想
   B. 识别、便利、增值、避免损害
   C. 识别、便利、增值、快捷
   D. 识别、安全、增值、引发积极联想

二、**多项选择题**（在每小题的四个备选答案中，选出二至四个正确的答案，并将其号码填在题干后的括号内，错选、多选、少选或未选选均无分。）

1. 马斯洛的需要层次理论包括（ ）
   A. 安全需要　　　　　　B. 生理需要
   C. 成就动机需要　　　　D. 自我实现需要

2. 知觉的特点有（ ）
   A. 选择性　　　　　　B. 整体性
   C. 理解性　　　　　　D. 动态性

三、**名词解释**

1. 情绪智力
2. 刻板印象

四、简答题

1. 民航货主选择航空运输方式的需要有哪些?
2. 民航旅客在空中飞行中的主要心理需要有那些?

五、论述题

1. 论述民航服务人员的心理品质包含的内容及其培养措施。
2. 如何对不同气质、性格和能力特点的旅客进行个性化服务?

主要参考文献

[1] 黄希庭．心理学导论．北京：人民教育出版社，1991
[2] 凌文辁，方俐洛．心理与行为测量．北京：机械工业出版社，2003
[3] 卢盛忠．管理心理学．杭州：浙江教育出版社，1998
[4] 王重鸣．管理心理学．北京：人民教育出版社，2001
[5] 侯玉波．社会心理学．北京：北京大学出版社，2002
[6] 卢小英．民航服务心理学．北京：民族出版社，1999
[7] 李永，张澜．民航服务心理学．北京：中国民航出版社，2007
[8] 顾胜勤．民航旅客服务心理学．北京：北京理工大学出版社，2005
[9] 周晓虹．现代社会心理学．上海：上海人民出版社，2002
[10] 苏东水．管理心理学．上海：复旦大学出版社，1998
[11] 斯蒂芬·P·罗宾斯．孙建敏等译．组织行为学．北京：人民大学出版社，2000
[12] 奚恺元．别做正常的傻瓜．北京：机械工业出版社，2006
[13] RA 巴伦，D 伯恩．黄敏儿等译．社会心理学．上海：华东师范大学出版社，2004
[14] 王振宏，郭德俊．Gross 情绪调节过程与策略研究述评．心理科学进展，2003，（11）：629-634
[15] 刘娟娟．印象管理及其相关研究述评．心理科学进展，2006-14(02)：309-314
[16] 周国梅，荆其诚．心理学家 Daniel Kahneman 获 2002 年诺贝尔经济学奖．心理科学进展，2003-11(1)：1-5
[17] 孟磊．浅析管制员压力管理．空中交通管理，2007-3：26-29